Konrad Löw · Warum fasziniert der Kommunismus?

Wolfgang Kanert
Lessingstr. 41
6367 Karben 6

30. Januar 1981

28.-

Konrad Löw

Warum fasziniert der Kommunismus?

Eine systematische Untersuchung

div Deutscher Instituts-Verlag GmbH

CIP-Kurztitelaufnahme der Deutschen Bibliothek

Löw, Konrad:
Warum fasziniert der Kommunismus?: Eine systemat. Unters. / Konrad Löw. – Köln: Deutscher Instituts-Verlag, 1980.
(div-Sachbuchreihe; 22)
ISBN 3-602-34824-5

Herausgegeben vom Institut der deutschen Wirtschaft

Lektorat: Dipl.-Vw. Frauke Lill-Roemer

Satz: A. Sutter GmbH, Essen

Druck: Bercker GmbH, Kevelaer

Unseren Kindern
Peter, Birgit, Elisabeth, Angelika und Andrea

Werdet nicht bequeme Mitläufer
des Zeitgeistes,
sondern Bekenner Eurer gewissenhaft
gewonnenen Erkenntnisse!

Inhaltsverzeichnis

Seite

Vorwort 11

I. Faszination gestern und heute 13

1. Drei Tatsachen 13
2. Ideen und Gestalten des Kommunismus 16
3. Typologie des Kommunismus 31
4. Welcher Kommunismus fasziniert heute? 33

II. „Rücksichtslose Kritik alles Bestehenden“ 35

1. „Ändert die Welt: sie braucht es!“ 35
2. Marx, der Rebell 38
3. Ursachen der „rücksichtslosen Kritik“ 44
   a) Marxismus – Sozialisierung von Privatneurosen? 45
   b) Die Artverwandten 47
   c) Die Verführten 48

III. Die Frohbotschaft Marxismus 59

1. Der Marxismus als leicht faßbares, ganzheitliches Weltbild 59
2. Das Reich der Freiheit, der Gleichheit und der Gerechtigkeit 64
   a) Freiheit 64
   b) Gleichheit 65
   c) Gerechtigkeit 67
3. „Das aufgelöste Rätsel der Geschichte“ 70
4. „Denn Karl erzählte so wundervolle Geschichten“ – kritische Anmerkungen 74
   a) Die formale Qualität der Lehre 74
   b) Freiheit, Gleichheit, Gerechtigkeit 80
   c) Happy-End-Garantie 85

Seite

IV. Das Prometheus-Idol 91

1. Prometheus, „der vornehmste Heilige“ 91
2. Marx: „Die Welt soll aus mir selbst entsteigen“ 92
3. Marx, der vornehmste Prometheus 100

V. Schuldbewußtsein als Marxismusmotiv 103

1. Selbstzeugnisse 103
2. Schuldbewußtsein als Handlungsmotiv bei Marx 104
3. Die Wurzeln des Schuldbewußtseins 107

VI. „Ohne Theorie keine Revolution!“ 109

1. Motive revolutionärer Gewalt und das Verlangen nach Rechtfertigung 110
2. Terrorismus und Marx 113
3. Terrorismus und Marxismus 127

VII. Marxismus als Erfüllung religiöser Bedürfnisse 141

1. Der Mensch auf der Suche nach Heil und Lebenssinn 141
2. Der Kommunist bildet keine Ausnahme 143
3. Christen als Kommunisten 147
4. Die gottlose Religion 150
   a) Das Gemeinsame in Religion und Marxismus 150
   b) Unterschiede zwischen Religion und Marxismus 161
   c) Marxismus – Quittung für Heuchelei? 163

VIII. Marxist aus Antifaschismus 165

1. Der faschistische Schock 165
2. Hitler oder Stalin, Brutalität oder Humanität 169
3. Artverwandt? 171
   a) Nationalsozialismus kontra Sozialismus? 174
   b) Das marxistische und das nationalsozialistische Weltbild 178
   c) Der Weg zum Ziel 189
   d) Marx und Hitler 193
4. In Freundschaft verbunden 197
5. Gibt es eine befriedigende Erklärung? 205

Seite

IX. Milieu und Kommunismus 211
1. Elternhaus 212
2. Kinderkrippen und Schulen 215
3. Jugendverbände, Gewerkschaften, Parteien 217
4. Karriere 219

X. Marx, der Mythos unserer Zeit 221
1. Des Königs kluge Untertanen 221
2. Der „größte Sohn des deutschen Volkes" 222
3. „Wissenschaft zerstört Mythen" 228
4. Die „Bauernlümmel" 233
5. „Wissenschaftliche Redlichkeit" 238
6. Je ne suis pas marxiste 241
7. War der junge Marx wirklich human? 243
8. Marx – Entdecker der Ausbeutung und Vater der Soziologie 248
9. „Wir alle stehen auf den Schultern von Marx" 258
10. Was bleibt? 266

XI. Durch Wissenschaft zu Marx? 271
1. Der empirische Befund 271
2. Marx und die Geschichtswissenschaft 273
3. Marx und die Soziologie 276
4. Marx und die Volkswirtschaftslehre 279
5. „Alles sag' ich euch ja, weil ich ein Nichts euch gesagt!" 285

XII. Schlußbetrachtungen 293
Kann der Marxismus überwunden werden? 293
1. Keine falschen Hoffnungen 293
2. Wertvermittlung 297
3. Will die Welt betrogen sein? 300

Anmerkungen 307
Literaturverzeichnis 344
Personenregister 357
Sachregister 363

Vorwort

Melius est,
ut scandalum oriatur,
quam ut veritas relinquatur.
Besser ist's, es gibt Skandal,
als die Wahrheit kommt zu kurz.

(Gregor der Große)

Dieses Buch ist der Versuch einer empirisch-systematischen Antwort auf eine Frage, die ich mir selbst jahrelang gestellt habe und die mir häufig gestellt wird. Empirisch meint, daß Selbstzeugnisse von Kommunisten und Exkommunisten im Vordergrund stehen. Dabei wird unterstellt, daß sie ihr Kommunismusmotiv nach bestem Wissen und weitgehend wahrheitsgetreu angegeben haben. Zweifel haben sich nicht aufgedrängt.

Die Motive sind in zehn Gruppen zusammengefaßt und dokumentarisch belegt. Zugleich aber wurde geprüft, inwieweit das jeweilige Motiv fundiert ist oder Vorurteilen entspringt.

Noch ein Buch mehr in einer langen Reihe ähnlicher Veröffentlichungen? Einige davon tragen doch sogar fast den gleichen Titel: „Faszination des Kommunismus?“, „The Appeals of Communism“, „Der faszinierende Irrtum“!

Das Erstgenannte bringt Kurzbiographien ehemaliger Kommunisten. Das zweite ist eine Soziologie der Mitglieder und Apostaten der Kommunistischen Partei. Beim dritten bestätigt schon das Inhaltsverzeichnis, was der Buchtitel vermuten läßt. Nicht die Faszination ist Hauptgegenstand der Abhandlung, sondern ihre Lehre. Diese drei Veröffentlichungen sind typisch für die ganze Buchgattung.

Die Studie will ein wissenschaftlicher Beitrag zur Erforschung des Phänomens Kommunismus und damit auch ähnlicher Massenbewegungen sein. Sie ist um eine allgemeinverständliche Sprache und übersichtliche Darstellung bemüht.

Um die Lektüre zu erleichtern, wurden verschiedene Schrifttypen gewählt. Aussagen, denen besonderes Gewicht beigemessen wird, und Stichworte, sind kursiv gesetzt, petit hingegen jene Passagen, die der eilige Leser überspringen kann, wenn ihm die vorausgegangene Behauptung nicht fragwürdig erscheint.

Dank gebührt allen, die mir bei der Arbeit geholfen haben. Namentlich seien erwähnt: Herr Dr. Peter Eisenmann für das Personenregister und Korrekturlesen, Frau Angelika Stoll für vielfältige wissenschaftliche Dienste und Frau Lore Reiß für die Schreibarbeiten.

Es ist mir ein Bedürfnis, auch meine Frau an dieser Stelle zu erwähnen.

Dankbar bin ich ferner allen, die fundierte Kritik üben oder weiterführende Ratschläge erteilen.

I. Faszination gestern und heute

1. Drei Tatsachen

Die Faszination des Kommunismus gestern und heute ist eine unbestreitbare Tatsache. Als die Frankfurter Allgemeine Zeitung am 2. Oktober 1978 das Ergebnis einer Umfrage mitteilte, wonach 67 Prozent der befragten Studenten die Idee des Kommunismus für gut halten und weitere 6 Prozent keine Meinung äußern,[1] war für viele die Überraschung groß. Auch wenn „Für-gut-Halten“ nicht ohne weiteres mit Faszination gleichgesetzt werden darf, der hohe Prozentsatz kann ohne faszinierende Elemente der Idee des Kommunismus nicht erklärt werden. Ein Schock fuhr manchen in die Glieder, und es gab sogar Stimmen, die die Veröffentlichung beklagten:

Der Bundesbildungsminister resümierte: „Schockmeldungen wie die aus Allensbach gefährden diese Bemühungen um den Dialog zwischen der Studentenschaft und der Politik. Sie irritieren die Öffentlichkeit, wecken Zweifel an der Zweckmäßigkeit dieses Weges und drängen die Studenten ins Abseits. Eine besonnene Interpretation sollte dazu beitragen, das Verhältnis Hochschule und Gesellschaft zu entkrampfen.“[2] Der Präsident der Westdeutschen Rektorenkonferenz, Professor Hans Jörg Steinlin, äußerte die Überzeugung, die Allensbach-Umfrage habe den deutschen Hochschulen „schwer geschadet“.[3] Aber das Ergebnis war ein Faktum.

Sieben Monate später hieß es: „Die heftig umstrittene Allensbach-Umfrage aus dem vergangenen Jahr wird durch die jüngsten Untersuchungen bestätigt".[4] Dabei handelte es sich aber nicht um hauseigene Arbeiten, sondern um

eine Infratestuntersuchung im Auftrag des Bundesinnenministers,

eine Umfrage amerikanischer Sozialwissenschaftler, die auf Initiative von Rudolf Wildenmann von der Deutschen Forschungsgemeinschaft finanziert wurde,

eine Umfrage der Hochschul-Informations-System GmbH (HIS), bezahlt von der Fritz-Thyssen-Stiftung.

Die Zusammensetzung der westdeutschen Studentenausschüsse weist in die gleiche Richtung.[5]

Zweite Tatsache: Von Menschen, die sich zum Kommunismus bekennen, wurden gerade im 20. Jahrhundert, und zwar bis in die Gegenwart hinein, ungeheuere Verbrechen begangen.

Neuere Berechnungen nennen 143 Millionen schuldlos Ermordete.[6] Wie bei den NS-Judenmorden kann auch hier die Zahl nicht exakt nachgeprüft werden. Doch selbst 10 Prozent der genannten Zahl müßten ausreichen, um eine etwa dafür verantwortliche Ideologie total zu diskreditieren.

Die Opfer der Revolution und des Bürgerkrieges in Rußland sollen unerwähnt bleiben. Blutgetränkt ist die Fahne, die seit Menschengedenken solche Ereignisse begleitet. Auch ist es nichts Neues, daß die Revolution ihre Kinder frißt. Gleichwohl hatten viele aufrechte Kommunisten schon 1921 ihr Damaskus-Erlebnis, als sich die Nachricht bestätigte, daß Trotzki im Einvernehmen mit Lenin Hunderte, wenn nicht sogar Tausende proletarischer

Matrosen bei Kronstadt hatte niedermetzeln lassen, weil sie nachdrücklich die Einlösung der gemachten Versprechen, die Redefreiheit und Demokratie gefordert hatten.[7] Die Zwangskollektivierung der Landwirtschaft in der Sowjetunion 1928/32 kostete nach eigenen Angaben Stalins zehn Millionen Menschen das Leben.[8] Stalins Nachfolger, Chruschtschow, hat auf dem XX. Parteitag der KPdSU Stalin des Völkermords und der Liquidierung einer riesigen Zahl von KP-Mitgliedern beschuldigt. Stalins Nachfolger ließen die freiheitlichen Regungen in der DDR 1953, in Polen und Ungarn 1956 im Blute ersticken. Breschnew tat 1968 das gleiche, als in der Tschechoslowakei der politische Frühling mit prallen Knospen und bunten Blüten bürgerlicher, demokratischer und ökonomischer Freiheiten seinen Einzug halten wollte. Afghanistan ist nur das jüngste Exempel.

Kein Deut humaner Maos kommunistisches Regime und das des Kim Il Sung in Nordkorea. Als die Vietnamesen aus machtpolitischen Gründen Kambodscha überwältigten, erfuhr man auch von Radio Moskau und Hanoi, daß die Roten Khmer in wenigen Jahren 300 000 Menschen hingemordet hatten. Was nach Beendigung des Vietnamkrieges den Nichtkommunisten widerfuhr, blieb weithin der Außenwelt verborgen und belastete daher das Gewissen der Welt offensichtlich kaum. Dann aber geschah es, daß Zehntausende von „unzuverlässigen“ Vietnamesen in die Volksrepublik China und Hunderttausende auf völlig seeuntüchtigen Kuttern ins offene Meer getrieben wurden oder dort ihr Heil suchten.[9] Die asiatisch-kommunistische Form der „Endlösung“. In Afrika das gleiche Bild. Schreckensmeldungen, soweit überhaupt Informationen die dichten Nachrichtensperren der mit Moskau liierten afrikanischen Staaten durchdringen können. In keinem von Kommunisten geführten Land Meinungsfreiheit, Pressefreiheit, Informationsfreiheit, freie Wahlen. Überall grausame Unterdrückung jeder freiheitlichen Regung.

Und trotz alledem findet die kommunistische Idee ein so positives Echo? Sind alle, die dieses Echo bilden, total verblendet oder rote Kinder Hitlers? Ist das Potential der Unmenschlichkeit und des Zynismus so gewaltig?

Die dritte Tatsache ist, daß die große Mehrheit der Kommunismussympathisanten die eben aufgelisteten Verbrechen glaubhaft mißbilligt.

Die eingangs erwähnten 67 Prozent der Studenten, die den Kommunismus für gut halten, setzen sich zusammen aus 61 Prozent, denen der Kommunismus, wie die bestehenden kommunistischen Staaten ihn praktizieren, mißfällt, und 6 Prozent (immerhin 6 Prozent), die das dortige Gesellschaftssystem für überlegen halten, also rund 9 zu 1. Kann dieses Ergebnis befriedigen? Wie sieht der Kommunismus aus, von dem die große Mehrheit der Studenten angetan ist? Welche seiner Merkmale faszinieren?

2. Ideen und Gestalten des Kommunismus

Der Kommunismus ist vielgestaltig, genauer: *Den* Kommunismus als einheitlichen Begriff gibt es nicht.

Das *Wort „Kommunismus"*, vom lateinischen communio, wird zum ersten Mal 1838 zur Bezeichnung einer politischen Bewegung verwendet. Mitglieder französischer Geheimgesellschaften gebrauchen das Adjektiv „communiste" im gedanklichen Konnex mit communauté, communautaire.[10] Am 1. Juli 1840 fand in Belleville bei Paris das „Erste Kommunistische Bankett" statt. Rund 1 200 Anhänger der verschiedensten sozialreformerischen Ideen nahmen daran teil. Im gleichen Jahr berichtete ein Anhänger Owens, J. G. Barmby, aus Paris an die Zeitschrift „The New Moral World" über „Communisme“, und die Augsburger Allgemeine Zeitung begann mit gelegentlichen Berichten über die französischen Kommunisten und ihren Kommunismus. Auf eine Kurzformel gebracht war Gütergemeinschaft, communio bonorum, das Anliegen der neuen Bewegung. Bereits in der von Papst Pius IX. am 9. November 1846 erlassenen Enzyklika „Qui pluribus“ ist vom Kommunismus die Rede, einer „abscheulichen und dem Naturrecht selbst auf das höchste widersprechenden Lehre“. Ähnlich dachten die Autoren des liberalen Staatslexikons von Rotteck und Welcker. Dort ist von einem „drohenden Gespenst“ die Rede, ein Bild, das bekanntlich Marx und Engels im ersten Satz des Kommunistischen Manifests verwendet haben. („Ein Gespenst geht um in Europa, das Gespenst des Kommunismus.“)[11]

Das Wort „Kommunismus“ für eine politische Bewegung stammt, wie wir gesehen haben, aus der Mitte des 19. Jahrhunderts. Die *Sache* aber, die das Wort bezeichnet, *ist alt.* Schon 1849 hieß es: „Im Altertum ist die Urquelle aller kommunistischen und sozialistischen Theorien zu suchen.“[12]

Platons „Politeia“ (Staatsgrundgesetz), verfaßt in der ersten Hälfte des 4. vorchristlichen Jahrhunderts, trägt den bezeichnenden Untertitel „Über die Gerechtigkeit“. Darin lesen wir: „Fürs erste darf niemand einen eigenen Besitz haben, soweit nicht unbedingt nötig. Zweitens keine Wohnung, keinen Vorratsraum, wohin nicht jedermann Zutritt hat. Die Lebensbedürfnisse, die kräftige, aber mäßige und tapfere Kriegsleute brauchen, empfangen sie auf Grund einer Schätzung von den übrigen Bürgern als Lohn für die Wache, und zwar nicht zu viel und nicht zu wenig fürs Jahr. Zu gemeinsamen Mahlzeiten kommen sie zusammen und leben wie im Feld gemeinsam.“[13]

> Auch Weibergemeinschaft soll Gesetz werden: Die „Frauen müssen allen Männern gemeinsam angehören, keine darf mit keinem allein beisammen sein, und ebenso sind die Kinder gemeinsam: weder kennt der Vater sein Kind noch das Kind seinen Vater.“[14]

Zur Geschichte des Kommunismus gehört jene Stelle der *Apostelgeschichte* des Evangelisten Lukas, an der es heißt: „Die Gläubigen hielten alle zusammen und hatten alles gemeinsam. Sie verkauften ihr Hab und Gut und verteilten den Erlös unter alle, je nachdem einer bedürftig war.“[15] Diese Sätze verdienen einige Anmerkungen:

1. Hier wird eine Lebensweise beschrieben, und zwar nur die der ersten Christengemeinde *in Jerusalem,* und kein Gebot verkündet.[16]

2. Diese Menschen lebten in der Endzeiterwartung. Daher wohl der Rückgriff auf die Vermögenssubstanz und der gemeinsame Konsum.

War es im vierten vorchristlichen Jahrhundert Plato, so im vierten nachchristlichen Jahrhundert *Aurelius Augustinus* (354 bis 430), der sich über den besten Staat Gedanken machte. Für beide gab es äußere Anlässe: für Plato den Untergang Athens am Ende des Peloponnesischen Krieges (404), für Augustinus die Auflösung Roms im Strudel der Völkerwanderung. Die Summe seiner Überlegungen trägt den Titel „De civitate Dei“, der Gottesstaat.[17] Ihm steht die irdische Gemeinschaft gegenüber, deren Charakteristikum die Selbstsucht ist. Nur die Hinwendung auf das höchste Gut, die Gottesliebe, kann die fürchterlichen Folgen der Eigenliebe, der Ungerechtigkeit, des Unfriedens und des Krieges überwinden. Kein Wort von Gütergemeinschaft, was beweist, daß nicht alle Utopien in dieser Lebensform die Behebung jeglicher Schwierigkeiten zu finden hofften. Eine andere Schrift Augustinus' zeigt jedoch, wie *kommunistische Gedanken* in akademischen Zirkeln gleichsam *ganz natürlich* entstehen:

„Wir Freunde, nicht wenige, hatten uns damals mit einem gemeinsamen Gedanken getragen und ihn auch besprochen. In unserem Widerwillen gegen die Unrast und Beschwer des menschlichen Treibens waren wir schon so gut wie schlüssig geworden, fern vom Gewühl ein ungestörtes Leben zu führen, und gedachten uns dieses Leben in der Weise zu verschaffen, daß wir alles, was jeder eben hätte oder bekäme, zusammenlegten und daraus ein einziges Vermögen machten. So sollte auf dem Grunde lauterer Freundschaft nicht das eine dem, das andere dem gehören, sondern aus allem sollte Eines werden und dieser Gemeinschaftsbesitz jedem einzelnen gehören und alles allen ... Wir hatten ausgemacht, daß je zwei im jährlichen Wechsel als Verwalter alles Nötige zu besorgen hätten, so daß die übrigen sich um nichts zu kümmern brauchten. Doch als wir uns nun fragten, ob auch das liebe Weibervolk sich dazu verstünde – einige von uns hatten schon ihre Frauen, und wir andern wollten eine haben –, da zerfuhr uns der ganze so trefflich ausgedachte Plan unter den Händen, er ging zuschanden und war abgetan."[18]

Ziemlich zeitgleich verfaßte *Basilius* die Regeln für seine Ordensgemeinschaft. Darin finden sich die berühmten Worte: „Eigentum ist Diebstahl."[19] Freilich, nicht Basilius und seine Gefolgsleute haben damit ihre Umwelt schockiert, sondern *Pierre Proudhon* 15 Jahrhunderte später. Denn Basilius wollte nicht die Welt revolutionieren, sondern den Mönchen klarmachen, daß sie das Gelübde der Armut verletzen, wenn sie sich persönliches Eigentum zulegen.

Ein neuer Abschnitt in der Geschichte des Kommunismus wird mit den Mazdakiten[20] eingeleitet, einer Sekte in Persien, die um das Jahr 500 Bedeutung erlangte. Nach *Zarathustra,* auf den sie sich beriefen, haben alle Menschen das Recht auf gleichen Anteil am Besitz. Es komme darauf an, die natürliche, ursprüngliche Ordnung wiederherzustellen. Sobald dies geschehen sei, ende der Kampf zwischen Gut und Böse, beginne die ungebrochene Herrschaft des Lichtes. Da der Grundadel mehr Frauen und mehr Sachen hatte als die übrige Bevölkerung, war er der erklärte Hauptfeind. Er sollte gewaltsam enteignet werden. Mazdak, der Sektenführer, erlangte vorübergehend solche Macht, daß der Schah einen Teil seiner Frauen an ihn herausgeben mußte.

Ähnliche kommunistische Bestrebungen mit kurzzeitigen beachtlichen Erfolgen sind aus Italien (Paratener, um 1260), England (Lollharden, um 1380) und Böhmen (hussitische Taboriten, um 1420) bekannt. Persönliches Eigentum des einzelnen wurde jeweils als schwere Sünde ausgegeben.

In Deutschland gilt *Thomas Münzer* (etwa 1490 bis 1525) als Vorreiter des Kommunismus. Dem reformierten Theologen war die Kanzel Plattform für revolutionäre Agitation. Er gründete den geheimen „Bund der Erwählten“, der die Führung der aufständischen Bauern übernehmen sollte, die sich im Schwarzwald und Elsaß, in Württemberg und Thüringen, in der Schweiz und in Österreich zusammengerottet hatten. Münzer verkündete, wer sich der Aufrichtung des irdischen Gottesreiches widersetze, habe sein Leben verwirkt. Wer sich hingegen an der Einführung des Gemeineigentums und am Sturz aller Obrigkeit beteilige, dem stehe die Seligkeit offen.

Wo Münzer hinzog, verwüstete er Klöster und Burgen. In Mühlhausen entstand sein Hauptquartier. Seine Anhänger bildeten dort einen „Ewigen Rat" und machten Münzer zum Oberhaupt. Mit 8 000 Mann zog er in die Schlacht. Vernichtend geschlagen, endete er durch die Hand des Henkers.

Noch kurzweiliger liest sich die Geschichte der *Wiedertäufer*. Nach Münzers Tod drängte einer seiner Schüler, *Hans Hut*, den radikalen Flügel der Wiedertäufer zu revolutionären Taten, um das Tausendjährige Reich zu errichten. An ihre Spitze trat *Johann von Leiden*, mit bürgerlichem Namen Jan Bockelson. Nach Eroberung der Macht in Münster plünderten sie Kirchen und Klöster. Katholiken und Protestanten sollten hingerichtet werden. Doch man begnügte sich schließlich mit ihrer Vertreibung, falls sie nicht bereit waren, sich nochmals taufen zu lassen.

Alle mußten ihr Geld, Gold und Silber abliefern. Damit wurden Soldaten angeworben. Die Bediensteten der Stadt erhielten Naturalentlohnung. Die Einführung von Gemeinschaftsküchen war ein weiterer Schritt zur Verwirklichung der Gütergemeinschaft, in die bald auch die Frauen einbezogen wurden.

> „Dann wurde der Wohnraum beschränkt und schließlich der private Hausbesitz ganz aufgehoben. Um eine jederzeit mögliche Kontrolle zu sichern, durften die Haustüren nicht mehr abgeschlossen oder verriegelt werden. Um geistigen Verwirrungen vorzubeugen, durfte nur noch die Bibel gelesen werden. Alle anderen Schriften waren abzuliefern. Die Wiedertäufer zu Münster führten die erste Bücherverbrennung durch. Einwohner, die sich den Anordnungen widersetzten, wurden auf dem Marktplatz enthauptet ... Im Juli 1534 kam es zur Einführung der Weibergemeinschaft. Johann von Leiden legte sich 15 Frauen zu und bestellte beim

Tischler ein entsprechend breites Bett. Die anderen Wiedertäuferführer folgten seinem Beispiel. Ein Aufruhr gegen die Polygamie kostete den Rebellen 50 Köpfe. Bockelson ließ sich zum Messias ausrufen und zum König krönen. Als Zeichen seines Anspruchs auf die ganze Erde diente eine Erdkugel mit zwei gekreuzten Schwertern. Von Münster aus sollte die Täuferherrschaft mit dem Schwert über die ganze Welt ausgebreitet werden. Der neue König scharte zunächst eine Leibwache und einen Hofstaat von 200 Personen um sich. Doch die kommunistische Theokratie konnte nicht lange dem Druck ihrer feindlichen Umwelt widerstehen. Am 24. Juni 1535 stürmten fürstliche und bischöfliche Truppen die Stadt."[21]

Im gleichen Jahr wie Johann von Leiden, nämlich 1535, wurde der ehemalige englische Lordkanzler *Thomas Morus* im Tower enthauptet. Grund für seine Hinrichtung war die Weigerung, Heinrich VIII. als Oberhaupt der englischen Kirche anzuerkennen. 400 Jahre nach seinem Tode erhob ihn die Katholische Kirche wegen seiner Gewissenstreue zur Ehre der Altäre. Sicherlich ist Morus' Beschreibung „der überaus herrlichen und ganz wunderbarlichen, doch wenigen bishero bekannten Insul Utopia" ursächlich für diese Verzögerung. Denn in diesem Traumland gibt es ebensowenig wie in anderen Modellen des besten Staates, die vor und nach Utopia skizziert wurden, privates Eigentum.

„Ich habe euch so wahrheitsgemäß, als mir möglich war, die Form dieses Staates beschrieben, der nach meiner festen Überzeugung der beste, ja der einzige ist, der mit Recht den Namen eines staatlichen ‚Gemeinwesens' für sich beanspruchen kann. Denn wer anderswo vom ‚Gemeinwohl' spricht, denkt doch überall nur an seinen Privatvorteil; hier dagegen, wo es kein Privateigentum gibt, betreibt man ernsthaft die Interessen der Allgemeinheit. Und gewiß geschieht beides mit Recht. Denn wer wüßte nicht, daß er anderswo als in Utopien trotz noch so großer Blüte des Staates für seine Person Hungers sterben muß, wenn er nicht für seinen Sondernutzen sorgt? Und somit drängt jeden die Not, sich mehr für seine eigene Person als für sein Volk, das heißt für die anderen, verantwortlich zu fühlen ..."[22]

„Haben die Reichen erst einmal im Namen des Staates, das heißt also auch der Armen, den Beschluß gefaßt, ihre Machenschaften durchzuführen, so erhalten diese sogleich Gesetzeskraft. Aber selbst wenn diese abscheulichen Menschen in ihrer unbegreiflichen Gier alle Güter des Lebens, die für alle gereicht hätten, unter sich aufgeteilt haben – wie weit sind sie dennoch entfernt von dem glücklichen Zustand des utopischen Staates! Welche Last von Verdrießlichkeiten ist in diesem Staate abgeschüttelt, welche gewaltige Saat von Verbrechen mit der Wurzel ausgerottet, seit dort mit dem Gebrauch des Geldes zugleich die Geldgier gänzlich beseitigt ist! Denn wer sieht nicht, daß Betrug, Diebstahl, Raub, Streit, Aufruhr, Zank, Aufstand, Mord, Verrat und Giftmischerei, jetzt durch tägliche Bestrafungen mehr nur geahndet als eingedämmt, mit der Beseitigung des Geldes alle zusammen absterben müssen ..."[23]

Wollte Morus mit seiner Erzählung wirklich nur Kurzweil bieten, wie er vorgibt? Daß er mit den sozialen Zuständen in seinem Lande unzufrieden war, wissen wir. Ob er aber die Zustände in Utopia ersehnte oder auch nur für besser hielt, ist bis heute eine Streitfrage und wird es wohl bleiben. Gut möglich, daß sein diplomatisches Geschick ihn Worte wählen ließ, die einen konkreten Nachweis sozialpolitischer Agitation unmöglich machten.

Vorsicht war dringend geboten, wie das Schicksal des italienischen Mönchs *Tommaso Campanella* (1568 bis 1639) zeigt. Der Verfasser des „Sonnenstaates" mußte fast drei Jahrzehnte in einem finsteren Verließ zubringen. Freilich, er war einen deutlichen Schritt weiter gegangen als Morus und wollte auch Frau und Kinder vergesellschaften aus der richtigen Erkenntnis heraus, daß sich so der Familienegoismus unterbinden ließe.

Was *Gregor Mendel* zwei Jahrhunderte später mit Blumen durchführte, sollte im Sonnenstaat mit Menschen geschehen: „Große und schöne Frauen werden mit großen und tüchtigen Männern gekreuzt, dicke Frauen mit mageren Männern und schlanke Frauen mit wohlbeleibten Männern, um einen Ausgleich zu schaffen. Priester, Beamte und Gelehrte, deren Triebe durch vieles Nachdenken verkümmert sind, erhalten besonders lebhafte Frauen zugeteilt, die energischen und jähzornigen Männer hingegen bekommen ‚fette Frauen von sanften Sitten'."[24]

Eine echte Pionierleistung waren die *Redukationen,* die im 17. Jahrhundert von religiösen Orden in Südamerika, vor allem in Paraguay, gegründet wurden. Unter Leitung von Missionaren lebten bekehrte Indianer in geschlossenen Siedlungen. Grund und Boden sowie der Ertrag des Gemeindegutes waren Gemeineigentum. Daneben gab es in bescheidenem Umfange auch Privatbesitz. Doch Nahrung, Kleidung und Wohnung waren grundsätzlich einheitlich. Der Handel mit der Außenwelt blieb auf das Notwendigste beschränkt. Den Mittelpunkt der rechteckigen Dörfer bildete der Hauptplatz, der von Kirche, Schule, Werkstatt und Lagerhaus umgeben wurde. Strenge, religiös geprägte Disziplin bestimmte das Leben der Indianer. Schon vor der französischen Revolution sprachen Schriftsteller von einem durchdachten Versuch, die Ideen Thomas Morus' und Tommaso Campanellas in die Tat umzusetzen. Nicht zuletzt durch Einflüsse von außen fand dieses kühne Experiment zwischen 1750 und 1850 sein Ende.[25]

Wegen der großen Beachtung, die *Jean-Jacques Rousseau* (1712 bis 1778) bereits zu seinen Lebzeiten gefunden hat und heute noch findet, sei kurz erwähnt, daß er in seinem „Discours sur l'inégalité" das Privateigentum für die schlimmsten Menschheitsdrangsale verantwortlich macht:

„Der erste, der ein Stück Land eingezäunt hatte und dreist sagte: Das ist mein, und so einfältige Leute fand, die das glaubten, wurde zum wahren Gründer der bürgerlichen Gesellschaft. Wie viele Verbrechen, Kriege, Morde, Leiden und Schrecken würde einer dem Menschengeschlecht erspart haben, hätte er die Pfähle herausgerissen oder den Graben zugeschüttet und Seinesgleichen zugerufen: Hört ja nicht auf diesen Betrüger. Ihr seid verloren, wenn ihr vergeßt, daß die Früchte allen gehören und die Erde keinem."[26]

Die Abschaffung des Eigentums forderte er aber nicht. Ein Zurück zum natürlichen Zustand erscheint auch ihm nicht möglich, zumal er bemerkt, daß die Verhältnisse nicht so bleiben konnten, wie sie waren.[27]

Die *Französische Revolution* von 1789 war eine bürgerliche Revolution, in erster Linie auf Abschaffung der Standesprivilegien bedacht. Das Privateigentum als Institution wurde nicht angetastet, vielmehr von den Revolutionsverfassungen ausdrücklich verbürgt. Robespierre bekämpfte kommunistische Tendenzen auf seine Art, mit der Guillotine.[28] Nach seinem Sturz erlangte ein Mann Einfluß – zum Teil unterstützt von Jakobinern –, der die Eigentumsordnung gänzlich umgestalten wollte, *François Noël Babeuf* (1760 bis 1797). Schon der selbstgewählte Vorname: Gracchus, läßt auf seine Einstellung schließen. Bereits vor der Revolution forderte er die Aufteilung des Grundbesitzes, um die Wurzeln der Ungleichheit auszurotten. 1795 wird er zum Verschwörer, um seinem Ziel mit Gewalt näherzukommen: Frankreich sollte eine große Gütergemeinschaft werden. Abschaffung des Privateigentums, des Geldes, der Großstädte, Einführung einheitlicher Kleider, Ernährung, Bildung und Arbeitspflicht.

Seine Schlußverteidigung vor dem Obersten Gericht, das ihn zum Tode verurteilte, klingt wie eine Vorwegnahme wesentlicher Aussagen des Kommunistischen Manifests und der marxistischen Doktrin überhaupt:

> „Die Gesamtheit des allen Menschen gehörigen Reichtums liegt in den Händen einiger weniger zusammengeballt ... Die Masse kann nicht mehr existieren, weil alle Güter in anderen Händen liegen; sie sieht sich einer Kaste gegenüber, die alles an sich gerissen hat und erbarmungslos festhält. Solche Verhältnisse bestimmen den Zeitpunkt der großen Revolutionen, in denen ein allgemeiner Umsturz der Eigentumsverhältnisse unvermeidbar wird, in denen die revolutionäre Erhebung der Armen gegen die Reichen eine geschichtliche Notwendigkeit ist, die durch nichts unterdrückt werden kann."[29]

Auch *Louis Auguste Blanqui* (1805 bis 1881) hatte kein Glück mit dem Versuch, seine kommunistischen Ideen in die Tat umzusetzen. Büßte Babeuf mit dem Leben, so Blanqui mit 36 Jahren Freiheitsentzug. Wieder an den späteren Marx erinnert die Überzeugung Blanquis, die gesamte bisherige Geschichte sei nur eine Vorbereitung auf den Kommunismus,[30] also nur Vorgeschichte.

Etwas erfolgreicher war da ein anderer Franzose, der, wie Marx, vorwiegend im englischen Exil wirkte, *Etienne Cabet* (1788 bis 1856). Berühmt wurde sein utopischer Roman „Reise nach Ikarien". 50 Jahre Zeit und einige Dutzend williger Menschen genügen, um das irdische Jammertal in ein Paradies umzugestalten, in dem Ausbeutung und Verbrechen, Sorgen und Ängste, Eifersucht und Haß gänzlich unbekannt sein werden.

Was liegt näher, als sich dem neuen Moses anzuschließen, um mit ihm das Land der Verheißung zu erreichen. Mit 480 Ikariern zog Cabet Anfang 1849 in eine von Mormonen verlassene Siedlung in Texas.

> „Doch die erhoffte Brüderlichkeit wollte nicht kommen. Cabet gebärdete sich wie ein Diktator. Er wurde schließlich von seinen eigenen Leuten aus der Kolonie gewiesen, deren Reste bis 1895 bestanden, ohne jemals das Morgenrot des Kommunismus zu sehen.“[31]

Wie Cabet, so sieht auch der Deutsche *Wilhelm Weitling* (1808 bis 1871) im Kommunismus die Verwirklichung der Lehre Jesu. Bezeichnend ist sein Aufsatz „Die Kommunion und die Kommunisten“. Schon der Titel verrät die gedankliche Koppelung des gemeinsamen Herrenmahls mit der Gütergemeinschaft zur religiös fundierten Universalfamilie.

Karl Marx (1818 bis 1883) fand zunächst (1844): „Wo hätte ... die Bourgeoisie ein ähnliches Werk wie Weitlings ‚Garantien der Harmonie und Freiheit‘ ... aufzuweisen? Vergleicht man die Mittelmäßigkeit der deutschen politischen Literatur mit diesem ... brillanten Debüt der deutschen Arbeiter ..., so muß man dem Aschenbrödel eine Athletengestalt prophezeien.“[32] Aber rasch trennten sich die Wege. Marx entwickelte eigene Vorstellungen, die Weitling nicht übernehmen wollte. Für Marx Anlaß genug, um ihn fertigzumachen: „Sagen Sie uns doch, Weitling, Sie, der Sie in Ihrer kommunistischen Propaganda in Deutschland so viel Lärm gemacht und so viel Arbeiter gewonnen haben, die dadurch Arbeit und Brot verloren, mit welchen Argumenten verteidigen Sie Ihre ... Tätigkeit ...?“[33]

Was aber sagt der angesehenste Kommunist, nämlich Marx, über den Kommunismus? Schon hier beginnen die Ungereimtheiten. Marx lehnt es kategorisch ab, Spekulationen über den Kommunismus anzustellen.

> „Indessen ist das gerade wieder der Vorzug der neuen Richtung, daß wir nicht dogmatisch die Welt antizipieren, sondern erst aus der Kritik der alten Welt die neue finden wollen ... Ist die Konstruktion der Zukunft und das Fertigwerden für alle Zeiten nicht unsere Sache, so ist es desto gewisser, was wir gegenwärtig zu vollbringen haben, ich meine die *rücksichtslose Kritik alles Bestehenden* ...“[34]

Es gibt aber auch Äußerungen, die in ihrer Gesamtheit ein ähnlich naturalistisches Bild ergeben, wie es uns von den anderen Kommunisten hinterlassen wurde, die er abschätzig Utopisten nennt.[35] Umwälzung der gesamten bürgerlich kapitalistischen Ordnung, notfalls mit Gewalt, wenn der Stimmzettel dies nicht bewirkt. Der Abschaffung des Eigentums, zunächst an den Produktionsmitteln, des Geldes, der Familie, folgt die Auflösung des Staates. Wie dennoch der große Plan zur Beendigung der kapitalistischen Anarchie der Wirtschaft zustandekommen und durchgesetzt werden soll, bleibt für immer ein Rätsel. Um so eindeutiger jedoch seine Zusicherung, daß der Kommunismus die Auflösung aller Welträtsel bewirkt (siehe Kapitel III 2).

Bleibt noch auf ein Experiment einzugehen, das sich längst bewährt hat und jedem von uns die Möglichkeit bietet, *eine* Form des Kommunismus am lebenden

Modell zu studieren: der *Kibbuz* in Israel. Zehntausende Juden leben in über 200 Siedlungen, in denen die soziale Gleichstellung weitestgehend verwirklicht ist. Nicht nur die Arbeit auf dem Felde oder in der Werkstatt erfolgt gemeinschaftlich, auch die Erträge gehören allen zusammen und werden nach einem für alle verbindlichen Plan ausgegeben. Die Mitglieder des Kibbuz speisen gemeinsam und leben in einheitlichen Apartments. Zur freien Verfügung erhält jeder nur ein geringes Taschengeld. Braucht er mehr, zum Beispiel um die in einem fernen Krankenhaus befindliche Mutter besuchen zu können, muß er das Anliegen dem Kollektiv unterbreiten, das auf streng demokratischer Basis meist mit verbindlicher Ämterrotation arbeitet. Folgendes verdient besonders betont zu werden: Der Kibbuz ist kommunistischer als die sowjetische Kolchose oder die chinesische Kommune, da auch der Konsum gemeinschaftlich erfolgt.

Andererseits sind die Kibbuzim Gemeinschaften auf freiwilliger und jederzeit kündbarer Basis. Sie beruhen auf der privaten Initiative.

Die Kibbuz-Bewegung ist noch zu jung, um ein abschließendes Urteil fällen zu können. Gleichwohl sind schon heute interessante Feststellungen möglich: Die Kibbuzim als Gemeinschaften idealistisch gesinnter opferbereiter Zionisten haben in der Vergangenheit Großartiges geleistet, als es galt, in einer fremden, meist feindlichen Umwelt sich nicht nur zu behaupten, sondern den Beweis der eigenen Tüchtigkeit zu erbringen. Freilich, die finanzielle Unterstützung der zionistischen Weltbewegung darf dabei nicht verschwiegen werden.

Ein deutlicher Wandel zeichnet sich seit Jahren ab, der vielfältige Ursachen hat. Die Generationenfolge bewirkt eine Veränderung der qualitativen Zusammensetzung. Söhne sind nicht die Reinkarnation ihrer Väter. Auch die veränderte Umwelt hat dazu beigetragen. War zunächst der Kibbuz Wehr-, Nähr-, Lehr- und Versorgungsgemeinschaft in einem, so ist heute die Verteidigung ausschließlich Aufgabe staatlicher Stellen. Die Kibbuzim haben zwar noch ihre eigenen Schulen, aber daneben bestehen die staatlichen Schuleinrichtungen. Ähnlich verhält es sich mit der Alters- und Invalidenversorgung.

In den Kibbuzim haben sich die Einsichten zu manchen Fragen grundlegend, zumindest erheblich gewandelt. Die ersten Kibbuzniks wollten die totale Gemeinschaft in allen Lebensbereichen, die ungeregelte Promiskuität der Geschlechter eingeschlossen. Eine Äußerung aus dem Jahre 1918, also neun Jahre nach Gründung des ersten Kibbuz, lautet: „Die Familie gehört der Vergangenheit an, und die Kvutzah (ein Modus des Kibbuz) ist in der Zukunft unseres Lebens das ständige wahre Refugium, das die Seele des Menschen in ihrem schweren Kampf gegen die Wertlosigkeit rettet. ... Die Familie ist zerstört, die Religion ist tot. Aber die entscheidenden Werte des Lebens werden bestehenbleiben und nur ihre Form verändern, denn das Bedürfnis nach einer familiären Umgebung ist tief und organisch ... Auf der Grundlage geistiger, nicht Blutsbande, wird die Familie wiedererstehen.“[36]

Diese Abwertung, ja Ablehnung der blutsmäßigen Familiengemeinschaft hat nicht lange angehalten. Aber auch heute ist es noch in manchen Kibbuzim so, daß die Kinder gleichsam vom Tage der Geburt an kollektiv erzogen werden und sich nur in der zweiten Hälfte des Nachmittags bei den Eltern aufhalten.

Die religiöse Indifferenz ist nicht länger ein Merkmal der Kibbuzbewegung.

Ein sehr guter Kenner der Kibbuz-Bewegung ist der heute als freier Forscher und Schriftsteller in Israel lebende Julius Löwenstein. Er schreibt: „Je mehr aber die Kinder aufwuchsen und die Wirtschaft der Kommune sich entwickelte, desto mehr wurde es notwendig, daß die einen die Pflege der Kinder, andere die Leitung der Betriebe übernahmen, wieder andere mit Kaufleuten in der Stadt verhandelten, um die Produktion zu verkaufen, und die übrigen die ‚schmutzige' Arbeit leisteten. Die Rotation der Arbeit hörte weitgehend auf, die Arbeitsteilung wurde unvermeidlich, die harmonische Gleichheit des Kibbuz wurde gestört. In vielen Kibbuzim empfindet daher die zweite Generation die Arbeit nicht mehr als ‚erstes Lebensbedürfnis', sondern als notwendiges ‚Mittel' zur Befriedigung der Bedürfnisse. Die alten und jungen Genossen sind unzufrieden mit dieser Situation, können sie aber nicht ändern. Das Verhältnis zur Arbeit hat sich im Kibbuz von der Generation der Gründer zu der der Söhne in derselben Weise geändert, wie bei Marx vom Pariser Manuskript zum dritten Band des Kapitals."[37]

3. Typologie des Kommunismus

Alle Spielarten des Kommunismus, die nur erdachten wie auch die praktizierten, haben eines gemeinsam: Verringerung der Verfügungsmacht einzelner über Sachen oder Sachgesamtheiten, das heißt körperliche Gegenstände; das ist alles. So kommt es, daß die einzelnen Kommunismustypen höchst unterschiedlich bewertet werden und wohl niemand allen Spielarten schroff ablehnend gegenübersteht.

Ein würdiger Repräsentant des freiheitlichen Konservatismus in Deutschland, Kurt *Herberts,* Unternehmer und Literat zugleich, ist von Naturell, Bildung und Beruf der personifizierte Kontrast dessen, was sich Lieschen Müller unter einem Kommunisten vorstellt. Und dennoch schwärmt er: „Versteht man indessen den Begriff ‚Kommunismus' in seiner Ursprungsbedeutung als ‚Brüderlichkeit', so ist er an sich eine der großartigsten sozial-religiösen Ideen der Menschheit. Die früheren Christen schlossen sich nicht nur zu sakralen Kommunen zusammen, sie ‚kommunizierten' auch ganz unmittelbar bei ihren Agapen, indem sie Brot und Wein zum Andenken an Jesus Christus miteinander genossen. Daß Menschen ihre Egozentrik dadurch überwinden, daß sie im Hinschauen auf ein Übermenschliches sich zu Lebensgemeinschaften zusammenschließen, in welchen jeder für alle und alle für jeden da sind, das bildet wohl den Gipfelpunkt echt sozialer Möglichkeiten – obgleich solche Liebeskommunen nur im kleinsten Kreis zu verwirklichen sind."[38]

Die beiden Extreme sind, wie wir gesehen haben, einerseits Produktionsgenossenschaften auf freiwilliger, stets kündbarer Rechtsgrundlage und andererseits das anarchische Anrecht auf alles und jeden, das begrenzt wird durch das gleiche Recht aller anderen. Dazwischen gibt es nicht weniger Varianten als Farbtöne in der Spektralanalyse.

Eine systematische Darstellung ergibt folgendes Bild:

		ZIEL		
		1. Vergesellschaftung des Produktiveigentums	2. Vergesellschaftung des gesamten Eigentums	3. Punkt plus „Weibergemeinschaft"
MITTEL	1. freiwilliger widerruflicher Entschluß einzelner	Genossenschaften	Augustinus, Jesuitenstaat, klösterliche Gemeinschaft, Kibbuz heute	frühere Kibbuzbewegung
	2. widerruflicher demokratischer Mehrheitsbeschluß	demokratischer Sozialismus	Cabet (Reise nach Ikarien)	
	3. notfalls durch gewaltsame Revolution	sowjetische Praxis	Morus (Utopia) sowjetische Theorie	Platon in Politeia Marx[39]

Die Übersicht erscheint nur dann unproblematisch, wenn folgendes beachtet wird:

1. Die Anwendung der Bezeichnung „Kommunismus" schon auf die Vergesellschaftung der Produktionsmittel kann damit gerechtfertigt werden, daß sehr namhafte Führer der *sozialistischen* Bewegung die Auffassung vertraten, die Worte „Kommunismus" und „Sozialismus" seien Synonyma. [40]

2. Die Sowjetunion und die anderen sozialistischen Staaten behaupten, sie seien erst auf dem Wege zum Kommunismus. Da sich aber faktisch nichts ändert und in den letzten Jahrzehnten geändert hat, wäre es nicht verwunderlich, wenn es morgen schon hieße, die Schwelle zum Kommunismus sei überschritten trotz Privateigentum, Erbrecht, zinsbringender Sparkonten und so weiter. Die sowjetamtliche Kommunismusdefinition, wie sie beispielsweise im Parteiprogramm der KPdSU von 1961 ausformuliert worden ist, würde dem nicht entgegenstehen. Auch für das Wort „Kommunist“ gilt, was Kolakowski mit Bezug auf „Marxist“ sagt: „Das Wort ‚Marxist‘ bezeichnet nicht einen Menschen, der die eine oder andere inhaltlich umrissene Auffassung von der Welt besitzt, sondern einen Menschen mit einer ganz bestimmten Geisteshaltung, die durch die Bereitschaft gekennzeichnet ist, Auffassungen zu akzeptieren, die behördlich bestätigt worden sind. Welchen aktuellen Inhalt der Marxismus besitzt, ist von diesem Gesichtspunkt aus ohne Bedeutung – man wird dadurch zum Marxisten, daß man sich bereiterklärt, von Fall zu Fall den Inhalt zu akzeptieren, den die Behörde präsentiert.“[41]

3. Die Einordnung in das Schema ist nicht immer einwandfrei möglich. In Platons Politeia wird zum Beispiel nicht gesagt, wie diese politische Ordnung zu erreichen ist. Ferner soll in ihr für die verschiedenen Schichten der Bevölkerung (Philosophen, Krieger, Kaufleute) Unterschiedliches gelten.

4. Die Eintragung der unterschiedlichsten Persönlichkeiten in ein und dieselbe Rubrik könnte zu dem Fehlschuß verleiten, ihre Lehre würde in den wesentlichen Punkten übereinstimmen. Aber zu den wesentlichen Punkten gehört weit mehr, als hier berücksichtigt werden konnte, nämlich nur Mittel und Ziel hinsichtlich der Eigentumsordnung.

4. Welcher Kommunismus fasziniert heute?

Als die eingangs erwähnte Umfrage publik wurde, wonach 67 Prozent der befragten Studenten die Idee des Kommunismus für gut halten, lautete einer der Vorwürfe an die Adresse der Demoskopen: Solange man nicht weiß, von welchem Kommunismus die Rede ist, ist die Befragung ziemlich nichtssagend.

Wer aber seit über einem Dutzend Jahren mit Studenten verschiedener Universitäten in ständigem Gedankenaustausch über Themen der politischen Theorie steht, glaubt zu wissen, daß der großen Mehrheit der Studenten im Zusammenhang mit dem Stichwort „Kommunismus" nur die Namen von Leuten einfallen, die wir als Marxisten bezeichnen können. Einigen kommt noch Platon in den Sinn, einigen der Bericht aus der Apostelgeschichte. Aber wie oft ist in diesem Zusammenhang schon von Kommunismus die Rede, verglichen mit der gängigen Bedeutung des Wortes „Kommunismus" in den Massenmedien und in den Publikationen der verschiedenen kommunistischen Parteien? Die Relation 1 zu 100 würde das Mißverhältnis noch nicht annähernd zutreffend wiedergeben.

Eines haben die gängigen Kommunismusbegriffe gemeinsam: Sie alle berufen sich auf Marx, verstehen sich als Marxismus.

Die Behauptung, die hier mit allgemeinen Überlegungen und persönlichen Erfahrungen untermauert wurde, hat sich bei einer neuerlichen Umfrage bestätigt:

> „Um zu untersuchen, ob eine genaue Umschreibung der ‚Idee des Kommunismus' die Antworten verändert hätte, wurden vom Allensbacher Institut im November 1978 zwei repräsentative Querschnitte von je 1000 Personen ab 16 Jahre in parallel laufenden Umfragen in zwei Versionen über die Einstellung zum Kommunismus befragt. Eine Fassung entsprach wortgetreu der Formulierung bei der Studentenumfrage. In der Parallelumfrage wurde die ‚Idee des Kommunismus' verdeutlicht: ‚wie Marx und Lenin sie entwikkelt haben . . .' Die Ergebnisse waren, wie erwartet, nahezu identisch."[42]

II. „Rücksichtslose Kritik alles Bestehenden“ [1]

(Karl Marx)

1. „Ändere die Welt: sie braucht es!“

„. . .
Welche Niedrigkeit begingest du nicht, um
Die Niedrigkeit auszutilgen?
Könntest du die Welt endlich verändern, wofür
Wärest du dir zu gut?
Wer bist du?
Versinke in Schmutz
Umarme den Schlächter, aber
Ändere die Welt: sie braucht es!
. . .“[2]

So schlecht ist also die Welt, daß jedes Mittel recht ist, sie zu verändern. Jede Zeile, die der Kontrollchor, die Stimme der Kommunistischen Partei, singt, ist eine Klage und Anklage sowie ein Appell zum Handeln. Bert Brecht verdeutlicht damit zutreffend die Empfindungen vieler Kommunisten und solcher, die es dann geworden sind.

Der Chor offenbart das Fühlen und Schauen der Kommunisten. Wer die folgenden Verse eines Volksliedes aus vollem Herzen mitsingen kann, verkörpert den Gegentypus:

„Was frag' ich viel nach Geld und Gut
wenn ich zufrieden bin.

> Gibt Gott mir nur gesundes Blut,
> so hab' ich frohen Sinn
> und sing aus dankbarem Gemüt
> mein Morgen- und mein Abendlied. . . .
> Und wenn die gold'ne Sonn' aufgeht
> und golden wird die Welt,
> und alles in der Blüte steht,
> und Ähren trägt das Feld,
> dann denk ich: Alle diese Pracht
> hat Gott zu meiner Lust gemacht!"

Leszek Kolakowski pflichtet bei: „Die Linke ist eine Bewegung, welche die vorgefundene Welt negiert."[3] Mag diese Formulierung etwas überspitzt sein, im Kern ist sie richtig, zeigt sie ein Charakteristikum des kommunistischen Menschen von Karl Marx bis Franz Xaver Kroetz.[4] Gefragt, warum er Marxist sei, antwortete er „Bestimmt hätte ich mich nicht so rasch für den Marxismus entschieden, wenn es wirkliche Alternativen gegeben hätte. Mein rascher Entschluß ist in dem Bankrott jeglicher bürgerlichen Ideologie für unsere Zukunft begründet. Und die bewahrende Funktion bürgerlicher Ideologie taugte für mich nicht mehr, nachdem ich festgestellt hatte, daß die Welt weniger die Bewahrung als vielmehr die radikale Veränderung der herrschenden Verhältnisse braucht."[5]

So wie Kroetz denken und dachten viele, und nicht wenige haben dieses Denken ausdrücklich ihr Marxismusmotiv genannt.

> Ignace Lepp: „Meine Überraschung war groß, als ich dank Gorkis Buch zu verstehen begann, daß die Welt hätte anders sein müssen, als sie wirklich war..."[6] „Seit der Lektüre ‚Die Mutter' von Gorki jedoch ahnte ich im Kommunismus das Absolute, das ich nötiger hatte als die materielle Nahrung."[7]

Bei Herbert Wehner heißt es trocken: „Ich weiß um die bittere Erfahrung der Zeit der Weimarer Republik . . ., gerade weil ich zu den Gebrannten gehöre, die einmal aus Unzufriedenheit und falsch verstandenem Radikalismus . . . durch die Umstände blutige Erfahrungen habe sammeln müssen."[8]

Alfred Kantorowicz erklärt: „Da die bürgerliche Ordnung aus den Fugen war, unzeitgemäß geworden zu sein schien, begaben wir uns auf die Suche nach Verkündern, neuen, den Forderungen des Zeitalters angemessenen gesellschaftlichen Bindungen. Dabei stießen wir auf Marx. Hatte er nicht recht behalten mit seiner Voraussage, daß die kapitalistische Wirtschaft zu Krisen und Kriegen führen mußte? Unsere Erfahrungen bestätigten ihn."[9]

Und Arthur Koestler bekennt, auf dem Höhepunkt einer „Gemütsverfassung chronischer Entrüstung" in die Kommunistische Partei eingetreten zu sein.[10]

Das Milieu, die physische und psychische Verfassung, worin die Entscheidung für den Kommunismus fiel, schildert besonders anschaulich und packend Ernst Fischer: „Und meine Tage im Gerichtssaal, in der Redaktion und viele Nächte im Caféhaus, in der Bar, zu Champagner eingeladen, mit dem unterdrückten Verlangen nach Fleisch und Butterbrot, denn das Mittagessen bestand aus einer dünnen Suppe, aus Reis und Erbsen und Sauerkraut, und der nicht unterdrückten Sucht nach Frauen, Freude, Liebe, *Selbstverbrennung, Selbstvernichtung* und dem überspannten Organismus abgezwungene Gedichte, Novellen, Theaterstücke, mehr und mehr noch und immer mehr, und plötzlich der Wunsch, euch alle *in die Luft zu sprengen,* euch, die Überlebenden, die Übersättigten, die letzten einer untergehenden, vielleicht schon untergegangenen Welt."[11]

Sehr bezeichnend die Impulse und Motive v. Golssenaus, der unter dem Pseudonym Renn schrieb: „Ich bin Kommunist!" brüllte Renn seinem Vorgesetzten bei der Polizei ins Gesicht. „Ich bin der Meinung, daß hier alles zerbrochen werden muß, weil hier alles faul ist!"[12]

Michael Miller stand vor der Wahl: Kommunisten oder Sozialdemokraten. „Da waren mir die Kommunisten die sympathischeren, weil sie der alten Welt radikal den Kampf ansagten und offen bekannten, daß sie diese beseitigen und an ihre Stelle eine grundsätzlich andere, eine neue mit neuen Menschen und neuen Verhältnissen wollten.“[13]

Was Gerhard Zwerenz aus seiner Sicht als allgemeingültige Feststellung formuliert, enthält zwangsläufig ein Stück Autobiographie: „Nein, sie verstehen hier immer noch nicht, was Kommunismus heißt. Sie sehen nicht, daß im Kommunisten der ganze Zorn einer enttäuschten und enttäuschenden Welt aufblitzt. Kommunismus –: das lebt von Weltenttäuschung.“[14]

2. Marx, der Rebell

Die Männer, von denen eben die Rede war, haben die bestehende Welt kategorisch abgelehnt. Aber warum wurden sie gerade Marxisten? Warum ist gerade Marx der Schutzpatron und Heilige, an den sie sich wenden? Zwei Gründe stehen im Vordergrund:

1. Weil *Marx*, seine Lehre und seine Anhänger der *bürgerlichen Welt Schrecken* einjagen. „Ich verehre ihn grenzenlos, aber vor allem deshalb, weil er für die bürgerliche Welt ein Schreckgespenst war. In der Tat bestimmte damals meinen ‚Kommunismus‘ viel mehr der Haß auf den Bourgeois als die Liebe zum Proletariat . . .“[15]

2. Weil *Marx* den *Protest gegen das Bestehende* geradezu verkörpert, weil er sich durchaus zu Recht als *die* Negation des Seienden verstanden hat.

Marx über sich: „Nie hat er (der kritische Verstand) glänzender seinen *Haß* gegen das sog. Positive gezeigt.“[16]

„Karl Marx war von früher Jugend an durch ein prononciertes ‚Nein-Verhalten‘ gekennzeichnet, das bis zu seinem Tode die dominierende Konstante seines Charakters blieb.“[17]

Machen wir uns das an einigen Beispielen klar: In seinem Abituraufsatz gebraucht Marx das Wort „vernichten“ nicht seltener als sechsmal, obwohl es in „Betrachtungen eines Jünglings bei der Wahl seines Berufes“ kaum etwas zu suchen hat. Sinngleiche Wörter sind nicht minder häufig anzutreffen. Das allein ist sicherlich kein Beweis, aber merkwürdig ist es schon.

Die Jugendgedichte verraten in ihrer geradezu monotonen Destruktivität den Zustand der Seele. Nicht eines, das Lebensfreude, Lebensglück verrät; nicht eines, das uns inhaltlich beispielsweise an Goethes „Mailied“ erinnern könnte:

„Wie herrlich leuchtet
Mir die Natur!
Wie glänzt die Sonne!
Wie lacht die Flur!
Es dringen Blüten
Aus jedem Zweig
Und tausend Stimmen
Aus dem Gesträuch,
Und Freud’ und Wonne
Aus jeder Brust.
O Erd’, o Sonne,
O Glück, o Lust! . . .

Wenn bei Marx ein Gedicht etwas verheißungsvoll beginnt, wie die „Schluß-Sonette“ an seine Braut Jenny:

„Eines muß ich Dir, mein Kind, noch sagen,
Fröhlich schließt mein Abschiedssang den Reihn, ...“
folgt rasch sein stets gleiches Grundmotiv:
„Kühn gehüllt in weiten Glutgewanden,
Lichtverklärt das stolz gehob'ne Herz,
Herrschend losgesagt von Zwang und Banden,
Tret' ich festen Schritt's durch weite Räume,
Schmett're vor dein Antlitz hin den Schmerz,
Und zum Lebensbaum entsprühn die Träume!“[18]

Ist es hier der Schmerz, der der Liebsten ins Antlitz „geschmettert“ wird, besingt er im nächsten Gedicht den Untergang der Welt. Im dritten heißt es:

„So rollt denn fort, ihr Lebenswogen,
Stürzt weiter, reißet ein die Bogen,
Von Freiheit golden angehaucht,
Wenn ihr aus Nichts entgeistert taucht.“[19]

Aus der vierten Dichtung:

„Dein Erwachen
Ist unendliches Aufgehn,
Dein Aufgehn
Ewiger Fall.“[20]

Im fünften Gedicht stehen die Verse:

„Still um das Schläfenpaar, ruhegroß,
Gürtet Äther Fackelbrande,
Rüstung prallt, Urdunkel im Schoß,
Stürzt, heult Wolke Wehschrei zum Lande.“[21]

Das sechste ist betitelt „Des Verzweifelnden Gebet“ und ist von der ersten bis zur letzten Zeile schier zum

Verzweifeln. Das halbe Dutzend Beispiele – nicht krampfhaft zusammengesucht, sondern in ununterbrochener Reihenfolge den „Jugendschriften" entnommen – dürfte genügen, um sich ein Bild von der seelischen Verfassung des jungen Marx zu machen.

Waren das nur die *Äußerungen verspäteter Pubertät?* Das ist eine Frage, die vielleicht der Psychologe beantworten kann. Falls ja, dann wurde Marx offenbar nie ganz erwachsen. Betrachten wir die *Form* seiner Veröffentlichungen, bevor wir unter dem hier erheblichen Gesichtspunkt auf den *Inhalt* eingehen. Zu den Eigenheiten des Marxschen Stils gehört die *Inversion,* wobei dem Verneinten die Gegenthese mit denselben Worten, die jedoch umgestellt sind, folgt.

Hier nur ein halbes Dutzend als Beleg und zur Verdeutlichung: Bekannt sind die Worte: „Es ist nicht das Bewußtsein der Menschen, das ihr Sein, sondern umgekehrt ihr gesellschaftliches Sein, das ihr Bewußtsein bestimmt."[22] Den gleichen Gedanken hat er schon viele Jahre früher ausformuliert: „Nicht das Bewußtsein bestimmt das Leben, sondern das Leben bestimmt das Bewußtsein."[23]

Aus einem anderen Themenbereich: „Suchen wir das Geheimnis des Juden nicht in seiner Religion, sondern suchen wir das Geheimnis der Religion im wirklichen Juden."[24] „Luther ... hat den Glauben an die Autorität gebrochen, weil er die Autorität des Glaubens restauriert hat. Er hat die Pfaffen in Laien verwandelt, weil er die Laien in Pfaffen verwandelt hat."[25] Noch zwei Beispiele aus dem „Manifest": „In der bürgerlichen Gesellschaft herrscht also die Vergangenheit über die Gegenwart, in der kommunistischen die Gegenwart über die Vergangenheit."[26] Und eben dort verspottet er die deutschen Sozialisten, weil sie „statt wahrer Bedürfnisse das Bedürfnis der Wahrheit"[27] vertreten.

Am Bezeichnendsten ist wohl Marxens Versuch eines Dramas. Der Titel „Oulanem" ist nichts anderes als die *Perversion* des den Juden und Christen in gleicher Weise heiligen Namens *Emanuel,* das heißt „Gott mit uns“. Die kleine Unstimmigkeit, „o“ statt „e“ erlaubt kaum einen Zweifel. Der Inhalt bestätigt, was schon das Anagramm vermuten ließ: „Auch hier treten Weltdestruktion und Selbstdestruktion wieder Hand in Hand auf, und die Schilderung dieser ‚zwanggebannten Seele‘ mit ihrem Vernichtungstrieb, mit dem sie sich von dem auf ihr lastenden Fluche lösen möchte, nimmt sich beinahe aus wie die Schilderung einer Zwangsneurose.“[28]

Einige Verse aus dem Dramenfragment! Sie sind nicht dem bösen Prinzip in den Mund gelegt, um die positive Weltsicht aus dem Munde anderer Personen um so deutlicher werden zu lassen, nein, sie bilden den Grundgedanken des Ganzen. „In diesem Drama gibt es kein Schwarz und Weiß. Es gibt keine Claudius und Ophelia, Jago und Desdemona. Hier sind alle schwarz und alle erfüllen Aspekte des Mephisto. Alle sind satanisch, korrupt und verdammt.“[29]

„Und dann hinab, versinken in dem Nichts,
Ganz untergehn, nicht sein, es wäre Leben . . .
Vermess’ner Fluch in zwanggebannter Seele!
Vernichtung jauchzt der Blick in gift’gen
Strahlen, . . .“[30]

Ist Marx als Poet vielleicht ein Bajazzo, der sich auf der Bühne gänzlich zu verstellen weiß? Um die Antwort vorwegzunehmen: Er ist es nicht. Auch sind in seiner Brust nicht zwei Seelen. Marx zeigt nur, wer er ist, was er denkt und fühlt. Die meisten seiner bedeutsameren Veröffentlichungen tragen im Titel oder Untertitel das Wort „Kritik“.[31]

Aber ist das verwunderlich im „Zeitalter der Kritik“, wie Kant in einer Anmerkung zur „Kritik der reinen Vernunft“ gesagt hat.[32]

Zunächst ist bemerkenswert, daß Kant diese Formulierung in der 2. Auflage von 1787 nicht wiederholt. Ferner, als Marx zu publizieren begann, war das Zeitalter der Kritik, besser wohl der Vernunft, nach allgemeiner Ansicht schon passé. Und schließlich: Kant, Lessing, Fichte, Hegel und die anderen, die dem „Zeitalter der Kritik“ das Gepräge gaben, dachten nicht im entferntesten an radikale, zersetzende Kritik im Sinne totaler Ablehnung, sondern an gewissenhaftes Prüfen und Fragen. Kritik war für sie Vernunftgebrauch und nicht Negation.

Marx ist der Geist, der alles verneint, Himmel und Erde: Seine *Religionsfeindschaft* ist hinlänglich bekannt. Sein Ausspruch: „Die Religion … ist das *Opium* des Volks“[33] ist geradezu zu einer Redewendung geworden. Seiner eigenen *Rasse* stand der Jude Marx feindselig gegenüber.[34] Den *philosophischen Zeitgeist* hat er mit beißendem Spott verfolgt. Schon die Titel mehrerer Publikationen sprechen für diese Behauptung, zum Beispiel „Die heilige Familie oder Kritik der kritischen Kritik. Gegen Bruno Bauer und Konsorten“[35] oder „Die deutsche Ideologie. Kritik der neuesten deutschen Philosophie in ihren Repräsentanten Feuerbach, B. Bauer und Stirner, und des deutschen Sozialismus in seinen verschiedenen Propheten“.[36]

Auch *Hegels Dialektik* ist für ihn nur akzeptabel, wenn sie gänzlich umgestülpt wird: „Meine dialektische Methode ist der Grundlage nach von der Hegelschen nicht nur verschieden, sondern ihr direktes Gegenteil."[37]

Während die akademische Jugend der damaligen Zeit in *Nationalismus* geradezu entflammte, propagierte Marx, daß die Proletarier kein Vaterland hätten.[38] Der *Staat* selbst ist für ihn nur die Folge der Ursünde. Sobald sie ausgemerzt sei, sterbe der Staat ab.[39] Damit gerät Marx in die Nähe der Anarchisten, deren Hauptvertreter er gleichwohl leidenschaftlich bekämpft.[40] Leidenschaftlich bekämpft er auch die anderen *Sozialisten:* die *Gewerkschafter,* die *Lassalleaner,* die *Eisenacher.* Das *Gothaer Programm,* auf dem Vereinigungsparteitag beschlossen, unterwirft er der kleinlichsten, zugleich härtesten und teilweise ganz abwegigen Kritik.[41]

Und welche Rolle spielen die *Eltern?* Auch ihnen gegenüber zunächst Gleichgültigkeit, dann Auflehnung und Protest: Am Ende einer eingehenden Betrachtung schreibt Künzli: „Das hier Gesagte dürfte genügen, um zu erhellen, wie sehr dieses ganze Leben im eng persönlichen Verhalten wesentlich mitbestimmt war durch eine Protesthaltung gegenüber allem, was die Mutter, und gegenüber manchem, was der Vater repräsentierte."[42]

3. Ursachen der „rücksichtslosen Kritik"

„Dieser Zerrspiegel zeigte ihm das Negative dieser Welt riesengroß, das Positive zwerghaft klein."[43]

Wer hat Marx, wer hat den Marxisten den *Zerrspiegel ins Herz gesenkt?*

a) Marxismus – Sozialisierung von Privatneurosen?

„Wenn aber ein ungewöhnlich gebildeter, einfallsreicher, ausdrucksstarker Kopf Jahrzehnte lang mit großer Hingabe und wissenschaftlicher Systematik forscht und publiziert, die wesentlichen Aussagen gleichwohl handgreiflich unrichtig sind, dann drängt sich die Frage auf, wie es kommt, daß hier Bildung, Intelligenz und Schaffenskraft eine lange Kette von Irrtümern, Widersprüchen und Fehlprognosen knüpfen konnten.“[44]

Die plausibelste Antwort auf diese Frage lautet, daß dem *Marxismus* deshalb *diese Mängel* anhaften, *weil er nicht* so sehr das *Ergebnis kühlen Forschens und Räsonierens* ist, *sondern Ausdruck seelischen Befindens,* Produkt des Unbewußten: „Das Sein bestimmt das Bewußtsein.“

Der Nachweis für diese Behauptung kann hier nicht im Detail geführt werden, sondern Andeutungen und Hinweise müssen genügen. *Marx, der* persönlich *in höchstem Maße entfremdete Mensch,*[45] beginnt literarisch damit, daß er die Entfremdung der Menschheit in allen Dimensionen behauptet. Damit wird er zum Ausdruck der Menschheit und verliert – nach seinem Empfinden – die Außenseiterrolle.

Marx, dessen extreme Ichsucht[46] unbestreitbar ist, diagnostiziert den *Egoismus* als das Grundübel der Menschheit. Und indem er hinzufügt, daß diese Gebrechen Folgen der gesellschaftlichen Verhältnisse seien, baut er sich eine Brücke, um dem Schuldkomplex zu entkommen.

„Dominierend waren in dieser Seele, die sich ihres ‚dämonischen Abgrunds' dunkel bewußt war, der Trotz und der Hohn, Neid, Rache, Haß, Verachtung, der Trieb zur Destruktion und Selbstvernichtung, aber auch zur Neuschöpfung der Welt aus sich selbst heraus, gepaart mit einem unverhüllten Willen zur Macht und zur Selbstvergottung."[47]

Aber *warum* war er der entfremdete, selbstsüchtige *Hasser?*

Schon die Schwestern nannten den „kleinen Jungen" einen „schrecklichen Tyrannen",[48] die Mitschüler hatten Angst vor seinem boshaften Zynismus,[49] die Briefe des Vaters sind voll dunkler Andeutungen über Dämonisches in seiner Natur,[50] und seine Gedichte sprechen für die Richtigkeit dieser Charakterbilder. Dabei ist Marx in einer relativ heilen Welt groß geworden.[51] Die sowjetischen Bearbeiter der „Marx/Engels-Werke" betonen: „Geboren und aufgewachsen in dem damals ökonomisch und politisch fortschrittlichsten Teil Deutschlands ..."[52] Ganz im Gegensatz zum Seminar Stalins wehte am Trierer Gymnasium ein frischer, freiheitlicher Wind. Die hohe wissenschaftliche Qualität war allgemein anerkannt.[53] Zugleich zeigte ihm die Schule seine Stärken und Schwächen. Wegen seiner jüdischen Abstammung hat er offenbar keine Kränkungen hinnehmen müssen.

Alles deutet darauf hin, daß die Ehe der Eltern sehr harmonisch verlief. Die Familie kannte keine materielle Not. Vater und Mutter sorgten sich rührend um ihre Kinder, insbesondere um Karl. Sorgten sie sich zuviel? Dafür gibt es Anhaltspunkte. Sie geizten aber auch nicht mit hartem Tadel. *Von einer Extremsituation kann keinesfalls die Rede sein.* Der Vater war ein Opportunist. Materieller Vorteile wegen hat er dem religiösen Judentum abgeschworen. Aber wie wenige haben das Glück, von charakterfesten, untadeligen Persönlichkeiten abzustammen! Manche Umweltfaktoren haben dazu beigetragen, daß Marx zu dem wurde, was er schließlich war. Doch wohl kein anderer wäre unter den gleichen Umständen ein Marx geworden. Warum ist jemand ein Sanguiniker, jemand ein Phlegmatiker? Zufall, Laune der Natur, Fügung? Wir wissen es nicht, und werden es nicht wissen. Wir bleiben uns selbst letztlich ein Geheimnis.

b) Die Artverwandten

Laune der *Natur* oder nicht, die Persönlichkeitsstruktur von Marx ist kaum etwas, was in *ihrer Art* einzig ist, auch wenn die oben beschriebenen psychischen Besonderheiten bei ihm in ganz ungewöhnlichem Maße ausgeprägt gewesen sind. Wer aus dem gleichen Holz geschnitzt ist, wird sich zum Marxismus in der Regel zumindest solange hingezogen fühlen, solange dieser nicht realisiert worden ist. (Marx wäre gewiß kein SED-Parteigenosse.)

Der Marxismus ist aber nicht nur die Philosophie derer, die gleichsam den Mutterschoß mit dem linken Fuß voraus verlassen haben. Auch *persönliches Versagen,* schier ausweglose *Schwierigkeiten* im Lebenskampf können die gleichen Folgen zeitigen. Solche Schwierigkeiten sind der Alltag vieler Studenten. Während die gleichaltrigen Freunde, die keine akademische Laufbahn eingeschlagen haben, längst verdienen und ihre sichere, geschützte Position einnehmen, müssen sie noch um Abschluß und Anstellung bangen. Anonymisierung des Studiums, Explosion des Wissens, Desorientierung in der Komplexität und Unüberschaubarkeit der modernen Industriegesellschaft sind weitere relevante Gesichtspunkte in diesem Zusammenhang.[54]

Von *Alfred Andersch* zum Beispiel heißt es: „Die Schule bereitete ihm unüberwindliche Schwierigkeiten, der Versuch, einen Beruf zu erlernen, ergab ebenfalls nicht viel. Da erwies sich der Kommunismus als rettende Zuflucht: ‚Das Wort Revolution faszinierte mich.'"[55]

Seine blinde Leidenschaft bei politischen Aussagen läßt tief blicken und verrät ähnliche und ähnlich dominante Stimmungen wie bei Marx: Er, der 1933 einige Monate im KZ war, und es eigentlich besser wissen müßte, meint mit Blick auf die Bundesrepublik Deutschland: „Das neue KZ ist schon errichtet." Das ist kein Ausrutscher, sondern Leitmotiv seines gesellschaftspolitischen Schaffens:

> In „Preußens Gloria" höhnt er: „in plötzensee hält von witzleben noch immer/vor dem henker die hose fest." Das Gedicht „An die Deutschen" zeichnet die Bundesrepublik als Militaristenstaat, dessen Bürger außer „Wehrmacht" und „Wehrpflicht" nichts im Sinne hätten. „Art. 3 Abs. 3", ein Pamphlet aus dem Jahre 1976, das sich das Grundgesetz vornimmt, schließt mit den Worten: „ein geruch breitet sich aus/der geruch einer maschine/die gas erzeugt." Den Nazis wird attestiert, sie seien „ehrlicher" gewesen.[56]

c) Die Verführten[57]

Wer Andersch Glauben schenkt, kann nicht umhin, die Bundesrepublik, die hier und heute bestehende Ordnung schlechthin zu hassen. Andersch ist kein Solist, sondern nur *eine* Stimme in einem großen Chor.

Hans Magnus Enzensberger konterkariert den Rechtsstaat mit der Behauptung: „Es vergeht kein Tag ohne einen haarsträubenden Übergriff der Ämter, ohne ein skandalöses Gerichtsurteil, ohne eine Schikane der Polizei . . ."[58]

Heinrich Böll zum gleichen Thema: Der Rechtsstaat sei ein „Misthaufen", dessen „Reste verfaulender Macht . . . mit rattenhafter Wut verteidigt" würden.[59]

Walter Jens auf dem SPD-Parteitag im Dezember 1979: „In einem Augenblick, da die Grundrechte des einzelnen in diesem Lande vielleicht so gefährdet sind wie niemals zuvor seit der Befreiung von nationalsozialistischer Herrschaft, gefährdet durch die Folgen offener und geheimer Zensur und durch bürokratische Einschüchterung – ein ‚Kursbuch' im Gepäck an der Grenze, ein amnesty-international-Plakat im Spind, ein Marx-Zitat in der Examensklausur, ein aufmüpfiges Gedicht im Lesebuch, einerlei ob von Grass oder von Goethe, eine Annonce zugunsten eines entlassenen Kollegen in der Zeitung, vielleicht verstößt heute einer gegen jene FDGO (freiheitliche demokratische Grundordnung), die für einen Großteil der kritischen Generation, nicht den schlechtesten, zu einer Panzerfaust des Staates geworden ist –, in einem solchen Augenblick – will ich sagen – kommt alles darauf an, die Grund- und die Freiheitsrechte nicht nur defensiv, den Blick immer nach rechts gewandt, zu schützen, sondern sie im entschiedenen und entschlossenen Gegenentwurf zu den Auslegungen der Konservativen zu erweitern."[60]

Robert Havemann anläßlich des Vietnam-Engagements der Amerikaner: „Dieser Krieg und alles, was in zynischer Offenheit in Presse und Fernsehen über ihn berichtet wurde, verwandelte die ganze politische Führung des Staates mit allen ihren salbungsvollen Reden in Heuchler und Lügner. Jedes große Wort, das diese Bosse in den Mund nahmen, Freiheit, Gerechtigkeit, Demokratie, Gleichberechtigung, Menschenwürde, Liebe, alles wurde zur schamlosen Lüge in ihren verlogenen Mäulern. Von dieser Frustration zum Entschluß, den revolutionären Kampf gegen das ganze System, gegen den Kapitalismus aufzunehmen, war nur ein Schritt."[61]

Die Kritik ist nicht auf einige Zustände oder Erscheinungen beschränkt, sondern geradezu *eine totale.*[62] War früher der Mangel Anlaß zur Kritik, so heute, dank der Überwindung des Mangels in der westlichen Welt, die Sättigung, die als Übersättigung disqualifiziert wird: Nach Herbert Marcuse müssen wir „in der Hölle der Gesellschaft im Überfluß leben". Wir werden mit „einer Brutalität bei der Stange gehalten, die mittelalterliche Praktiken und solche der frühen Neuzeit wiederbelebt".[63]

Dafür ein Beispiel: „Das Auto dient der herrschenden Klasse als Exploitationsinstrument mit mehreren Funktionen ... Es hält ihn (den Arbeiter) ideologisch, funktional und materiell an der Kandare."[64]

Auch: „Die Stadtplanung richtet sich nach den Forderungen der herrschenden Klasse: Die Klassen und innerhalb der Klassen die verschiedenen Funktionsgruppen waren voneinander zu trennen und je für sich zu zernieren ... Mit der Entwicklung des Automobils zum gleichsam klassenlosen ‚Volkswagen' ... war es möglich, die beiden arbeitenden Klassen mittels der Transportmedien potenziert zu exploitieren."[65]

Die geringe politische Aktivität großer Teile des Volkes ist angeblich ebenfalls eine notwendige Konsequenz des kapitalistischen Systems: „Der Widerspruch zwischen der rechtlich garantierten Demokratie im Politischen und der Privilegierung quantitativ kleiner Gruppen im ökonomischen Bereich ist eine Ursache für die geringe, einseitige und isolierte Mitgliederpartizipation in den Parteien.“[66]

Keine Anschuldigung ist zu abwegig, daß sie nicht gegen das Bestehende vorgebracht würde: „Es ist offensichtlich, daß die Erfordernisse der Reinlichkeitserziehung, die durch die Eltern vermittelt werden, gesellschaftlichen Charakter haben. Sauberkeit, Ordnung, Disziplin sind Resultate der Reinlichkeitserziehung, um den Preis der Unterwerfung erkauft, die für einen ganz anderen Zusammenhang, nämlich den arbeitsteiligen kapitalistischen Produktionsprozeß verwendbar werden.“[67]

Die bestehende Ordnung ist – wie gesagt – *an allem schuld,* auch daran, daß die Kinder zur Sauberkeit erzogen werden. Die pünktliche Ernährung wird als Ausbeutung gebrandmarkt: „Die Ungleichheit zwischen Mutter und Kind gewinnt dann einen Herrschaftscharakter, wenn die Mutter somatische und auch psychische Überlegenheit dazu benutzt, das Kind für ihre Bedürfnisse zu dressieren, wobei mit Dressur auf der oralen Entwicklungsstufe der Libido nicht nur die festgelegten Zeiten der Nahrungsaufnahme gemeint sind . . ., negative Herrschaft zeigt sich auch hier als Ausbeutung des Schwächeren durch den Stärkeren.“[68] Über den ärztlichen Dienst heißt es: Den repressiven Kräften dient die Medizin zur „Wiederherstellung der Leistungsfähigkeit in den systemnotwendigen Alltagsrollen im Arbeits- und Familienbereich.“[69]

Nimmt es angesichts dieser „rücksichtslosen Kritik alles Bestehenden“ wunder, wenn Studenten in Scharen dieser Republik abschwören, wie es zum Beispiel in einem Flugblatt der Evangelischen Studentengemeinde Hamburg zum Ausdruck kommt:

> „Was das Bundeskriminalamt vom Reichssicherheitshauptamt, was die MEKs [Mobile Einsatzkommandos] von der SS und die Politische Polizei von der Gestapo unterscheidet, ist die modernisierte Technologie ihrer Verfolgung: Zentrale Computer, Hubschrauber, Kleinstfunkgeräte für jeden Polizisten, Video-Kameras und eine wissenschaftlich erforschte Isolationsfolter in den Gefängnissen, all das gekoppelt mit brutaler Härte, gibt dem heutigen SPD-Regime eine präzis funktionierende Waffe in die Hand, die es braucht, um die sich entfaltende politische Bewegung breiter Massen zu unterdrücken.“[70]

Aber es können auch ganz handfeste *Lebensumstände* sein, die *die Rebellion gegen das Bestehende auslösen.* Jede menschliche Ordnung ist unvollkommen. In einem freiheitlichen Staat werden die Mißstände deutlich aufgezeigt, nicht selten aus Sensationslust und der Lesergunst wegen überzeichnet. Da, wie ein amerikanisches Sprichwort sagt, good news are no news, tritt das Positive, treten die Vorzüge sowohl im historischen wie auch im internationalen Vergleich in den Hintergrund.

Darüber hinaus gibt es weltweit und vereinzelt auch in der Bundesrepublik Deutschland materielle Not, die Unzufriedenheit und Auflehnung verständlich erscheinen läßt. In früheren Jahrzehnten haben solche Umstände häufig die Hinwendung zum Kommunismus veranlaßt:

> „Die Intellektuellen, die Beamten und Militärs waren relativ arm. Anders die Fabrikanten. Bei ihnen herrschte Wohlstand, Reichtum und Luxus.

... Gar bald merkte ich, daß es so etwas gibt wie Arbeit für andere, Unterbezahlung, Ausnutzung ... Ich merkte durch rein äußerliche Faktoren, wie der Reichtum des Chefs meines Vaters stieg, der Lohn meiner Eltern aber konstant blieb ... Diese Jugendeindrücke trugen nach 1945 wesentlich dazu bei, daß ich viele kommunistische Thesen erst einmal kritiklos in mich aufnahm. Die Kommunisten sprachen so vieles aus, was ich in meiner Kindheit und Jugend empfunden hatte, und so war ich geneigt, alles für wahr zu halten, was sie propagierten."[71]

Ich besuchte das Gymnasium einer nahen Kleinstadt. Zu meinen Mitschülern gehörten die Kinder von Direktoren und leitenden Angestellten der gleichen Firma, die ihre Arbeiter so schlecht bezahlte. Ich stieß auf soziale Widersprüche: Hunger, Not und Elend auf der einen, Wohlstand, hohe Gehälter, komfortable Villen und Tennisplätze auf der anderen Seite ... Eines Tages geriet ich an das ‚ABC des Kommunismus' von Bucharin und Preobraschensky. Das Werk faszinierte mich. Bald war ich überzeugt, nur der Kommunismus könne die Ausgebeuteten und Unterdrückten befreien und eine gerechte Gesellschaftsordnung aufbauen."[72]

In dem Buch „Interpretations of Fascism" werden die Meinungen, die „Fascism as the Consequence of ‚Moral Crisis'"[73] annehmen, vorangestellt. Aber ist nicht auch der Marxismus weitgehend eine Folge des *Verlusts der Normen,* des Verlusts der Einigkeit in der Weltanschauung und über Grundwerte? Das wird mit guten Gründen bejaht.

„Um die intellektuellen Kommunisten zu begreifen, muß man tiefere und ernstere Erklärungen heranziehen als das ‚Geld aus Moskau' oder einen hypothetischen Zerstörungskomplex. Man muß sich den Zusammenbruch jener Einheit vorstellen, die die abendländische Zivilisation des Mittelalters charakterisierte und deren Symbol die großen Kathedralen sind. Religion, Wissenschaft, Kunst, persönliches und gemeinschaftliches Leben bildeten damals ein vollkommenes Ganzes, das allen Grundforderungen nach Einheit des menschlichen Geistes entsprach. Diese Einheit, die ihren Ursprung im Christentum hatte, ist zusammengebrochen, sowohl aufgrund der inneren Widersprüche einer Zivilisation, die sich zu sehr um das Religiöse drehte, als auch aufgrund der wissenschaftlichen Entdeckungen der Neuzeit."[74]

Die *moralische Krise* als Ursache des Kommunismus hängt eng zusammen mit dem elementaren Bedürfnis nach Sinngebung des Lebens, ein Thema, mit dem sich ein eigenes Kapitel (VII) befaßt.

Angeborener Widerspruchsgeist, psychische und physische Not, Verführung durch wirklichkeitsfremde Denunziation des Bestehenden werden selten je für sich allein die totale Protesthaltung zeitigen. Meist bedingen und ergänzen sich diese Faktoren gleichzeitig.

Stalins Biographen berichten: „In den ersten zwei Jahren seines Aufenthalts im Seminar war er sorgsam darauf bedacht, nach oben als Musterbeispiel von Fleiß, Aufmerksamkeit und Gehorsam zu erscheinen. Dagegen war er bei seinen Kommilitonen sehr unbeliebt wegen seines verschlossenen Wesens, der Mißgunst, mit der er keinem anderen einen Erfolg gönnte, und der Rachsucht, mit der er jeden verfolgte, der sich ihm überlegen zeigte."[75]

Diese Charaktereigenheiten hätten ihn wohl nicht zu dem rücksichtslosen, verschlagenen Tyrannen gemacht, als den wir ihn aus der Geschichte kennen. Auch wenn seine eigenen Angaben mit Vorsicht zu genießen sind, im Kern erscheinen sie glaubwürdig: Im Seminar „gab es nichts als beständige Spionagen und Schikanen. Früh um neun wurden wir zum Tee gerufen, und wenn wir in unsere Schlafzimmer zurückkamen, waren alle Schübe durchstöbert. Ganz so, wie unsere Papiere, durchsuchten sie die Ecken unserer

Seelen. Das konnte ich nicht ertragen, das trieb mich zur Empörung. Damals kamen gerade die ersten illegalen Gruppen der russischen Sozialisten nach dem Kaukasus. Sie machten auf mich tiefen Eindruck."[76]

„Im Jahre 1899 verließ er das Seminar, von wo er eine wilde, verderbliche Feindschaft mitnahm gegen die Schulverwaltung, gegen die Bourgeoisie, gegen alles, was im Lande existierte und den Zarismus verkörperte; tiefen Haß gegen alle Autorität."[77]

Destruktives in Psyche und Umwelt haben auch im folgenden Fall die Hinwendung zum Marxismus begünstigt, wenn nicht sogar bewirkt:

1977 wurde an der Pädagogischen Hochschule Berlin eine Diplomarbeit für „gut" befunden, die für sich allein schon mehrere Gründe des Marxismus-Appeals erkennen läßt: „Inhalt und Form dieser Arbeit stehen notgedrungen im Widerspruch zueinander. Aus diesem Grunde werde ich auf konstruktive Vorschläge am Ende dieser Arbeit verzichten. Veränderte menschenwürdige Verhältnisse können nur durch aktives reflektierendes Handeln solidarischer Subjekte erkämpft werden, eine Diplomarbeit ist dabei ‚fürn Arsch'."[78]

Inhalt und Form stehen in Widerspruch zueinander, wie die Verfasserin meint: aber auch der letztzitierte Satz zum vorletzten. Wie ist reflektiertes Handeln möglich, wenn Vorschläge nicht gemacht werden können? Weiter im Text: „Kriterien für die Wahl der Vorlesungen wurden dann: 1. Ist der Dozent ‚links' und nett? . . ."[79] Insofern wurde sie fündig. Denn sonst wäre die Zensur anders ausgefallen. Beide „Gutachter" sind

Unterzeichner des infamen Buback-Nachrufs. Die Quintessenz der Arbeit, die die Verfasserin zur „Diplomsozialpädagogin“ machte (!), zeigt doch ein wenig, was nach Ansicht der Verfasserin not tut: Marxismus in die Tat umsetzen!

> „Wir sehen, fühlen, sprechen, denken und handeln nicht in dialektischen Zusammenhängen, sondern in vereinzelten, zerstückelten Teilen. So diskutieren wir ‚kuhl‘ über gesellschaftliche Zusammenhänge in der Hochschule, und zu Hause machen wir eine Szene wegen ‚privater‘ Schwierigkeiten in der zwischenmenschlichen Beziehung; in der Gewerkschaft machen wir bei endlosen pseudodemokratischen Demokratiespielchen mit und lassen uns von den Bonzen verarschen und im Seminar loben wir die antikapitalistische Jugendzentrumsbewegung, die sich durch Selbstorganisation das nimmt, was sie braucht; wir sprechen über das verschüttete Klassenbewußt-Sein der Arbeiterklasse und ihre notwendige Emanzipation und halten uns für politisch bewußt, obwohl wir uns die ständige Verschärfung unserer Studienbedingungen gefallen lassen; wir taktieren nicht *im* Hochschulkampf, sondern *anstatt* Hochschulkampf, wir sind kritisch, aber feige, bewußt, aber handlungsunfähig. Wir machen Gesellschaftsanalysen, die nicht für eine befreiende Praxis zu gebrauchen sind; wir ‚entlarven‘ gesellschaftliche Mißstände, aber ziehen keine Konsequenzen daraus. Warum machen wir nichts dagegen? Warum wehren wir uns nicht, verdammt noch einmal!?! ... weil wir uns die marxistische Theorie nicht dialektisch *angeeignet* haben ...“[80]

Kreativität, die Fähigkeit und der *Wille zur Innovation* sind Spezifika des Menschen, die gerade in der Jugend im besonderen Maße nach Verwirklichung drängen. Das Alte steht dem nicht selten tatsächlich oder vermeintlich im Wege.

Daher neigt die Jugend altersbedingt zur Negation des Bestehenden. Unter diesen Umständen hat es eine das Konfliktbewußtsein fördernde Pädagogik leicht, ihr Ziel zu erreichen. Sie bewirkt, daß Staat, Gesellschaft,

Familie als fremde, feindliche, destruktive Mächte empfunden werden. Daran knüpft sich wie von selbst die Schlußfolgerung, daß nur die totale Negation des Negativen aus dem Dilemma führen kann.

III. Die Frohbotschaft Marxismus

Wir haben gesehen: Der Kommunismus ist die Negation des Bestehenden. Das Bestehende ist aber das Gegenteil von dem, was sein sollte. Also formuliert Marx: „Der Kommunismus ist die Position als Negation der Negation, darum das *wirkliche,* für die nächste geschichtliche Entwicklung notwendige Moment der menschlichen Emanzipation und Wiedergewinnung."[1]

Das klingt souverän, das klingt, als ob einer spricht, der es genau weiß; eine wissenschaftliche Offenbarung also. Es klingt aber auch ungemein verheißungsvoll. Beide Elemente des Marxismus: Die Qualität der Lehre und die Qualität dessen, was sie verheißt, haben, wie zahlreiche Bekenntnisse beweisen, faszinierend gewirkt und wirken so auch heute noch.

1. Der Marxismus als leicht faßbares, ganzheitliches Weltbild

„Lob des Kommunismus.

Er ist vernünftig, jeder versteht ihn. Er ist leicht. Du bist doch kein Ausbeuter, du kannst ihn begreifen. Er ist gut für dich, erkundige dich nach ihm. Die Dummköpfe nennen ihn dumm, die Schmutzigen nennen ihn schmutzig. Er ist gegen den Schmutz und gegen die Dummheit."[2]

„Bei der ersten Berührung mit dem Marxismus war es mir zumute, als ob mir ein Weltbild geoffenbart würde, das die Lösung für alle quälenden Probleme bot ... Ich fand mit einem Schlag einen Religionsersatz, eine Geschichtsphilosophie, eine wissenschaftliche Methode, eine soziale Ethik, eine politische Strategie, und das alles fügte sich zu einem logisch koordinierten System zusammen. Daraus ergab sich ein solches Gefühl der Sicherheit und der Kraft, daß der dadurch gesteigerte Tonus wie ein beständiger leichter Rauschzustand wirkte."[3]

Damit unterstreicht Hendrik de Man aus seiner Sicht, was viele andere vor und nach ihm empfunden haben: Der Kommunismus bietet ein *ganzheitliches* Weltbild:

Ernest Mandel: „Die größte intellektuelle Anziehungskraft des Marxismus liegt darin, daß er eine – bisher die einzige – rationale, in sich geschlossene und kohärente Integration sämtlicher Gesellschaftswissenschaften erlaubt."[4]

„Wieso ist gerade die marxistische Idee imstande, derartigen Enthusiasmus zu entfachen? Das liegt hauptsächlich daran, daß der Marxismus ein *ganzheitliches Weltbild* liefert, in dem alles nahtlos ineinander greift und jede beliebige Frage eine befriedigende Antwort findet. Der *dialektische Materialismus* (Diamat) löst die Frage nach dem Ursprung des Seins, nach der Dynamik der kosmischen Vorgänge. Die *politische Ökonomie* erklärt die Wurzel allen Übels in der Welt, weshalb Not und Ungerechtigkeit herrschen, und wie sie zu beseitigen sind. Der *historische Materialismus* (Histomat) schließlich weist aus der Dialektik der geschichtlichen Entwicklung nach, daß sich in unserer heutigen Zeit, jetzt oder nie, der Sprung von der alten Welt der Ausbeutung und des Elends in die neue Welt des Überflusses, der Brüderlichkeit und der sozialen Gerechtigkeit abspielt."[5]

„Es ist überraschend zu sehen, wie sich auch die neue Generation noch immer von dieser neuen ideologischen Seite angezogen, ja fasziniert fühlt. Einer wirren Wirklichkeit, die undurchschaubar scheint, wird das strahlende Bild einer Geschichts-Ideologie entgegengehalten, die alles zu erklären, alles zu verstehen, alles einzuordnen vorgibt. Erlittene Vergangenheit, die Not der Gegenwart und die sorgenvolle Zukunft schließen sich hier zu einem logischen Prozeß zusammen ..."[6]

Was Horst Krüger einen *logischen Prozeß* nennt und François Bondy „Argumente von höchstem Niveau und geradezu bezwingender Logik,[7] bezeichnet Herbert Prauß mit „*innere Geschlossenheit* des Systems":

„Mit größtem Eifer und wahrer Leidenschaft las ich bis tief in die Nacht hinein die Grundwerke von Marx, Engels, Lenin und Stalin. Das ‚kommunistische Manifest' machte auf mich einen gewaltigen Eindruck. Ein neues Evangelium ging mir auf.

Die innere Geschlossenheit des marxistischen Systems ist bestimmend für seine Anziehungskraft. Der Marxismus macht auf den politisch und philosophisch nicht Vorgebildeten den Eindruck einer faszinierenden Folgerichtigkeit und erzeugt deshalb auch leicht einen tiefen Glauben an die Richtigkeit dieses Systems."[8]

Ein geschlossenes, ganzheitliches Weltbild enthält auch die *Antwort auf die Zeitfragen,* wie es Manès Sperber empfunden hat.

„Ich las damals die Abendausgabe der Arbeiterzeitung, weil dies die billigste Zeitung war. Trotz der strengen Zensur fanden sich darin Ansichten, mit denen sich meine deckten. Obwohl ich noch sehr jung war, begann ich nun mit Linkskreisen Kontakt aufzunehmen. Ich traf Intellektuelle und Arbeiter, die über den Krieg dasselbe dachten wie ich. Sie veranlaßten mich, Bücher, Broschüren und Flugschriften zu lesen, deren Niveau nicht sonderlich hoch war, aber ich fand in ihnen die Erklärung, die ich brauchte: Warum gewisse Leute für den Krieg eintraten, was damit übertüncht wurde, was tatsächlich dahintersteckte und welche Interessen diese Leute verteidigten. Wiederum sah ich mich so einem altvertrauten Sachverhalt gegenüber: Hinter dem Schleier der Taten, Ereignisse und Worte verbarg sich eine Welt der bedeutungsvolleren Wesensgehalte: die Wahrheit."[9]

Ein weiterer, kaum zu überschätzender Vorteil ist die *Plausibilität* des „wissenschaftlichen Sozialismus":

„Für jeden Menschen ist die Vorstellung, er könne sich ohne große Mühe ‚philosophische Kenntnisse' aneignen, und er sei in der Lage, ‚sämtliche gesellschaftlichen und naturbedingten Phänomene zu erfassen und sie sich zu erklären', zweifellos eine gewaltige Verlockung. Der dialektische Materialismus war die erste Philosophie, der ich in meinem Leben begegnet bin, und zwar absolut unvorbereitet und mit keinerlei Kenntnissen oder Fähigkeiten einer kritischen Beurteilung ausgerüstet. Wie soll dann ein Mensch jenem ‚Wissensrausch' widerstehen?"[10]

So wie *Ludek Pachman* erging es vielen anderen, vorher und nachher, zum Beispiel *Walter Ulbricht:*

„Der Zwanzigjährige suchte nach einer Erklärung der Welt, und er nahm sie, wie sie ihm geboten wurde. Die falsche Gleichung der Durchschnittsmarxisten, seiner Lehrer, nämlich die Gleichung Bildung = Marxismus, die ideologisierte Wissensvermittlung erfüllte alle seine Wünsche. Die dem nicht Vorgebildeten so einfach und einleuchtend erscheinenden Formeln der marxistischen Ideologie ... befähigten ihn, alles, was er lernte, hörte und sah, zu erklären und einzuordnen. Die ‚Wahrheit' war gefunden".[11]

Und *Günter Zehm,* heute stellvertretender Chefredakteur der Tageszeitung Die Welt, hatte das gleiche Triumphgefühl der *Stringenz der Gedanken:*

„Es war die Stringenz des Gedankens, die kraft der Versimpelung realer nationalökonomischer Zusammenhänge entstand, welche mich so faszinierte, und das Triumphgefühl, auf billige Weise den Schlüssel zu den Geheimnissen des menschlichen Lebens in die Hand zu bekommen."[12]

Das ganzheitliche Weltbild, das auf jede Frage eine überzeugende Antwort bietet, verspricht den *sicheren Sieg des Kommunismus.* Auch das schlägt gewaltig zu Buche. Wer wünscht nicht, auf der Seite der Sieger zu marschieren? Die Siegesgewißheit verscheucht den lähmenden Zweifel, ist Magnet und Motor zugleich:

Die Ursache zur Hinwendung zum Kommunismus „lag in der Idee, sie lag in der hegelianisch-marxistischen Geschichtsauffassung, in der die Geschichte sich sozusagen selbsttätig gesetzmäßig fortbewegt, von einer vorgeschriebenen Epoche zur anderen, vom Feudalismus zum Kapitalismus, vom Kapitalismus zum Sozialismus und von einer Klassenherrschaft zur anderen, in der die Klasse des Proletariats die letzte und für immer siegreiche sein wird ... Ist es verwunderlich, daß wir ... nicht nur siegesgewiß, sondern von einer selbstbewußten Überheblichkeit waren ..."[13]

Was hier Hans-Werner Richter so unzweideutig ausspricht, bestätigt Margarete Buber-Neumann mit Blick auf andere Kommunisten: „Sie erhielten auf alles eine Antwort, sie brauchten nur noch zu glauben. Außerdem verlieh ihnen der Besitz der unbedingten, der angeblich wissenschaftlich begründeten Gewißheit, daß der Sieg des Kommunismus eine historische Notwendigkeit sei, ein Gefühl ungeheuerer Überlegenheit gegenüber allen Nichtkommunisten. Nur von hier aus ist die unglaubliche Arroganz und Aggressivität des Kommunismus gegenüber den Nichtkommunisten zu verstehen."[14]

Abschließend sei noch ein Gesichtspunkt erwähnt, dem nur in den sozialistischen Staaten Bedeutung zukommt, nämlich, daß diese Weltanschauung für alle verbindlich ist und daher der Unrast und der institutionalisierten Skepsis des Pluralismus ein Ende bereitet ist. Das Positive dieses Zustandes beschreibt der russische Stalinpreisträger Ilenkow:

> „Jahrtausendelang haben die Leute darunter gelitten, daß nicht einer wie der andere dachte. Wir, die Sowjets, wir reden eine einzige, allen verständliche Sprache; wir denken *einheitlich* über die wesentlichen Angelegenheiten des Lebens – darin sind wir den anderen überlegen, die sich in der offenen Vielfalt des Denkens nicht finden können."[15]

Die Uniformität des Denkens ist die Folge des Machtmonopols der Partei in den sozialistischen Staaten. Wenngleich es niemand ausspricht und sich wohl nur wenige dessen bewußt sind, kann auch an der Faszination geballter, zur Schau gestellter Macht kaum gezweifelt werden.[16]

2. Das Reich der Freiheit, der Gleichheit und der Gerechtigkeit

a) Freiheit

Marx schwärmt vom Kommunismus als dem „wahren Reich der Freiheit".[17] Einen Vorgeschmack des Reiches der Freiheit, anschaulich und ansprechend bebildert, bietet schon ein früher Marx-Text:

> „Sowie nämlich die Arbeit verteilt zu werden anfängt, hat Jeder einen bestimmten ausschließlichen Kreis der Tätigkeit, der ihm aufgedrängt wird, aus dem er nicht heraus kann; er ist Jäger, Fischer oder Hirt oder kritischer Kritiker und muß es bleiben, wenn er nicht die Mittel zum Leben verlieren will – während in der kommunistischen Gesellschaft, wo Jeder nicht einen ausschließlichen Kreis der Tätigkeit hat, sondern sich in jedem beliebigen

Zweige ausbilden kann, die Gesellschaft die allgemeine Produktion regelt und nur eben dadurch möglich macht, heute dies, morgen jenes zu tun, morgens zu jagen, nachmittags zu fischen, abends Viehzucht zu treiben, nach dem Essen zu kritisieren, wie ich gerade Lust habe, ohne je Jäger, Fischer, Hirt oder Kritiker zu werden".[18]

Doch beschäftigt sich Marx nur ganz selten mit „Freiheit", und dann überwiegend negativ, das heißt die bürgerlichen Freiheitsrechte verurteilend.[19] Trotz des sozialistischen Kampfliedes „Brüder, zur Sonne, zur Freiheit!", steht bezeichnenderweise unter den Gründen für die Hinwendung zum Kommunismus die Freiheit nirgendwo an vorderer Stelle. Propagandareden des Jungsozialisten Willi Münzenberg werden auf die Kurzformel gebracht: „Der Kapitalismus ging elend unter. Was kam dann? Die Sturmflut der Freiheit. Kein Träumen, kein Säumen. Bravo, Willi!"[20]

b) Gleichheit

Ganz anders als mit „Freiheit" verhält es sich mit „Gleichheit". Die Gleichheitsforderung gehört zum sozialistischen Credo:

> „Der Gleichheitsgedanke ist von jeher als der wesentlichste Antrieb aller sozialistischen Massenbewegungen erschienen. Der Sozialismus als ideale Organisation der Gesellschaft nach rationalen Gesichtspunkten, oder als Verwirklichung der Nächstenliebe, oder als Garantie der individuellen Freiheit, all das sind Zukunftswünsche, die immer nur für eine kleine Gruppe von Enthusiasten ausschlaggebend sein können. Wo es auf die Massen ankommt, da erscheint die Haupttriebfeder der sozialistischen Gesinnung weniger als Verlangen nach einer idealen Rechtsordnung, denn als triebhafter unmittelbarer Wunsch der unteren Klassen nach mehr sozialer Gleichheit."[21]

Die Rede ist von „sozialer Gleichheit", nicht Gleichheit schlechthin, obschon manche Marxisten meinen, die soziale Gleichheit sei so lange gefährdet, wie die Menschen unterschiedliche kulturelle Bedürfnisse und anderes hätten.[22] Daher wohl auch Aldous Huxleys apokalyptischer Zukunftsroman „Schöne neue Welt", in dem die Erfolge der Biotechnik bei der „Identifizierung" der Menschen gepriesen werden:

„‚96 völlig identische Geschwister bedienen 96 völlig identische Maschinen!' Seine Stimme bebte fast vor Begeisterung. ‚Da weiß man doch zum erstenmal in der Weltgeschichte, woran man ist!' Er zitierte den Wahlspruch des Erdballs: ‚Gemeinschaftlichkeit, Einheitlichkeit, Beständigkeit.' Goldene Worte. ‚Wenn sich das Bokanowsky-Verfahren unbegrenzt vervielfältigen ließe, wäre das ganze Problem gelöst.'"[23]

Wanda Bronska-Pampuch spricht für viele, wenn sie die Parole: Abschaffung des Privateigentums an den Produktionsmitteln, das „Zauberwort" des Marxismus nennt.

„Die kommunistische Theorie wies den Weg, auf welchem man schnell und wirksam das Gute in der Welt einführen konnte. Das Zauberwort hieß: Abschaffung des Privatbesitzes an Produktionsmitteln. Im Augenblick, wo alle Fabriken, alles Land den Menschen zusammen gehören würde, wo nicht mehr Einzelbesitzer, um ihren Profit besorgt, die anderen ausbeuteten, würden – so dachten wir – die Menschen automatisch gut werden. Sie würden einander nicht mehr betrügen und belügen. Keiner würde es mehr auf den Besitz des anderen absehen."[24]

Gerhard Zwerenz knüpft den Faden weiter, indem er die klassenlose Gesellschaft zur Vorstufe der absoluten Gerechtigkeit erklärt:

„Die Faszination kam einzig und allein aus der Theorie und der großen gewaltigen Utopie einer klassenlosen Gesellschaft, mit der Vision einer absoluten Gerechtigkeit auf Erden, der wir bei aller Skepsis verfielen."[25]

c) Gerechtigkeit

Gerechtigkeit ist ein *Lieblingswort in* den *Bekenntnisschriften der Kommunisten* und Exkommunisten. Viele wollen ihre Hinwendung zum Kommunismus so verstanden wissen: „Da er die Gerechtigkeit über alles liebte, wurde er Kommunist.“[26]

Was hier *Djilas* mit Bezug auf sein Jugendidol schreibt, gilt für viele oder wird bei vielen angenommen, *Trotzki,*[27] *Luxemburg,*[28] *Istrati,*[29] *S. Leonhard,*[30] *Lepp, der seine Hinwendung zum Kommunismus mit „Der Durst nach Gerechtigkeit“*[31] überschreibt.

Von *Ossietzky* weiß Kantorowicz zu berichten: „Ossietzky selber hat in seinen letzten Artikeln und Reden formuliert, was uns jüngere Intellektuelle derzeit zum Anschluß an die kommunistische Partei bewog. ‚Noch immer‘, sagt er, ‚bekennt sich mein Verstand zu der heute verschmähten Demokratie – aber mein Herz folgt unwiderstehlich dem Zuge der proletarischen Massen; nicht dem in Doktrinen eingekapselten Endziel, sondern dem lebendigen Fleisch und Blut der Arbeiterbewegung, ihren Menschen, ihren nach Gerechtigkeit brennenden Seelen.‘“[32]

Für *Karl Kraus* ist der Kommunismus gleichsam ein Gespenst, das die selbstgerechten Gewissen aufschreckt: „Der Kommunismus ... – der Teufel hole seine Praxis, aber Gott erhalte ihn uns als konstante Drohung über den Häuptern jener, so da Güter besitzen und alle andern, zu deren Bewahrung und mit dem Trost, daß das Leben der Güter höchstes nicht sei, an die Fronten des Hungers und der vaterländischen Ehre treiben möchten.“[33]

Das Verlangen nach Gerechtigkeit war schon das Grundanliegen des ersten namhaften deutschen Kommunisten des 19. Jahrhundert, Wilhelm Weitling:

„Der Kommunismus ist die auf alle Menschen in den gleichen Verhältnissen ausgedehnte Gerechtigkeit, folglich begeht jeder Arbeitsfähige, der mehr genießt und weniger schafft als andere, gegen diese ein Unrecht, einen Diebstahl, folglich kann sich ein jeder Fähige von denjenigen bestohlen betrachten, die mehr genießen und weniger arbeiten als er, folglich hat jeder das Recht, das Gestohlene zurückzunehmen."[34]

Um so sensationeller dürfte für gerechtigkeitstrunkene Marxisten die Feststellung klingen, daß *in den Schriften von Marx und Engels von „Gerechtigkeit" kaum die Rede* ist, und wenn, dann auf eine höchst überraschende Weise. In dem über 100 Kolumnen langen Sachregister zu den drei Bänden „Das Kapital" finden sich unter „Gerechtigkeit" nur drei Hinweise. Bei der ersten Fundstelle wird die Gerechtigkeitsvorstellung eines anderen als „Unsinn" abgetan,[35] die dritte „Fundstelle" ist ein Irrtum,[36] die zweite jedoch um so aufschlußreicher. Darin nennt Marx den kapitalistischen Waren- und Geldverkehr gerecht, weil er der Produktionsweise entspricht. Sklaverei wäre in der kapitalistischen Produktionsweise ungerecht, gerecht aber war sie in der Antike:

„Die Gerechtigkeit der Transaktionen, die zwischen den Produktionsagenten vorgehen, beruht darauf, daß diese Transaktionen aus den Produktionsverhältnissen als natürliche Konsequenz entspringen. Die juristischen Formen, worin diese ökonomischen Transaktionen als Willenshandlungen der Beteiligten, als Äußerungen ihres gemeinsamen Willens und als der Einzelpartei gegenüber von Staats wegen erzwingbare Kontraste erscheinen, können als bloße Formen diesen Inhalt selbst mitbestimmen. Sie drücken ihn nur aus. Dieser Inhalt ist gerecht, sobald er der Produktionsweise entspricht, ihr adäquat ist. Er ist ungerecht, sobald er ihr widerspricht. Sklaverei, auf Basis der kapitalistischen Produktionsweise, ist ungerecht."[37]

Mit dieser Vorstellung von Gerechtigkeit schlägt Marx seinen Gläubigen regelrecht ins Gesicht. Deshalb äußert er sich wohl auch so selten über Gerechtigkeit. Wenn aber, dann jeweils in diesem Sinne, so auch wenn er sagt, daß die Höhe des Arbeitslohns im Kapitalismus kein Unrecht gegenüber dem Arbeiter sei:

„Was ist ‚gerechte' Verteilung?
Behaupten die Bourgeois nicht, daß die heutige Verteilung ‚gerecht' ist? Und ist sie in der Tat nicht die einzige ‚gerechte' Verteilung auf Grundlage der heutigen Produktionsweise?"[38]

Neben Freiheit, Gleichheit und Gerechtigkeit werden noch andere Werte dem Kommunismus zugeschrieben und bilden daher einen Teil seiner faszinierenden Kraft, zum Beispiel Beseitigung der Armut und Garantie des Wohlstandes,[39] des Friedens[40] und des Fortschritts.

Für den unbezähmbaren Fortschrittsglauben zwei markante Belege:

„Weil es in meinen Augen absurd ist, sich an längst Überholtes zu klammern. Weil ich an den Fortschritt glaube, weil ich das Zukünftige dem Vergangenen vorziehe. Weshalb trage ich ein Verlangen nach dem Kommunismus? Weil ich der Überzeugung bin, daß er uns befähigt, den Gipfel der Kultur zu erreichen, weil nur der Kommunismus zu einer neuen und höheren Form der Kultur führen kann und muß."[41]

„Die Kommunisten, so glaubte ich, waren nicht dem schlechten Bestehenden verbündet, sondern dem keimenden Neuen. Die Gebetsmühlen ihrer Propaganda klangen mir wie das Lied vom großen Anderswerden, und wenn die Leute nichts von ihnen wissen wollten, so war das für mich ein Grund mehr, mich zu ihnen zu schlagen."[42]

Für viele Mutlose und Enttäuschte wurde der Kommunismus zur *Hoffnung schlechthin.*

„Nicht ohne Staunen begann ich zu begreifen, daß in den Augen von Millionen von Männern und Frauen, in den Augen aller Enterbten der Erde der Kommunismus das Bild einer unermeßlichen Hoffnung bot."[43] „Wehner sagt heute von sich, angezogen an Marx habe ihn die Hoffnung, die dieser den Massen gegeben habe."[44] Und Bert Brecht meint: „Seitdem hat die Welt ihre Hoffnung."[45]

3. „Das aufgelöste Rätsel der Geschichte"

„Wer ein Volk oder gar die Welt verwandeln will, kann sich nicht darauf beschränken, Unzufriedenheit zu züchten und zu dirigieren oder zu zeigen, wie vernünftig und wünschenswert die beabsichtigten Veränderungen seien, oder die Menschen einfach in einen neuen Lebensmodus zu zwingen. Er muß vielmehr wissen, wie man eine wilde Hoffnung entfacht und brennend hält."[46]

Karl Marx, *der* Kommunist, gönnt uns nur ganz selten einen Blick in die kommunistische Zukunft. Aber das wenige, das er prophezeiht, muß die Herzen der Gläubigen in Verzückung geraten lassen.

Am bekanntesten ist die Stelle, wonach der *Kommunismus alle Rätsel löst,* alle Widersprüche beseitigt:

„Der Kommunismus als positive Aufhebung des Privateigentums als menschlicher Selbstentfremdung und darum als wirkliche Aneignung des menschlichen Wesens durch und für den Menschen;

darum als vollständige, bewußte und innerhalb des ganzen Reichtums der bisherigen Entwicklung gewordene Rückkehr des Menschen für sich als eines gesellschaftlichen, d. h. menschlichen Menschen. Dieser Kommunismus ist als vollendeter Naturalismus = Humanismus, als vollendeter Humanismus = Naturalismus, er ist die wahrhafte Auflösung des Widerstreites zwischen dem Menschen mit der Natur und mit dem Menschen, die wahre Auflösung des Streits zwischen Existenz und Wesen, zwischen Vergegenständlichung und Selbstbestätigung, zwischen Freiheit und Notwendigkeit, zwischen Individuum und Gattung. Er ist das aufgelöste Rätsel der Geschichte und weiß sich als diese Lösung."[47]

Dieser Text stammt aus dem Jahre 1844. Vier Jahre später glaubt der Marx-Verehrer *Moses Heß* von der zu schaffenden künftigen Welt genug zu wissen, um ihr leichten Herzens Gut und Blut aufzuopfern:

„Die Lebensverhältnisse der zukünftigen Volksrepublik können mit nichts, was die menschliche Gesellschaft bisher dargeboten hat, verglichen werden. Auf den Trümmern einer alten Welt, die den Riesenfortschritten des menschlichen Geistes zu eng geworden, wird die Volksrepublik, die neue Welt mit neuen Bedürfnissen und Bestrebungen erstehen. – Anders wird das Leben gewonnen, anders geschaffen und darum auch anders beschaffen, anders gestaltet sein. Glück, Reichtum, Bildung, Kunst, Wissenschaft, Moral, Religion und Sitten, alles wird anders sein. Schwer ist darum, sich eine klare und deutliche Vorstellung von dieser Welt zu machen, die unsere einzige Hoffnung, unser einziger Glaube und Trost ist in dem tiefen Elend, welches uns heute niederdrückt. Aber wir wissen genug von ihr und mehr als genug von der alten, heutigen Welt, um dieser mit leichtem Herzen den Abschied zu geben und der Gründung der Volksrepublik Gut und Blut aufzuopfern."[48]

Für *Lenin* ist der Kommunismus „nicht mit einem erstarrten Kristall, sondern mit dem ewig grünenden Baum des Lebens zu vergleichen, der sich stets erneuert und niemals altert. Der Kommunismus eröffnet dem Fortschritt der Menschheit neue Horizonte."[49]

In der Einleitung zu „Ein Gott, der keiner war“ heißt es: „In dem vorliegenden Buch beschreiben sechs Intellektuelle die Fahrt in den Kommunismus und die Rückkehr aus ihm. Sie sahen ihn anfänglich – genauso wie ihre Vorgänger vor 130 Jahren die Französische Revolution sahen – als eine Vision des Reiches Gottes auf Erden.“[50]

Die gleichen Empfindungen, die gleichen Überzeugungen waren es, die Kantorowicz bewegten, als er seinen Antrag auf Aufnahme in die KPD stellte:

> „Vertrauen in die Gültigkeit und Dauerhaftigkeit der Theorie, die eine von Krisen, Kriegen, Ausbeutung und Unterdrückung befreite humane Ordnung der gesellschaftlichen Verhältnisse verhieß . . .“[51]

So oder so ähnlich die Erwartungen auch jener, die aus dieser Generation im Kommunismus ihr Heil suchen. Auf den Flügeln des Kommunismus entschwebt der Mensch zu bisher unbekannten Höhen:

> „Als ich zum erstenmal mit Marxisten und marxistischer Literatur in Berührung kam, fesselte mich am meisten ihre wissenschaftliche Theorie . . . Der Mensch ist im Grunde genommen gut, nur ein schlechtes Milieu drängt ihn zuweilen auf Irrwege, führt ihn zum Schlechten. Ändert das schlechte Milieu, und der Mensch wird die lichten Höhen der Wahrheit und des Humanismus ersteigen.“[52]

Daß die Faszination nicht nachläßt, dafür sorgt „die Partei“, deren Verheißungen, im Gegensatz zu denen von Marx, nicht an Farbenpracht einbüßen. Schon vor 25 Jahren hieß es: „An der Spitze dieses mächtigen Weltlagers des Sozialismus steht die Sowjetunion, deren Völker bereits den Übergang zu den lichten Höhen des Kommunismus vollziehen.“[53]

Ganz besonders bezeichnend ist der Programmentwurf der KPdSU aus dem Jahre 1961:

Proletarier aller Länder, vereinigt euch!

NEUES DEUTSCHLAND

ORGAN DES ZENTRALKOMITEES DER SOZIALISTISCHEN EINHEITSPARTEI DEUTSCHLANDS

16. Jahrgang / Nr. 209 — Berlin, Montag, 31. Juli 1961 — Berliner Ausgabe / Einzelpreis 15 Pf

Programmentwurf der KPdSU verkündet die wahren Menschenrechte

Kommunismus bringt der Welt Frieden, Arbeit, Freiheit, Gleichheit und Glück

Die kommunistische Gesellschaft wird der größte Sieg der Menschheit in ihrer Geschichte
Die heutige Generation der Sowjetmenschen wird im Kommunismus leben

Alles im Namen des Menschen,

alles zum Wohle des Menschen

Die welthistorischen Ziele des Kommunismus

Höchste Produktion, höchster Lebensstandard, reichste Kultur, allseitige harmonische Entwicklung der menschlichen Persönlichkeit

Klassenlose Gesellschaftsordnung mit voller sozialer Gleichheit aller Mitglieder

Jeder nach seinen Fähigkeiten!
Jedem nach seinen Bedürfnissen!

Übergang vom Kapitalismus zum Kommunismus ist der Entwicklungsweg der ganzen Menschheit

Der Imperialismus ist in die Periode des Verfalls und des Untergangs eingetreten

Monopolbourgeoisie kann sich auch mit Kernwaffen nicht vom unerbittlichen Lauf der historischen Entwicklung freischießen

Hauptziel der Außenpolitik der KPdSU: Friedliche Bedingungen für den Aufbau des Kommunismus und die Entwicklung des sozialistischen Weltsystems

Die friedliche Koexistenz — eine objektive Notwendigkeit des Lebens der Menschheit

Der Kommunismus ist die hochorganisierte Gesellschaft freier und bewußt schaffender Menschen

Im Kommunismus verschwinden völlig die Klassen, die Unterschiede zwischen Stadt und Land; das Dorf erreicht das Niveau der Stadt

Sieg des Kommunismus bedeutet organische Verbindung der geistigen und körperlichen Arbeit

Arbeit verwandelt sich aus einem Mittel zur Erhaltung des Lebens in eine Quelle der Freude

Der sozialistische Staat ist in eine neue Phase eingetreten: Es begann der Prozeß des Herüberwachsens des Staates in eine das ganze Volk umfassende Organisation der Werktätigen der sozialistischen Gesellschaft

Die Verteidigungskraft der UdSSR muß auf dem Niveau gehalten werden, daß jeder Aggressor zerschlagen werden kann

Bis 1980 wird kostenlos:

Nutzung des Wohnraumes; kommunale Verkehrsmittel (Straßenbahn, Omnibus, U-Bahn); Wasser; Gas; Heizung; Unterbringung der Kinder in Kinderheimen und Internatsschulen

Der Kommunismus gewährleistet:

Materielle Sicherstellung der Nichtarbeitsfähigen; unentgeltlichen Unterricht und ärztliche Behandlung einschließlich Versorgung mit Medikamenten und Behandlung in Sanatorien; konsequente Senkung und teilweise Abschaffung der Bezahlung für Erholungsheime, Pensionen und Touristenheime; umfangreichere Unterstützungen für alleinstehende Mütter; Erweiterung der Stipendien für Studenten; allmählicher Übergang zur unentgeltlichen gesellschaftlichen Verpflegung in Betrieben, Behörden und Kolchosen

Aufbau des Kommunismus in der UdSSR verkürzt Zeit für Aufbau des Sozialismus in den Volksdemokratien

Nationale Wirtschaften der einzelnen sozialistischen Länder werden sich immer mehr einander annähern

Es verstärken sich die Tendenzen der Schaffung einer künftigen kommunistischen Weltwirtschaft nach einheitlichem Plan

Annäherung und wachsende allmähliche Einheit der Nationen und langsame Verwischung der nationalen Unterschiede

(Die Kurzfassung des Programmentwurfs lesen Sie auf den Seiten 3 bis 5)

Die zwei Hauptetappen des Aufbaus des Kommunismus

1961 bis 1970

USA werden in der Pro-Kopf-Produktion übertroffen
Materieller Wohlstand aller Sowjetbürger gewährleistet
Bedarf an komfortablen Wohnungen im wesentlichen gedeckt
Abschaffung der schweren körperlichen Arbeit
UdSSR wird Land mit dem kürzesten Arbeitstag
Industrieproduktion der UdSSR steigt auf das 2,5fache
Arbeitsproduktivität wird verdoppelt
Durchgängige Mechanisierung der Industrie, Landwirtschaft, des Bau- und Verkehrswesens, der Verlade- und Entladearbeiten und der kommunalen Wirtschaft
Landwirtschaftliche Produktion steigt auf das 2,5fache und überholt die USA
Stromerzeugung wächst auf 900 bis 1000 Milliarden Kilowattstunden
Sechsstundentag oder 34- bzw. 36stündige Arbeitswoche, teilweise Fünfstundentag und 30-Stunden-Woche
Nationaleinkommen steigt auf das 2,5fache
Verdoppelung des Realeinkommens der Arbeiter und Angestellten
Abschaffung der niedrigen Lohn- und Gehaltsgruppen
Verdoppelung des Realeinkommens der Kolchosbauern
Verdreifachung der Fleischproduktion
Elfklassige polytechnische Oberschule für alle Kinder

1971 bis 1980

Kommunistische Gesellschaft in der UdSSR im wesentlichen aufgebaut
Überfluß an materiellen und kulturellen Gütern wird gesichert
Allmählicher Übergang zum kommunistischen Prinzip der Verteilung nach Bedürfnissen
Industrieproduktion steigt auf mindestens das 6fache
Arbeitsproduktivität steigt auf das 4,5fache und das Doppelte gegenüber der Arbeitsproduktivität der USA
250 Millionen Tonnen Stahl jährlich
Stromerzeugung wächst auf 2700 bis 3000 Milliarden Kilowattstunden
Durchgängige Automatisierung der Industrie
Landwirtschaftliche Produktion steigt auf das 3,5fache und schneller als die Nachfrage
Fleischproduktion wächst auf das 4fache
Landwirtschaftliche Produktion erreicht das Niveau der Industrie
Landwirtschaftliche Arbeit wird zu einer Art industrieller Arbeit
Abhängigkeit der Landwirtschaft von Naturelementen geht auf Minimum zurück
Nationaleinkommen wächst auf das 3,5fache
Realeinkommen der Arbeiter und Angestellten steigt um das [illegible],5 fache
Realeinkommen der Kolchosbauern steigt um mehr als das 4fache
Weitere Verkürzung des Arbeitstages und der Arbeitswoche

4. „Denn Karl erzählte so wundervolle Geschichten“[54] – kritische Anmerkungen

Eine *eingehende* kritische *Auseinandersetzung* mit den in den ersten drei Punkten aufgeführten Marxismusmotiven *würde* den *Rahmen sprengen.* Im folgenden sollen nur Gesichtspunkte aufgezeigt werden, die als Hilfen für eine vertiefte Urteilsbildung dienlich sein können. (Die Gliederung entspricht dem Vorausgegangenen.)

a) Die formale Qualität der Lehre

Gerühmt wurde das *ganzheitliche Weltbild.* Aber wird der Marxismus diesem Lob wirklich gerecht? Das Marxsche Lebenswerk ist ein Torso. Seit seinem 25. Lebensjahr hat Marx sich fast ausschließlich mit ökonomischen Fragen beschäftigt, und dennoch konnte er in den folgenden vier Jahrzehnten nicht einmal seine Kritik des Kapitalismus abschließen. Auf andere Produktionsweisen kam er fast nicht zu sprechen, auch kaum auf den Sozialismus und Kommunismus.[55] Ist also schon seine historisch-politische Hinterlassenschaft höchst lückenhaft, um wieviel mehr gilt dies für andere Lebensbereiche. Zentrale Existenznöte, die nichts mit der Produktionsweise zu tun haben, aber die Menschen ebenso, wenn nicht stärker als ökonomische Fragen beschäftigen, bleiben gänzlich unerörtert, zum Beispiel: welchen Sinn hat das Leben, welchen Sinn haben Leid, Siechtum, Tod. Ein Marxist: „Es zeigte sich, daß man auch im Sozialismus unglücklich sein konnte.“[56]

Im Marxismus sei die Weltgeschichte ein *logischer Prozeß,* ist zu hören. Viele sind anderer Ansicht. Als ich mich in einer Vorlesung mit dem Marxismus befaßte, meldete sich ein Student zu Wort: „Mit Logik können Sie Marx nicht widerlegen. Marx war ein Dialektiker." Der Einwand konnte mich nicht überzeugen. Denn ob etwas logisch ist oder nicht, hängt nicht davon ab, was der, dessen Schlüsse nachgeprüft werden, von Logik hält. Doch hatte der Student insofern recht, als sich Marx zur Dialektik bekannte und die sogenannten Gesetze der Dialektik mit Logik recht wenig gemeinsam haben. Sicherlich verstoßen nicht alle marxistischen Schlußfolgerungen gegen die Logik. Aber das heißt noch lange nicht, daß sie im wissenschaftlichen Sinne logisch sind. Manches ist ausgesprochen unlogisch, zum Beispiel die marxistisch-materialistische Behauptung, die Materie existiere ohne Anfang, in Verbindung mit der zweiten Behauptung: die Welt entwickle sich laufend zu Höherem. Wird nämlich ein noch so kleiner Fortschritt über einen unendlichen Zeitraum hinweg gedacht, muß der Fortschritt die höchste denkbare Stufe erreicht haben, so daß es gar keinen Fortschritt mehr geben kann. Entweder Fortschrittsglaube oder Materialismus. Beides gleichzeitig anzunehmen, verstößt *gegen die Logik.*[57]

Der Marxismus-Leninismus steckt voller *Widersprüche,* nicht nur zur Wirklichkeit, sondern auch in sich selbst. Dort, wo innere Widersprüche nachgewiesen werden, sind die Gesetze der Logik verletzt, ist es kein in sich geschlossenes System. Marx ist unbestritten der Vater des historischen Materialismus. Doch widerspricht der heutige Marxismus der Marxschen Lehre in den wesentlichen Punkten. Man kann diese Modifikationen „Ausbau des Systems" nennen; vom Ursprünglichen ist jedenfalls kaum noch ein Stein auf dem anderen.

Histomat

	Marx/Engels	Lenin	Sowjetideologie und -praxis heute
Basis – Überbau[58]	Das Sein bestimmt das Bewußtsein; Engels revidiert nach dem Tode von Marx	≤ Marx = Engels	≤ Marx = Engels/Lenin
Partei[59]	Kommunistische Partei keine besondere Bedeutung	≤	≤ Marx = Lenin
Verelendung[60]	absolute und relative	=	≤ (nur relative)
Proletariat[61]	ohne Vermögen, Sicherheit, bürgerliche Familie, Vaterland	=	≤ (alle, die nicht zur Bourgeoisie zählen)
Revolution[62]	Revolution immer erst dann, wenn vorausgegangene Gesellschaftsformation abgeschlossen	≤	≤ Marx/Engels = Lenin
Diktatur des Proletariats[63]	Angleichung der Löhne, Abschaffung des staatlichen Unterdrückungsapparates, jederzeitige Absetzbarkeit der Funktionäre	≤ nach Machtübernahme	≤ Marx = Lenin nach Machtübernahme
Staat[64]	Marx macht keine ganz klaren Aussagen, nach Engels gibt es im Sozialismus keinen Staat mehr	≈	≤ überhaupt nicht, auch nicht im Kommunismus
Einkommen[65]	nach Leistung, kein arbeitsloses Einkommen	≤	≤ Marx = Lenin, jedoch weit größere Differenzen
Warenproduktion[66] Geld[67]	wird abgeschafft	≤	≤ Marx = Lenin
Moral[68]	wird nicht gepredigt	≤	≤ Marx = Lenin
Freiheit[69]	anarchische Freiheit	keine Freiheit im Sinne von Selbstbestimmung	≤ Marx = Lenin

Erläuterung:

Das Zeichen = bedeutet eine zumindest weitgehende Übereinstimmung,
≤ eine wesentliche Abweichung,
≈ Ähnlichkeit.

Die Nachweise für die Richtigkeit der Behauptungen sind den Anmerkungen zu entnehmen.

Mehrere bedeutsame Aussagen von Marx hat Engels schon kurz *nach dem Tode des Freundes* wesentlich entschärft und berichtigt, damit aber auch ihrer Originalität beraubt, so auch den ersten Satz des Kommunistischen Manifests: „Die Geschichte aller bisherigen Gesellschaft ist die Geschichte von Klassenkämpfen."[70] Oder die bekannten Sätze: „Die Gesamtheit dieser Produktionsverhältnisse bildet die ökonomische Struktur der Gesellschaft, die reale Basis, worauf sich ein juristischer und politischer Überbau erhebt und welcher bestimmte gesellschaftliche Bewußtseinsformen entsprechen. Die Produktionsweise des materiellen Lebens bedingt den sozialen, politischen und geistigen Lebensprozeß überhaupt. Es ist nicht das Bewußtsein der Menschen, das ihr Sein, sondern umgekehrt ihr gesellschaftliches Sein, das ihr Bewußtsein bestimmt."[71]

Auch die Lehre des Karl Marx selbst enthält bedenkliche *Widersprüche,* weshalb ein namhafter Wissenschaftler resignierend feststellt: „Wenn man sich für irgendeine Aussage auf Marx beruft und einen Beleg dafür aus Marx beibringt, muß man darauf gefaßt sein, daß einem ein anderer Marxtext entgegengehalten wird, der tatsächlich oder angeblich das Gegenteil besagt."[72] Zehn gewichtige Widersprüche sollen hier kurz aufgezeigt werden:

1. Einerseits behauptet er, der *Sieg des Kommunismus* sei ein naturnotwendiges Ereignis.[73] Andererseits opfert er diesem unabänderlichen Fatum sein und der Seinen Lebensglück, ganz so, als ob alles von ihm abhängen würde.[74]

2. Einerseits nennt er die *Menschen* das *Ensemble [die Gesamtheit]* der *gesellschaftlichen Verhältnisse*[75] *und be-*

zeichnet sogar Sklaverei in der Sklavenhaltergesellschaft, Löhne und Preise im Kapitalismus als gerecht.[76] Andererseits behauptet er: „Die Expropriation der unmittelbaren Produzenten wird mit schonungslosestem Vandalismus und unter dem Trieb der infamsten, schmutzigsten, kleinlichst gehässigsten Leidenschaften vollbracht.“[77]

3. Einerseits leugnet er jegliche *Transzendenz,* so daß Welt- und Menschheitsgeschichte ein sinnloser Prozeß ist, andererseits spricht er von der historischen Mission der Arbeiterklasse,[78] als ob die geist-, sinn-, wesenlose Geschichte Aufträge erteilen würde (missio = Sendung).

4. Einerseits schildert er die *Diktatur des Proletariats* und den rohen Kommunismus (Sozialismus) als etwas Abscheuliches,[79] andererseits preist er die Pariser Commune als „Diktatur des Proletariats“ in höchsten Tönen.[80] (Daß sich Marx über die Pariser Commune gewaltig geirrt hat, sei nur nebenbei bemerkt.)[81]

5. Einerseits hält er *Arbeit* im Kommunismus für ein Lebensbedürfnis und Vergnügen („wie ich gerade Lust habe“),[82] an anderer Stelle wird klar, daß sie auch im Kommunismus harte Notwendigkeit bleibt.[83]

6. Einerseits spottet er über *Utopien,* andererseits ist seine Lehre voll davon.[84]

7. Einerseits prophezeien Marx und noch deutlicher Engels das rasche Absterben des *Staates,*[85] *andererseits spricht Marx vom kommunistischen Staat.*[86]

8. Einerseits stehen die *Deutschen* und Deutschland an der Spitze der Entwicklung,[87] andererseits verachtet er sie.[88]

9. Nicht besser ergeht es den *Proletariern.* Einerseits sind sie Gegenstand seiner ehrfurchtsvollen Bewunderung, andererseits ernten sie Schimpf und Hohn.[89]

10. Einerseits behauptet er, der Arbeiter müsse seine ganze Arbeitskraft an den Unternehmer verkaufen, „ihm gehört ... die tagelange Arbeit".[90] Andererseits spricht er von der „bescheidnen Magna Charta eines gesetzlich beschränkten Arbeitstags",[91] nicht als Hoffnung, sondern als Wirklichkeit. Mit anderen Worten: Die Arbeiter waren nicht wehrlos, hatten sich vielmehr bereits einen beachtlichen Fortschritt erkämpft.

Die vielfältigen und zahlreichen Widersprüche nicht nur innerhalb des Marxismus-Leninismus, sondern sogar im Marxismus selbst, beweisen, daß von einer logischen Lehre, einem geschlossenen System nicht die Rede sein kann.

Antworten auf viele *Zeitfragen* hält der Marxismus – wie behauptet wird – tatsächlich bereit. Doch sind es immer treffende Antworten, Antworten die weiterhelfen? Schließlich: Ist der Marxismus wirklich *eine leicht faßbare Lehre?* Das ist, wie oben gezeigt, die Ansicht vieler Marxisten. Aber ist sie richtig? Darüber, was schwierig oder einfach ist, läßt sich streiten. Immerhin vertritt ein so angesehener Gesellschaftswissenschaftler wie Oswald von Nell-Breuning genau den gegenteiligen Standpunkt: „Soviel aber ist gewiß: Darüber, was Marx wirklich gedacht, gemeint und gewollt hat, aber auch über die verschiedenen, von marxistischen und antimarxistischen Gelehrten wissenschaftlich vertretenen Deutungen des historischen und dialektischen Materialismus, kann nur noch ein engster Kreis von Fachleuten sachverständig und sachförderlich diskutieren; für alle anderen, zu denen auch der Schreiber dieser Zeilen sich zählen muß, ist das zu einer Geheimwissenschaft geworden, zu der ihnen der Schlüssel fehlt."[92]

Zwei gewaltige Vorteile hat die Marxsche Lehre. Sie führt *alle Übel* auf *eine Ursache* zurück: die *Arbeitsteilung.* Eine Komplexität von Ursachen und Wirkungen gibt es nicht. Den zweiten Vorzug beschreibt de Man besonders treffend: „Die primitive Einfachheit der zweigliedrigen Wertungssymbolik ist einer der Umstände, denen der Marxismus seine Verbreitung als Lehre eines politischen Massenhandelns verdankt. Dem romantischen Massengeschmack gefällt eine Theorie der sozialen Revolution, die auf dem melodramatischen Gegensatz von Held und Verräter, auf der einfachen Polarität von der bösen Gegenwart und der guten Zukunft aufgebaut ist."[93]

b) Freiheit, Gleichheit, Gerechtigkeit

Eine eindeutige, positive und generelle Aussage zum Thema *Freiheit* ist im Werke von Karl Marx nicht zu finden. Die oben zitierte Stelle, wonach im Kommunismus jeder treiben kann, was er will, offenbart bei näherem Zusehen, wie Marx sogar innerhalb *eines* Satzes handgreifliche Widersprüche fabriziert hat: „Während in der kommunistischen Gesellschaft, wo ... die Gesellschaft die allgemeine Produktion regelt und mir eben dadurch möglich macht, heute dies, morgen jenes zu tun, ... wie ich gerade Lust habe ..."[94] Wie verträgt sich kollektive Regelung der Produktion mit Betätigung nach individueller Lust und Laune?

Ein Jahr früher, in den Pariser Manuskripten, lautet die Zauberformel zur Beseitigung aller Widersprüche: „positive Aufhebung des Privateigentums",[95] wodurch auch „die wahre Auflösung des Streits ... zwischen Freiheit und Notwendigkeit"[96] bewirkt wird. So einfach ist das – auf dem Papier, fernab aller Erfahrung, aller Wirklichkeit.

„Der Ruf nach *Gleichheit der Löhne* beruht daher auf einem Irrtum, ist ein unerfüllbarer *törichter* Wunsch."[97] Ist diese Feststellung nicht Ausdruck einer antisozialen Gesinnung? Ob sozial oder unsozial, ob reaktionär oder nicht, der Satz stammt von Karl Marx, der im nächsten Satz die Forderung nach Gleichheit der Löhne als Frucht eines „falschen und platten Radikalismus" ausgibt.

Nur ein Lapsus? Keineswegs, sinngleiche Aussagen finden sich auch anderswo.[98] *Marx ist kein Vorkämpfer der Gleichheit,* kein radikaler Leveller, auch wenn dies für viele Marxisten *und* Antimarxisten recht überraschend klingen dürfte, die die Gleichheit in den Vordergrund rücken möchten, weil das Freiheitsdefizit in Theorie und Praxis so augenfällig ist. Selbst im perfekten Kommunismus lautet das Verteilungsprinzip nicht: Jedem das Gleiche, sondern: „Jedem nach seinen Bedürfnissen",[99] eine Formulierung, die der bibelkundige Marx dem Liber Exodus[100] oder der Apostelgeschichte entnommen haben dürfte.[101] Wenn wir nun nicht den Theoretiker Marx, sondern den Menschen Marx ins Auge fassen, sehen wir noch viel deutlicher, wie sehr er gegen alle Arten der Gleichstellung seiner Person angekämpft hat. Er hielt sich für etwas Besseres und hat sich entschieden dagegen verwahrt, mit „Krethi Plethi", das heißt mit anderen Kommunisten auf eine Stufe gestellt zu werden:

> Engels an Marx: „Wir haben jetzt endlich wieder einmal – seit langer Zeit zum ersten Mal – Gelegenheit, zu zeigen, daß wir keine Popularität, keinen support von irgendeiner Partei irgendwelches Landes brauchen und daß unsre Position von dergleichen Lumpereien total unabhängig ist. ... Wir können uns übrigens im Grund nicht einmal sehr beklagen, daß die petits grands hommes uns scheuen; haben wir nicht seit soundsoviel Jahren getan, als wären Krethi Plethi unsre Partei, wo wir gar keine Partei hatten und wo die Leute, die wir als zu unsrer Partei gehörig rechneten, wenigstens offiziell, sous réserve de les appeler des bêtes incorrigibles entre nous [mit dem Vorbehalt, sie unter uns unverbesserliche Dummköpfe zu nennen], auch nicht die Anfangsgründe unsrer Sachen verstanden? Wie passen Leute wie wir, die offizielle Stellungen fliehen wie die Pest, in eine ‚Partei'? Was soll uns, die wir auf die Popularität spucken, die wir an uns selbst irre werden, wenn wir populär zu werden anfangen, eine ‚Partei' d. h. eine Bande von Eseln, die auf uns schwört, weil sie uns für ihresgleichen hält? Wahrhaftig, es ist kein Verlust, wenn wir nicht mehr für den ‚richtigen und adäquaten Ausdruck' der bornierten Hunde gelten, mit denen uns die letzten Jahre zusammengeworfen hatten."[102]

Mit allen möglichen Ausreden hat sich Marx, selbst in den Zeiten bitterster Armut, dagegen gewehrt, in ein Londoner Arbeiterviertel zu ziehen.[103]

Äußerst aussagekräftig in diesem Zusammenhang ist die Episode, die Raddatz ganz zu Recht an den Schluß seiner Marx-Biographie stellt: „Nach einem von Scherz zum Ernst gewordenen Streitgespräch, wer im Zukunftsstaat die niederen Arbeiten verrichten solle, fragte ihn die Dame des Hauses: ‚Ich kann mir sie auch nicht in einer nivellierenden Zeit denken, da sie durchaus aristokratische Neigungen und Gewohnheiten haben' – ‚ich auch nicht' antwortete Marx. ‚Diese Zeiten werden kommen, aber wir müssen dann fort sein'."[104] (Siehe auch Kapitel IV 2)

Was *Gerechtigkeit* im Einzelfall besagt, darüber sind die Meinungen geteilt. Aber zur Gerechtigkeit bekennen sich alle, zumindest behauptet niemand von sich das Gegenteil.

In der Sozialenzyklika „Mater et magistra" heißt es dazu: „Das Wort ‚Gerechtigkeit' und die Redensart von ‚Forderungen der Gerechtigkeit' sind zwar in aller Munde. Aber solche Redewendungen haben nicht bei allen die gleiche Bedeutung. Sehr oft versteht man darunter Entgegengesetztes."[105]

Viele handeln aus Liebe zur Gerechtigkeit, was immer sie darunter verstehen, viele handeln aus anderen Motiven, die sie hinter „Streben nach Gerechtigkeit" verbergen. Eine Unterscheidung ist kaum möglich. Marx bildet eine Ausnahme, zumindest der alte Marx, der, wie oben gezeigt, der moralischen Kategorie „Gerechtigkeit" nichts abzugewinnen weiß, der jedes Moralisieren entschieden ablehnt und ausdrücklich betont: „Die Kommunisten predigen überhaupt keine Moral. Sie stellen nicht die moralische Forderung an die Menschen: Liebet euch untereinander, seid keine Egoisten pp."[106]

In der „Kritik des Gothaer Programms" wettert Marx gegen die Gerechtigkeitsparolen: „Haben nicht auch die sozialistischen Sektierer die verschiedensten Vorstellungen über ‚gerechte' Verteilung?"[107] Im übrigen ist für ihn die Verteilung der Produkte eine Nebensächlichkeit: „Abgesehen von dem bisher Entwickelten war es überhaupt fehlerhaft, von der sogenannten *Verteilung* Wesens zu machen und den Hauptakzent auf sie zu legen.“[108]

Was folgt aus alledem? *Wem es um Gerechtigkeit geht,* der *kann in Marx schwerlich* das *Ideal finden.* Anders ausgedrückt: Auch hier zeigt sich, daß der Weg zu Marx über Schlagworte führt, die keiner Prüfung standhalten. Dies gilt nicht minder für die Kombination von Gleichheit und Gerechtigkeit. Für viele Marxisten bedeutet Gerechtigkeit ein Mehr an Gleichheit, nicht jedoch für Marx, der selbst die Sklaverei als die für ihre Zeit gerechte Ordnung gehalten hat.

Und ein weiterer Gesichtspunkt erscheint bemerkenswert: Der egalitäre Antrieb, gleichgültig ob er sich als Kampf um Gleichheit oder Kampf um Gerechtigkeit vorstellt, basiert auf der Annahme, die meisten Probleme würden sich in einer Gesellschaft der Gleichen lösen. Dazu meint *Helmut Schoeck* in seiner Untersuchung „Der *Neid* und die Gesellschaft“: „Die utopische Sucht nach der egalitären Gesellschaft kann aber kaum einem anderen Motiv entsprungen sein als dem Unvermögen, mit dem eigenen Neid beziehungsweise mit dem vermuteten Neid der noch weniger günstig situierten Mitmenschen fertig zu werden. Können wir uns nicht recht gut vorstellen, wie ein solcher Mensch, vielleicht nur vom Unterbewußtsein her gelenkt, sorgfältig das Phänomen des Neides umgehen wird, beziehungsweise es zu bagatellisieren strebt?“[109]

Schoeck erinnert auch daran, daß schon Kierkegaard erkannte, „welche strukturgebende, besser: strukturauflösende Kraft der Neid von der Mitte des 19. Jahrhunderts an in den europäischen Gesellschaften erlangen wird. Er sah bereits, wie geschickt sich das Anliegen des Neiders in Redewendungen verbergen und vorbringen läßt, die als ‚modern', ‚zeitgemäß' und ‚demokratisch' gelten werden."[110] Daß aber der Neid aus der Gesellschaft der Gleichen nicht verschwindet, demonstriert Schoeck am Beispiel der Kibbuzim.[111]

Als der Glaube an den sozialistischen Internationalismus noch möglich war, konnte der Marxismus als *Weg zum Frieden* verstanden werden. Doch das hat wohl ein Ende. Jedes sozialistische Land im Grenzbereich der Sowjetunion könnte als Opfer des russischen Imperialismus genannt werden bis hin zu Afghanistan.

Eine *sozialisierte Wirtschaft* kann mit freier oder sozialer Marktwirtschaft nicht konkurrieren. Das ist längst kein Glaubensstreit mehr, sondern aus den einschlägigen Statistiken abzulesen.[112] Schon in den dreißiger Jahren führte Galgenhumor in den Kreisen der Kommunistischen Partei zu folgender Scherzfrage: „Was machen wir nur, wenn der Sozialismus in der ganzen Welt gesiegt hat? Antwort: Dann lassen wir im Ozean eine kleine kapitalistische Insel übrig und fahren dorthin, wenn wir uns erholen wollen."[113] Ähnliche Witze kursieren auch heute noch. Castro zu Breschnew: „Ich hatte einen herrlichen Traum, die ganze Welt wurde sozialistisch." Breschnew: „Aber nein, wer könnte uns dann noch die nötigen Kredite geben?!"

c) Happy-End-Garantie

Bereits im fünften vorchristlichen Jahrhundert war es eine Spruchweisheit: „Niemand liebt den Boten schlechter Nachricht." Beliebt hingegen sind Märchen, Romane und Krimis, wenn man von vorneherein schon vom Happy-End überzeugt sein darf. Nach diesem Erfolgsrezept handelte Marx, handeln die Marxisten.

> Von Marx berichten seine Schwestern: „Er trieb sie als Pferde in vollem Galopp den Markusberg in Trier hinunter, und was noch viel schlimmer war, er bestand darauf, daß sie die ‚Kuchen' aßen, welche er mit schmutzigen Händen aus noch schmutzigerem Teige selbst verfertigte. Aber sie ließen sich dies alles ohne Widerrede gefallen, denn Karl erzählte ihnen zur Belohnung so wundervolle Geschichten."[114]

Ist das nicht in mehrfacher Hinsicht ganz ungewöhnlich und zugleich ungemein aufschlußreich? Die Marxsche Kommunismusvision wird so selbstsicher verkündet, daß die meisten sich scheuen, nach einer Begründung zu fragen, und auch gar nicht fragen wollen, um die Illusion nicht zu gefährden. So betrachtet ist es ihr Glück. Denn eine wissenschaftlich-fundierte Begründung gibt es nicht. Die kommunistische Gesellschaft ist nirgendwo Wirklichkeit. Sie ist Utopia im wahrsten Sinne des Wortes. Utopien aber sind Bestseller. Sie befriedigen die „Sehnsucht nach dem ganz anderen".[115]

Diese Utopie war *„die größte Phantasie unseres Jahrhunderts",*[116] *sagt Kolakowski, und das erklärt den Super-Hit. Raddatz' Urteil über den Kommunismus von Marx trifft das Wesentliche recht anschaulich: „Was Marx anbietet, sind Leerformeln: Der reiche Mensch, das reiche menschliche Bedürfnis, der Mensch, in dem seine eigene Verwirklichung als innere Notwendigkeit existiert – der Kommunismus als praktischer Humanismus. Marx gibt kein Organisationsmodell, keinen Bau-*

plan dieser Gesellschaft, gar Details der politischen Struktur von Machtverteilung oder Machtkontrolle; er schwärmt . . .[117]

Auch *Sperber* spricht von „Schwärmerei“, entstanden aus Ekel am Bestehenden:

> „Aber wenn alles unerträglich zu werden droht, dann muß man – um überhaupt leben zu können – daran glauben, daß alles, was uns absurd erscheint, nur solange sinnleer ist, als man seine eigentliche Bedeutung nicht erkannt hat. Man hält die Realität dann für eine Art Schleier, der das Weltall der Bedeutungen verdeckt.“[118]

Wie realistisch die Verheißungen sind, zeigt am besten ein Vergleich des Parteiprogramms der KPdSU von 1961 mit der Wirklichkeit, soweit das Parteiprogramm nicht seinerseits aus Leerformeln besteht. Die Prüfung ist deshalb besonders einfach, weil alle großen Versprechungen 1980 eingelöst sein sollten. Doch ist man selbst von dem, was für 1970 in Aussicht gestellt wurde, noch meilenweit entfernt:

„1961 – 1970 USA werden in der pro-Kopf-Produktion übertroffen.
Materieller Wohlstand aller Sowjetbürger gewährleistet.
Bedarf an komfortablen Wohnungen im wesentlichen gedeckt.
Abschaffung der schweren körperlichen Arbeit.
UdSSR wird Land mit dem kürzesten Arbeitstag.“

Keine dieser Vorhersagen ist eingetroffen! So betrug die pro-kopf-Produktion der USA 1978 9700 Dollar, der UdSSR 3400 Dollar.

Zum Abschluß dieses Kapitels soll *Franz Borkenau* etwas ausführlicher zu Worte kommen, der die großen

Ideale vieler Kommunisten in ein *bedenkliches Licht* rückt: „Was dann die menschliche Seite des Vorgangs betrifft, so berichten die sechs Teilnehmer des Symposiums, wie sie von einem Ideal ergriffen und von einer Wirklichkeit enttäuscht wurden. Das gilt in der Tat für alle Ex-Kommunisten. Aber ist das alles? War wirklich das Ideal allein für den Anschluß an den Kommunismus maßgebend? ... Ohne Zweifel gab und gibt es in der kommunistischen Bewegung animae candidae [makellose Seelen], bei denen es sich wirklich so verhält. Aber typisch ist das gewiß nicht. Ressentiment und Rachsucht, Grausamkeit und despotische Wünsche, Destruktionstrieb und Menschenhaß haben ohne jeden Zweifel ihr voll gerüttelt Maß an der Werbekraft des Kommunismus. Der Ex-Kommunist Werner Scholem, ... sagte mir einmal, als wir noch beide in der Partei waren: ‚Diejenigen, die sich uns anschließen, tun es, weil sie glauben, daß wir alles kaputtschlagen werden.' Das traf in weitem Umfang zu ... Und der Verfasser dieses Nachwortes, der in seiner jetzt weit zurückliegenden kommunistischen Vergangenheit auch nicht mit dem Appell an die hohen Ideale vor anderen und vor sich selbst gespart hat, hat inzwischen Gelegenheit gehabt, aus tiefenpsychologischer Arbeit zu erkennen, wie gering die bewegende Kraft dieser Ideale und wie groß diejenige der Rache und des Verlangens nach Gewalt auf seinem Wege zum Kommunismus gewesen war."[119]

Wer als Marxist glaubt, das harte Urteil des Ex-Kommunisten Borkenau sei typischer Apostatenhaß, darf an Marx erinnert werden, wonach der *rohe Kommunismus aus vielerlei Schwächen, auch Habsucht und Neid gespeist wird:*

„Dieser Kommunismus – indem er die *Persönlichkeit* des Menschen überall negiert – ist eben nur der konsequente Ausdruck des Privateigentums, welches diese Negation ist. Der allgemeine und als Macht sich konstituierende *Neid* ist die versteckte Form, in welcher die *Habsucht* sich herstellt und nur auf eine *andre* Weise sich befriedigt.“[120]

Und hat Marx nicht von sich selbst gesagt, daß er der glänzendste Hasser des sogenannten Positiven sei?![121]

IV. Das Prometheus-Idol

1. Prometheus, „der vornehmste Heilige"

Die Vorrede zur Dissertation beendet Marx mit den Worten: „Prometheus ist der vornehmste Heilige und Märtyrer im philosophischen Kalender."[1]

Spätestens zu diesem Zeitpunkt schließt *Marx lebenslange Freundschaft mit Prometheus,* dessen Unerschrokkenheit, Gleichgültigkeit gegen alle Kritik, Selbstbewußtsein, Trotz und Leidenskraft bestricken. Die oberste Gottheit thront für sie nicht im Himmel. Ihr Gott ist das menschliche Selbstbewußtsein. Daneben sollst du keine fremden Götter haben!

> „Die Philosophie verheimlicht es nicht. Das Bekenntnis des Prometheus: ‚Mit einem Wort, ganz haß' ich all' und jeden Gott' ist ihr eigenes Bekenntnis, ihr eigener Spruch gegen alle himmlischen und irdischen Götter, die das menschliche Selbstbewußtsein nicht als oberste Gottheit anerkennen. Es soll keiner neben ihm sein."[2]

„Den tristen Märzhasen", den Furchtsamen und Unterwürfigen, schleudert er voll Verachtung die Worte ins Gesicht, mit denen Prometheus dem Götterboten Hermes geantwortet hat:

„Mit deinem Frondienst möcht' ich dies mein
Jammerlos
Vertauschen nimmer, hör es deutlich, nimmermehr!
Ja schöner ist es, da dem Fels fronhaft zu sein,
Denn Vater Zeus zu dienen als ein Bote treu."[3]

Lieber härteste Pein als Unterwürfigkeit, so Marx in Anlehnung an Prometheus im Jahre 1841. Marx hält Prometheus die Treue. Noch ein Vierteljahrhundert später nennt er das hassenswerteste Laster „Servility",[4] also Unterwürfigkeit und Kriecherei. Auf die Frage, welchen Dichter er am meisten schätzt, nennt er Äschylos an erster Stelle,[5] dessen Werke er Jahr für Jahr aufs Neue liest,[6] sicherlich vor allem die Prometheus-Dramen.

2. Marx: „Die Welt soll aus mir selbst entsteigen"[7]

Marx verehrt den Prometheus der Sage. Aber damit nicht genug. Seine Lehre und sein Leben sind von prometheischem Zuschnitt. *„Ganz haß' ich all und jeden Gott"* zeigt sich in seiner rücksichtslosen Kritik, ja Negation alles Bestehenden, alles Vorgefundenen, alles dessen, was außerhalb und unabhängig von ihm existiert. (Siehe Kapitel II.)

Damit Prometheus niemandem Dank schuldet, hält er sich für einen Selbsterzeuger. Was der junge Goethe dem Prometheus in den Mund legt:

„Hast du nicht alles selbst vollendet,
Heilig glühend Herz?",
lautet bei Marx:

„Aus sich selber hebt sie [die Seele] siegend,
Auf sich zu des Himmels Sitz,
Götter in der Tiefe wiegend,
Und in ihrem Auge Donnersblitz.“[8]

Das ist nicht ein mißglückter Versuch, wie Goethe den Prometheus zu charakterisieren, vielmehr Selbstoffenbarung der Marxschen Seele. Seine Prosa beweist es zweifelsfrei: Wir Menschen haben uns selbst erzeugt, und ich bin es, der das Feuer des Geistes auf die Erde bringt:

„Indem aber für den sozialistischen Menschen die *ganze sogenannte Weltgeschichte* nichts anders ist als die Erzeugung des Menschen durch die menschliche Arbeit, als das Werden der Natur für den Menschen, so hat er also den anschaulichen, unwiderstehlichen Beweis seiner *Geburt* durch sich selbst, von seinem *Entstehungsprozeß*.“[9]

„Die Menschen haben sich bisher stets falsche Vorstellungen über sich selbst gemacht, von dem, was sie sind oder sein sollen.“[10]

Denken, Streben und Tun zeigen, daß sich Marx, ob bewußt oder unbewußt, *als* der in die Geschichte eingetretene *Prometheus verstanden haben muß,* mehr noch, als der, mit dem die eigentliche Menschheitsgeschichte erst beginnt,[11] das neue Leben anfängt:

„Laßt die Toten ihre Toten begraben und beklagen. Dagegen ist es beneidenswert, die ersten zu sein, die lebendig ins neue Leben eingehen; dies soll unser Los sein.“[12]

Auch hier sind schon die ersten literarischen Zeugnisse recht aufschlußreich. Prometheus dient nicht, er herrscht.

Karl ist der Kutscher, seine Schwestern sind die Pferde, die er unbarmherzig antreibt. Sie müssen das verzehren, was er mit schmutzigen Händen zubereitet.[13]

Marx tut alles, mit Erfolg, um keinen Wehrdienst ableisten zu müssen. Künzli konstatiert treffend: „Prometheus taugt schlecht zum Rekruten.“[14] Nie wird er später ein Arbeitsverhältnis eingehen, mag die Not noch so drückend sein, mag sie seine Kinder töten.[15]

Der Abituraufsatz in Deutsch ist gleichfalls höchst bemerkenswert. Die Gottheit ist ihm ein sicherer Führer. *Der* Beruf, meint er, sei zu wählen, „der uns die größte Würde gewährt, der auf Ideen gegründet ist, von deren Wahrheit wir durchaus überzeugt sind, der das größte Feld darbietet, um für die Menschheit zu wirken und uns selbst dem allgemeinen Ziele zu nähern, für welches jeder Stand nur ein Mittel ist, der Vollkommenheit.“[16]

Marx zögert nicht, uns zu verdeutlichen, was er unter Würde versteht: „Die Würde ist dasjenige, was den Mann am meisten erhebt, was seinem Handeln, allen seinen Bestrebungen, einen höheren Adel leiht, was ihn unangetastet, von der Menge bewundert und über sie erhaben dastehen läßt.“[16]

„Höherer Adel“ und Erhabenheit über die bewundernde Menge, das ist es, was er schon als Schüler erstrebte und was er später für sich in Anspruch nahm, von niemandem insofern übertroffen.

Positiv ausgedrückt lautet die Umschreibung dieses Selbstwertgefühles mit den Worten von Marx: „Ich, Engels, Heß ...“.[17]

Aber meist weist der *Narzißmus* ausgesprochen triste Züge auf:

„Dann werf' ich den Handschuh höhnend
Einer Welt ins breite Angesicht,
Und die Riesenzwergin stürze stöhnend,
Meine Glut erdrückt ihr Trümmer nicht.“[18]

Sein Grußwort an das deutschsprachige Publikum, an das er sich in den folgenden vier Dezennien vorwiegend wenden sollte, lautet: „In seinem Sessel, behaglich dumm, sitzt schweigend das deutsche Publikum.“[19] Die Mitschüler sind ihm „Bauernlümmel“.[20] In der Dissertation werden beiläufig *Cicero* und *Plutarch,* Kirchenväter und Mittelalter degradiert:

„Sachverständige wissen, daß für den Gegenstand dieser Abhandlung keine irgendwie brauchbaren Vorarbeiten existieren. Was Cicero und Plutarch geschwatzt haben, ist bis auf die heutige Stunde nachgeschwatzt worden. Gassendi, der den Epikur aus dem Interdikt befreite, mit dem die Kirchenväter und das ganze Mittelalter, die Zeit der realisierten Unvernunft, ihn belegt hatten, bietet in seinen Darstellungen nur ein interessantes Moment dar ...“[21]

Hegel ergeht es kaum besser:
„Meine dialektische Methode ist der Grundlage nach von der Hegelschen nicht nur verschieden, sondern ihr direktes Gegenteil ... Die Mystifikation, welche die Dialektik in Hegels Händen erleidet, verhindert in keiner Weise, daß er ihre allgemeinen Bewegungsformen zuerst in umfassender und bewußter Weise dargestellt hat. Sie steht bei ihm auf dem Kopf. Man muß sie umstülpen, um den rationellen Kern in der mystischen Hülle zu entdecken.“[22]

Auch die junghegelschen Philosophen sind nur kindliche Schafe:
„Diese unschuldigen und kindlichen Phantasien bilden den Kern der neuern junghegelschen Philosophie, die in Deutschland nicht nur von dem Publikum mit Entsetzen und Ehrfurcht empfangen, sondern auch von den *philosophischen Heroen* selbst mit dem feierlichen Bewußtsein der weltumstürzenden Gefährlichkeit und der verbrecherischen Rücksichtslosigkeit ausgegeben wird. Der erste Band dieser Publikation hat den Zweck, diese Schafe, die sich für Wölfe halten und dafür gehalten werden, zu entlarven ...“[23]

Was sonst noch kreucht und fleucht ist geradezu selbstverständlich nicht besser, gleichgültig ob Freund oder Feind. („Unsre Aufgabe ist die rücksichtslose Kritik, viel mehr noch gegen die angeblichen Freunde als gegen die offenen Feinde; und indem wir diese unsre Stellung behaupten, verzichten wir mit Vergnügen auf die wohlfeile demokratische Popularität.")[24]

Wer alle Beweise für den *Solipsismus* von Karl Marx zusammentragen wollte, müßte diesem Vorhaben ein eigenes Buch widmen. An der Spitze der proletarischen Partei steht er, wie er meint, kraft eigenen Rechts.[25] Mögliche Rivalen wie *Lassalle* und *Bakunin* werden mit beißendem Spott und Intrigen verfolgt.[26] In Amerika ist es ein Kommunist namens *Kriege,* der in einem Artikel die Auffassung vertritt, auf dem neuen Kontinent „gingen endlich die alten Träume der Europäer in Erfüllung."[27] Dabei zitiert er, etwas abgeändert, aus Goethes Prometheus:

„Das ist *meine* Hütte,
Die Ihr nicht gebaut,
Das ist *mein* Herd,
Um dess' Glut Ihr mich beneidet."

Marx, Engels und andere sind erbittert und beschließen:
„1. Die von dem Redakteur Hermann Kriege im ‚Volks-Tribun' vertretene Tendenz ist nicht kommunistisch . . .
5. Ein Exemplar wird der Redaktion des ‚Volks-Tribunen' mit der Aufforderung zugeschickt, diese Beschlüsse nebst deren Begründung in den nächsten Nummern des ‚Volks-Tribunen' abdrucken zu lassen."[28]

Zu dem Prometheus-Zitat lautet die sarkastische Glosse: „Er hätte hinzufügen können: Das ist *mein* Misthaufen, den Ich und mein Weib, Kind, Knecht, Magd und Vieh produziert haben.“[29]

Die harte Analyse, die hier unter dem Stichwort „Marx-Prometheus“ durchgeführt worden ist, deckt sich mit dem Urteil vieler seiner und unserer Zeitgenossen. Einige davon sollen kurz erwähnt werden.

Zum Werk schreibt *Hendrik de Man,* daß *nirgendwo ein Zweifel* die selbstgefällige Erkenntnis erschüttert:

> „Der Marxismus schaltet alle Tätigkeitswörter aus, die organische Lebensvorgänge bezeichnen, zugunsten der ‚mechanistischen‘ Verben, die Identität, Gegensatz und syllogistische Determination bedeuten. Nichts wird geboren, wächst, blüht, reift, sät, zeugt, erkrankt, heilt, altert, stirbt, liebt oder haßt; nirgends ist Ton oder Farbe, nirgends ist Staunen, Geheimnis, Sehnen, Anbeten, Spielen, Schaffen; niemals wird dem Alles-Erkennenden um seine Gottähnlichkeit bange; nirgends malt er mit jenen feineren Farbschattierungen, die das verraten, was der Engländer *sense of humor* nennt, niemals verzieht Marx die strenge Prophetenmiene zu einem Lächeln, das nur leise die Möglichkeit andeutete, es könnte vielleicht auch anders sein. Überall ist nur tödlich-ernste Wissenszuversicht, nirgends Ehrfurcht vor der Wucht des Nicht-Erkennbaren und Demut vor den Möglichkeiten des Irrtums.“[30]

Und nun zur Person. Beginnen wir mit *Engels.* Er erkennt und anerkennt in Marx den unumschränkt herrschenden Diktator:

„Die Verfassung der Redaktion [der Zeitung] war die einfache Diktatur von Marx.“[31]

Heinrich Heine spricht von den Junghegliarnern und deren „noch viel verstockterem Freunde Marx" als von „gottlosen Selbstgöttern."[32]

Moses Heß: „Schade, jammerschade, daß das Selbstgefühl dieses unbestreitbar genialsten Mannes unsrer Partei sich nicht mit der Anerkennung begnügt, die ihm verdientermaßen von allen denen, welche seine Leistungen kennen . . ., gezollt wird, sondern eine persönliche Unterwerfung zu fordern scheint."[33]

Michael Bakunin: „Marx ist äußerst eitel, eitel bis zum Schmutz und zur Tollheit. Wer das Unglück hatte, ihn auf noch so unschuldige Weise in dieser krankhaften, stets empfindlichen und stets gereizten Eitelkeit zu verletzen, dessen unversöhnlicher Feind wird er, und dann hält er alle Mittel für erlaubt und benutzt tatsächlich die schmählichsten, unerlaubtesten Mittel, um einen solchen der öffentlichen Meinung zu verderben . . . er wird nie jemanden eine Verfehlung gegen seine Person verzeihen: Man muß ihn anbeten, zum Abgott machen, um von ihm geliebt zu werden, man muß ihn zum mindesten fürchten, um von ihm geduldet zu werden. Er liebt es, sich mit den Kleinsten zu umgeben, mit Lakaien und Schmeichlern."[34]

Carl Schurz, ein Revolutionsheld von 1848 und später Innenminister der USA: „Was Marx sagte, war in der Tat gehaltreich, logisch und klar. Aber niemals habe ich einen Menschen gesehen von so verletzender Arroganz des Auftretens. Keiner Meinung, die von der seinen wesentlich abwich, gewährte er die Ehre einer einigermaßen respektvollen Erwähnung. Jeden, der ihm widersprach, behandelte er mit kaum verhüllter

Verachtung. Jedes ihm mißliebige Argument beantwortete er entweder mit beißendem Spott über die bemitleidenswerte Unwissenheit oder mit ehrenrühriger Verdächtigung der Motive dessen, der es vorgebracht."[35]

Gustav Adolf Techow, ebenfalls ein von der Restauration verfemter Teilnehmer der Revolution von 1848: „Ich hab' den Eindruck mitgenommen, daß seine persönliche Herrschaft der Zweck all seines Treibens ist, und all seine Socien sind weit unter und hinter ihm, und wagen sie das einmal zu vergessen, so stuckst er sie in ihr Verhältnis zurück mit einer Unverschämtheit, die eines Napoleon würdig."[36]

Zum Abschluß noch drei Marx-Biographen in zeitlicher Folge:

Der marxistische Marx-Biograph *O. Rühle* meint: „Der Drang zur Gottähnlichkeit formte den Lebensplan [von Karl Marx] und zieht die Leitlinie seines Schaffens und Wirkens."[37]

Arnold Künzli: „Der dämonische Vernichtungswille, der ihn im Kampfe gegen alle beseelte, die ihm den Rang des einzigen, auserwählten ‚Gottessohnes' streitig machen konnten, äußerte sich in publizistischen Formen, die man heute ‚stalinistisch' nennen würde."[38] „Man kann die Parallele Marx – Prometheus beinahe bis ins Unendliche ziehen."[39]

Und schließlich noch *Fritz Raddatz,* der die Selbstvergottung von Marx mit Worten wiedergibt, die bei

Mönchsgemeinschaften auf Gott gemünzt sind: „Aufbegehr und Recken des Riesen Mensch ad maiorem gloriam Marxi?“[40]

3. Marx, der vornehmste Prometheus

Die literarische Gestalt des Prometheus ist alt. *Äschylos* schrieb die Prometheus-Trilogie im 5. vorchristlichen Jahrhundert. Er nannte seine Werke „Brocken von der großen Tafel Homers“.[41] Also dürfen wir annehmen, daß Prometheus schon vorher gedacht wurde, vielleicht seit Adam und Eva. „Ihr werdet sein wie Gott“,[42] ist der Lockruf der Schlange, dem die ersten Menschen erliegen, obwohl Gott sie ausdrücklich gewarnt hat.

Wie Macht zum Machtmißbrauch verleitet, so Vernunft zur Hybris, offenbar eine Grundgegebenheit der menschlichen Natur, an der sich bis heute nichts geändert hat. Die Hybris tritt auf unter verschiedenen Bezeichnungen: Maß aller Dinge, Legislateur, Übermensch, Genie, totale Emanzipation. Wer sich stark genug fühlt, schleudert mit Marx „den Handschuh höhnend einer Welt ins breite Angesicht.“[43] Andere wagen nur, Beifall zu klatschen. Beide Typen Mensch können sich von Marx angesprochen fühlen, die ersteren, weil sie Marx als Vorbild und Bundesgenossen schätzen, die letzteren, weil Marx das getan hat und noch tut, was sie selbst tun möchten, aber nicht können.

Prometheus schuldet niemandem Dank. Prometheus anerkennt keine Autorität über sich. Prometheus schließt keine Kompromisse. Sind das nicht Eigenschaften, die gerade junge Menschen aufgrund ihrer Entwicklungsstufe faszinieren müssen?

Aus der 1871 von Eugène Pottier gedichteten *Internationale* spricht jener Marx-Prometheus, wenn es heißt:

„Es rettet uns kein höheres Wesen,
kein Gott, kein Kaiser noch Tribun.
Uns aus dem Elend zu erlösen,
können wir nur selber tun!"

In seiner „Psychoanalyse des modernen Atheismus" schreibt *Ignace Lepp:* „Man begreift nichts von der Psychologie des modernen Atheismus, wenn man übersieht, daß er seine Quelle in dem Willen der Menschen hat, alle Fesseln zu sprengen, die ihre Freiheit und ihre Würde einzuengen scheinen. Es sind Menschen, die nun eine höhere Stufe des Bewußtseins ihrer Individualität erreicht haben."[44] Gerade dieses Streben, so fährt Lepp fort, wird durch Marx-Prometheus verkörpert.

Und Marx-Prometheus ist es schließlich auch, der Kompromisse grundsätzlich ablehnt: „Die Menschheit befindet sich jetzt an der Schwelle einer ‚eisernen Zeit', die mit der römischen Epoche der Antike vergleichbar ist. Die eiserne Zeit wird glücklich sein, wenn ‚Titanenkämpfe' sie bezeichnen. Wonach die Situation verlangt, das sind nicht ‚halbe Gemüter', sondern eher ‚Feldherren', die nie ‚einen Friedensvertrag mit den realen Bedürfnissen' zulassen werden."[45]

Prometheus mag der Machtfülle Zeus' oder des Schicksals unterlegen sein. An Geist und Verstand übertrifft ihn keiner. Unterliegt Marx gleichwohl beim Schachspiel, ist er „so erzürnt und unleidlich", daß Frau Jenny den Gast bittet, „nicht mehr mit ihm abends zu spielen".[46]

Mag auch die Marx-Verehrung häufig andere Namen tragen, das Prometheus-Trauma ist ein Stigma der Menschen aller Zeit, insbesondere der Gegenwart, und beeinflußt das Unterbewußtsein. Während vieles andere Marx nur angedichtet wird und somit die Faszination letztlich auf einem Irrtum beruht (siehe hierzu die Kapitel III, VIII, X und XI), ist Marx für viele der fleischgewordene Prometheus.

V. Schuldbewußtsein als Marxismusmotiv

1. Selbstzeugnisse

Im Gespräch mit François Mauriac, Jacques Maritain und Gabriel Marcel nennt *André Gide unverdientes Wohlergehen* sein Kommunismusmotiv:

> „Die privilegierte Stellung, die ich selber genieße, hat mich dem Kommunismus in die Arme geführt; sie erschien mir von jeher widersinnig und unerträglich. Ich hatte einmal Gelegenheit, mit einem der überlebenden Schiffbrüchigen der ‚Bourgogne' zu sprechen. Dieser Mann erzählte mir, er habe das Glück gehabt, in ein Rettungsboot zu gelangen, mit dem sich eine Anzahl Personen in Sicherheit bringen konnten. Hätte man in das Boot mehr Menschen aufgenommen, wäre es gekentert und untergegangen. Darum hätten diejenigen, die an Bord waren, den anderen, die sich auf beiden Seiten an den Bootsrand klammerten und verzweifelte Anstrengungen machten, aus dem Wasser herauszukommen, mit Messern und Äxten die Hände abgehackt. – Sehen sie dieses Bewußtsein, zu denen zu gehören, die sicher im Rettungsboot sitzen, während andere um mich her ertrinken, kann ich nicht ertragen. ... Es wäre vielleicht weniger schlimm, wenn ich genau wüßte, daß es die Besten sind, die gerettet werden sollen. Aber wenn man mir sagt: ‚Worüber halten sie sich eigentlich auf? Sie müssen doch zugeben, daß es im Rettungsboot ganz behaglich ist!', dann packt mich die Empörung."[1]

Mit diesen Empfindungen steht Gide für viele, zum Beispiel *Ignace Lepp,*[2] *Arthur Koestler,*[3] *Stephan Spen-*

der,[4]. *Ernst-August Roloff* nennt noch *Gustav Regler, Richard Wright, Whittaker Chambers, Martin Buber-Neumann, Ignazio Silone, Panait Istrati* und *Douglas Hyde,* bei denen ein Angst- und Schuldkomplex nachgewiesen werden kann.[5] Besondere Linientreue und Sollübererfüllung derer, die aus einem anderen sozialen Milieu stammen, hat meist die gleichen Ursachen.

2. Schuldbewußtsein als Handlungsmotiv bei Marx

„Die Habgier und Bosheit, die mich verstimmt, und die ich der menschlichen Gesellschaft zuschreibe, ist meine eigene. Ich bin immer von mir selbst umgeben."[6]

Diese ungemein selbstkritischen Worte könnten der Sache nach von Marx stammen. Aber *Prometheus schlägt nicht an seine Brust.* Von Schuldbewußtsein ist bei Marx nicht die Rede. Wenn er sich einmal entschuldigt, so nur, um im nächsten Satz die geschlagene Wunde erneut aufzureißen: „Falls ich Sie durch meinen erregten Monolog verletzt haben sollte, so bitte ich Sie um Verzeihung. Man hat unrecht sich zu erregen, selbst wenn man recht hat."[7]

Im gleichen Brief, in dem er seine trostlosen Familienverhältnisse schildert:

> „Lieber Engels, es ist mir höchst ekelhaft, Dich wieder von meiner misère zu unterhalten, aber que faire? Meine Frau sagt mir jeden Tag, sie wünschte, sie läge mit den Kindern im Grab, und ich kann es ihr wahrlich nicht verdenken, denn die Demütigungen, Qualen und Schrecken, die in dieser Situation durchzumachen

> sind, sind in der Tat unbeschreiblich ... Aber so viel wirst Du aus eigener Erfahrung wissen, daß es beständig laufende Ausgaben gibt, die bar bezahlt werden müssen. Das geschah nun durch Wiederversetzen der Ende April aus dem Pfandhaus geholten Sachen. Aber schon seit Wochen ist diese Quelle so erschöpft, daß meine Frau vor einer Woche den ‚vergeblichen' Versuch machte, Bücher von mir zu verklopfen. Die armen Kinder tun mir um so mehr leid, als dies alles in dieser Exhibition season verfällt, wo ihre Bekannten sich amüsieren und sie nur Schrecken durchmachen, daß nur niemand sie besucht und den Dreck durchschaut",[8]

gesteht der geniale Familienvater offen, warum er *für* einen *Brotberuf keine Zeit* hat: „Ich dehne diesen Band mehr aus, da die deutschen Hunde den Wert der Bücher nach dem Kubikinhalt schätzen. Nebenbei bin ich nun endlich mit der Grundrentscheiße (die ich aber *nicht* in diesem Teil auch nur *andeuten* will) im Reinen." *Er opfert, wie er an anderer Stelle zu Recht betont, „Gesundheit, Lebensglück und Familie"*[9] der „Grundrentscheiße" und dem Papierhunger der „deutschen Hunde".

Statt Selbstkritik rechtfertigt er sein Verhalten: „Wenn man ein Ochse sein wollte, könnte man natürlich den Menschheitsqualen den Rücken kehren und für seine eigne Haut sorgen. Aber ich hätte mich wirklich für *unpraktisch* gehalten, wenn ich krepiert wäre, ohne mein Buch, wenigstens im Manuskript, ganz fertig zu machen."[10] Das *Buch* wurde nicht fertig, und der Teil, der fertig wurde, hat ganz sicher die Welt nicht bewegt, wurde kaum von Marxisten zur Kenntnis genommen. (Siehe Kapitel XI 4.) Für einen echten Marxisten war aber das Buch schon deshalb *keine Rechtfertigung der „Menschenopfer"*, weil der geschichtlich notwendige Prozeß nicht von einem Menschen oder einem Buch abhängig sein kann.

Ist damit bewiesen, daß bei Marx Schuld weder im Bewußten noch im Unbewußten eine Rolle spielte? Die Antwort darauf ist primär Sache des Psychologen. Der Laie findet viele und vielfältige Anhaltspunkte, die *Marxsche Lehre* als *Resultat der Schuldverdrängung* zu deuten: Sein rebellisches Naturell versetzte ihn in Gegnerschaft zur gesamten Welt (siehe Kapitel II). Aber indem er das Bestehende als Negation dessen bezeichnet, was sein sollte, ist seine Ablehnung der bösen Welt etwas Positives. *Marx* ist ein extrem *egozentrischer Mensch.*[11] Indem er aber die Ichsucht als das Grundübel des Menschen im Kapitalismus ausgibt, wird er zum Opfer dieses Systems.

Gleiches gilt für *Entfremdung:* Marx ist ein extrem entfremdeter Mensch,[12] der die totale Entfremdung des Menschen im Kapitalismus predigt. Wenn er recht hat, dann ist seine Entfremdung nichts Besonderes, dann ist er vielmehr typisch.

Und die Schuld an dieser Deformation des Menschen tragen, wie gesagt, die Umstände: „Wenn der Mensch unfrei im materialistischen Sinne ... ist ..., so muß man nicht das Verbrechen am einzelnen strafen, sondern die antisozialen Geburtsstätten des Verbrechens zerstören und jedem den sozialen Raum für seine wesentliche Lebensäußerung geben. Wenn der Mensch von den Umständen gebildet wird, so muß man die Umstände menschlich bilden.“[13]

Die hier vorgetragene Ansicht wird im Kern von Künzlis Marxpsychographie bestätigt: „Je mehr objektiv Negatives ich in der Welt entdecke, um so weniger erscheint mir mein apriorisches Nein-Verhalten zu dieser Welt als Folge eines gestörten Entwicklungsprozesses, meiner eigenen Kommunikationslosigkeit, meiner eigenen Gedanken-Schuld."[14]

> „Derselbe Mann, der die egoistische Freiheit des Privateigentums in eine kommunistische Freiheit vom Privateigentum verwandeln wollte, gebärdete sich im persönlichen Leben als ein verstockter Vertreter des Prinzips, das er bekämpfte ... Wenn man bedenkt, welche zentrale Rolle die Egoismuskritik in dem geistigen Entwicklungsprozeß spielte, in dessen Verlauf sich Marx in einen Kommunisten verwandelte, so fühlt man sich gezwungen, die überraschende, paradoxe Feststellung zu treffen, daß eine der wesentlichen psychischen Triebkräfte, die Marx zum Kommunismus drängten, sein eigener ungewöhnlich entwickelter Egoismus war, den er auf die Gesellschaft seiner Zeit projizierte."[15]

3. Die Wurzeln des Schuldbewußtseins

Woraus entsteht das Schuldbewußtsein der vielen? *Schuld heißt Vorwerfbarkeit.* Kann man jemandem deshalb einen Vorwurf machen, weil er arm oder reich, krank oder gesund, stupid oder talentiert geboren wurde?
Es gilt heute als unanständig, jemanden wegen seiner Rasse zu verachten. Das war nicht immer so. Und die Stimulierung von Neid gegen Wohlhabendere ist seit langem an der Tagesordnung. Bei entsprechender Sensibilität mögen *vorwurfsvolle Blicke,* Haß- und Neidparolen ein *Schuldbewußtsein* nahelegen, ähnlich dem jüdischen Selbsthaß.

Diese Annahme bestätigt *Helmut Schoeck* in seinen Monographien über den Neid:

„Aber es gibt eben keine menschliche Existenzform, in der wir je von der ‚Schuld' frei wären, in anderen Neid zu erzeugen. Dies ist die Wurzel des allgemeinen richtungslosen Schuldgefühls, das seit etwa hundert Jahren so zermürbend und desorientierend wirkt. Die nagende Schuld (soziales Gewissen) und die naive Annahme, es könne eine klassenlose oder sonst irgendwie nicht mehr neiderregende Gesellschaftsform geben, haben ja erst viele Angehörige der mittleren und oberen Klassen linksradikalen Bewegungen zugeführt."[16]

Eine neidlose Gesellschaft ist offenbar nicht möglich. Das zeigt die ebenso leid- wie neidvolle Geschichte der Menschheit. Aus Neid und Mißgunst erschlug Kain seinen Bruder Abel. Die griechische Sagenwelt ist voll von ähnlichen Regungen.

Während aber der Jude Jude bleibt, auch wenn er seine Rasse noch so sehr verleugnet, besteht für den Wohlhabenden die Möglichkeit, seine Schätze zu verteilen. Das kommt gelegentlich vor (erinnert sei an Franz von Assisi), aber weit seltener als jene Haltung, die die eigenen „Privilegien" verteidigt und genießt, während gleichzeitig die egalitäre, klassenlose Gesellschaft der Zukunft, die wahre Volksgemeinschaft in Wort und Bild gepriesen wird. „Der Zyniker, der Schmarotzer der Zivilisation, lebt davon, sie zu verneinen, gerade weil er überzeugt ist, daß sie ihn nicht im Stich lassen wird."[17]

Diese schizophrene Einstellung mag geeignet sein, das Schuldbewußtsein zu eliminieren. Da es eine egalitäre Gesellschaft nicht gibt und nicht geben kann, ist die Gefahr gering, daß der propagierte Wandel zum Verlust der Privilegien jener führt, die ihn bewirkt haben. Der Volksstaat, in dem erfahrungsgemäß das Volk wenig zu sagen hat, unterdrückt aus ideologischen Gründen den Klassenkampf und folglich auch alle Äußerungen des Neids, so daß der Schuldkomplex absterben kann.

VI. „Ohne Theorie keine Revolution!"

Als der Terrorist *Rolf Pohle* seinen Richtern vorgeführt wurde, trug er über den Kopf gestülpt eine Papiertüte. Darauf standen die Worte: „Ohne Theorie keine Revolution!"[1] Pohle läßt keinen Zweifel, wer ihm die Theorie liefert. Hinter dem Text unverkennbar die vertrauten Gesichtszüge von Karl Marx.

Beruft sich Pohle zu Recht auf Marx? Hat ihn Marx vielleicht gar zum Terroristen gemacht? Oder ist Pohles zur Schau getragenes Bekenntnis die Folge tiefwurzelnder Mißverständnisse, der Versuch, sich hinter Marx zu verstecken, vielleicht gar Marx zu diskreditieren? Der Name Pohle steht hier für viele: für Baader, Meinhof und wie sie alle heißen, die mit ihrem Terrorismus die Bundesrepublik erschüttert haben.

Eine fundierte Antwort auf diese Frage ist nicht einfach. Terroristen gab es längst vor Marx, also kann er keineswegs für jeden Terror verantwortlich sein. Auch heute gibt es Terroristen, die ihr Tun nicht marxistisch motivieren, sondern mitunter ausdrücklich antimarxistisch. Und schließlich, falls Marx seine Anhänger zum Terror verleitet, wie kommt es dann, daß trotz einer so zahlreichen Anhängerschaft der harte Kern der Terroristen zahlenmäßig so schwach ist? Die Antwort kann nur lauten, daß das Bekenntnis zu Marx nicht zum Terrorismus führen muß. Offen aber bleibt, ob der Marxismus den Terrorismus begünstigt, ob der *Marxismus den Terroristen* die *Rechtfertigung* liefert und sie deshalb begierig danach greifen?

1. Motive revolutionärer Gewalt und das Verlangen nach Rechtfertigung

Terroristische Neigungen können *zahlreiche Wurzeln* haben, und kaum je wird es eine einzige sein. Meist bilden sie ein weitgehend unentwirrbares Knäuel. Aber einige Wurzelstränge können herausgelöst werden.

In seiner recht aufschlußreichen Untersuchung „Der Fanatiker" nennt *Eric Hoffer* Motivelemente gewalttätigen, revolutionären Handelns: Einerseits äußerste Unzufriedenheit, andererseits eine mächtige Doktrin oder einen unfehlbaren Führer.

> „Damit Menschen sich kopfüber in umwälzende Unternehmungen stürzen, müssen sie äußerst unzufrieden, dürfen aber nicht völlig hilf- und mittellos sein. Sie müssen den Glauben haben, daß sie durch eine mächtige Doktrin, durch einen unfehlbaren Führer oder durch neue Techniken Zugang zu einer Quelle unüberwindlicher Macht gewinnen können, und eine übersteigerte Vorstellung von den Aussichten und Möglichkeiten der Zukunft. Und schließlich dürfen sie nichts ahnen von den Schwierigkeiten, die mit ihrer gewaltigen Unternehmung verknüpft sind. Erfahrung ist ein Handikap. Die Urheber der Französischen Revolution waren politisch völlig unerfahren. Dasselbe gilt von den Bolschewisten, den Nazis und den Revolutionären in Asien."[2]

Manche schriftlichen Äußerungen manifestieren die irrationale, an Wahnsinn grenzende, den Blick für die Wirklichkeit gänzlich trübende *Unzufriedenheit.*

„liebe mama!
... wir wissen, was wir von unseren herrschenden zu erwarten haben. alles, was sie bewilligten, wurde ihnen durch die notwendigkeit abgezwungen. und selbst das bewilligte wurde uns hingeworfen, wie eine erbettelte gnade und ein elendes kinderspielzeug, um den ewigen maulaffen *volk* seine zu eng geschnürte wickelschnur vergessen zu machen. unsere parlamente sind eine satire auf die gesunde vernunft, wir können noch ein säkulum damit herumziehen, und wenn wir die resultate dann zusammennehmen, so hat das volk die schönen reden seiner vertreter noch immer mit blut und schweiß bezahlt. man wirft uns jungen leuten den gebrauch von gewalt vor. sind wir denn aber nicht in einem ewigen gewaltzustand? weil wir im kerker geboren und großgezogen sind, merken wir nicht mehr, daß wir im loch stecken mit angeschmiedeten händen und füßen und einem knebel im munde. was nennt ihr denn gesetzlichen zustand? ein gesetz, das die große masse der staatsbürger zum fronenden vieh macht, um die unnatürlichen bedürfnisse einer unbedeutenden und verdorbenen minderzahl zu befriedigen?
...ich werde mit mund und hand dagegen kämpfen, wo ich kann.
ich umarme dich zärtlich.“[3]

Reines *Verantwortungsbewußtsein* als Motiv der Gewalttätigkeit spricht aus den Erinnerungen des ehemaligen führenden Funktionärs der KP Österreichs, *Ernst Fischer.*

„Zu Ende die Zeit der Demokratie; das Jahrhundert der ‚Gewalt‘ ist angebrochen. Gewalt war mir widerwärtig, von Kindheit an. Meine Haut ist dünn. Lächerlich verwundbar. Was andere kaum berührt, droht sie zu zerreißen. Wenn ich also Gewalt für unabweisbar hielt, von ihr die Entscheidung erwartete, war es eine Entscheidung ‚gegen‘ mich, gegen meine Natur, gegen die Konstitution eines sensiblen Intellektuellen. Doch war es möglich, in dieser Welt, in dieser zerrütteten, verwilderten, verzweifelten Welt ‚für‘

mich Partei zu ergreifen? Für wen? Für einen empfindsamen, eigenbrötlerischen, überflüssigen Intellektuellen? Damals war es wie ein Blitz der Erkenntnis: Du mußt ‚gegen' dich entscheiden!"[4]

Aber Fischer verschweigt nicht, daß auch ganz andere Impulse die Hand zur Waffe führen können, zum Beispiel Sehnsucht nach Exzeß:

„Es war der Instinkt der Wohlerzogenen und die Verwirklichung der Deklassierten, die Sehnsucht nach dem Exzeß, nach Masse und Gewalt, was uns bewog, gemeinsam mit den uns verhaßten Deutschnationalen das Rathaus zu besetzen. Wir standen Schulter an Schulter mit den Schützern der Ordnung, doch uns entzückte das Anarchische der Aktion, Besetzung eines Amtsgebäudes, provisorische Machtübernahme, die buntscheckige Unordnung im Namen des Ordnungsprinzips."[5]

Auch *psychogene Depressionen* dürften häufig eine Rolle spielen, häufiger als dies in Selbstzeugnissen zum Ausdruck kommt.

„Ich hatte Depressionen, Arbeitsstörungen, Kontaktschwierigkeiten, war einfach kaputt, und dann plötzlich die Osterdemonstrationen, die neuen Kontakte, die ganze Aktivität im SDS: Es war wie eine Befreiung."[6]

Rolf Pohle könnte auch als Zeuge angerufen werden, wenn es nötig wäre zu beweisen, was kaum strittig sein dürfte: Noch *seltener als früher* haben heute Verbrecher ein deutliches *Schuldbewußtsein.* In einer pluralistischen Gesellschaft gibt es so viele Meinungen, Theorien und Hypothesen, daß es kein Zeichen eines besonderen Spürsinns ist, wenn der Täter eine für ihn selbst überzeugende Entschuldigung findet: autoritäre oder zu lasche Erziehung, schlechte Umwelteinflüsse und so weiter. Meist gelingt sogar vor dem Forum des eigenen Gewissens und einer beschränkten Öffentlichkeit die *Rechtfertigung,* zum Beispiel nach dem Schluß „Eigentum ist Diebstahl", also ist der Diebstahl des Gestohlenen, die Expropriation der Expropriateure, keine Untat, sondern die Herstellung des ursprünglichen Zustandes. Schafft man es gar, das eigene Tun als Vollzug eines sittlichen oder historischen Auftrags zum Wohle der Menschheit erscheinen zu lassen, setzt sich der *Mörder* mit *Heldenpathos* die *Märtyrerkrone auf.*

Diesen Dienst kann, wie *Solschenizyn* eindrucksvoll darlegt, eine revolutionäre Ideologie leisten:

> „Die Ideologie, sie ist es, die der bösen Tat die gesuchte Rechtfertigung und dem Bösewicht die nötige zähe Härte gibt. Jene gesellschaftliche Theorie, die ihm hilft, seine Taten vor sich und vor den anderen reinzuwaschen, nicht Vorwürfe zu hören, nicht Verwünschungen, sondern Huldigung und Lob."[7]

2. Terrorismus und Marx

Auf Karl Marx beriefen sich die *Terroristen der siebziger Jahre* in der Bundesrepublik Deutschland. Wer sich vergegenwärtigt, daß äußerste Unzufriedenheit den besten Nährboden für Terrorismus abgibt, kann, wie oben schon gezeigt wurde, Marxens Person, Agitation und Theorie nicht ungeprüft lassen. Er, der geborene Rebell gegen alles, was Halt bieten, Lebenssinn vermitteln kann: Elternhaus, Volk, Nation, Kultur, Religion, Liberalismus, Konservatismus – der die Negation geradezu verkörpert und die Losung „rücksichtslose Kritik alles Bestehenden" zum Prinzip macht, findet so fast zwangsläufig Anklang bei denen, die – aus welchen Gründen auch immer – eine ähnliche Persönlichkeitsstruktur aufweisen. Er bestärkt sie, er kann als ihr namhafter Vorläufer gelten. Doch legitimiert er schon damit den Terror, liefert er die gewünschte Rechtfertigung für gewalttätiges, illegales Handeln? Oder ist die Berufung der Terroristen auf ihn *Verunglimpfung des Andenkens eines Verstorbenen?* Letzteres wird nicht selten bejaht. Der Theologe *Klaus Reblin* kommt beispielsweise zu dem Schluß: „So ergibt sich die Frage, ob der Marxismus der ‚neuen Linken' wirklich mehr ist als Pseudo-Marxismus. Ein marxistisch kaschierter Voluntarismus dürfte mit dem Marxschen Denken jedenfalls wenig gemein haben."[8]

Suchen wir selbst die Antwort, indem wir Marxens Charakter, seine Agitation und seine Lehre unter dem Gesichtspunkt „Terror" näher ins Auge fassen.

Ohne Marx in seine Betrachtungen einzubeziehen, zählt der Mainzer Sozialethiker *Martin Rock* charakteristische Merkmale der seelischen Verfassung von Terroristen auf: sensible Ich-Bezogenheit, hohe Frustrationsquote, äußerste Ungeduld, Frühreife, andererseits kindlich, zugleich rücksichtslos und wehleidig, und schließlich süchtig nach Extremsituationen:

> „Typisch ist eine äußerst sensible Ich-Bezogenheit, die an den Lebensläufen z. B. von Baader/Meinhof/Ensslin dokumentiert werden kann. Aufgrund solcher Egozentrik verfestigt sich beim einzelnen die Abwehrstellung gegen mehr eingebildete als wirkliche Notsituationen. Daraus erklärt sich wieder eine hohe Frustrationsquote. Diese seelischen Verquickungen, ja Verkrampfungen lassen den radikal empfindenden und extrem handelnden Psychopath entstehen. Er ist äußerst ungeduldig, weil er einen unmittelbaren Zusammenhang zwischen momentanen Anreizen und Wirkungen erwartet. In bestimmter Beziehung ist der Radikale früh- und überreif. In anderer Beziehung wieder ist er kindlich, ja kindisch, verbohrt und ‚pseudorevolutionär nihilistisch'. Vielfach sind Terro-

risten ‚beinharte Burschen mit kriminellen Tendenzen, die ihre hemmungslos egoistischen oder verbrecherischen Neigungen politisch bemänteln‘. Auf der anderen Seite sind sie extrem empfindlich, ja ‚wehleidig bezüglich jeder auch nur zeitweiligen und unvermeidlichen Ungerechtigkeit‘ ... Er ist geradezu süchtig nach der Extremsituation, in der er entweder seine ‚narzißtischen Allmachtsphantasien bestätigen oder sich auf dem Altar seiner überspannten Hoffnungen im Untergang opfern und bestrafen‘ kann."[9]

Ist dies der Steckbrief von Marx?
Das Phantombild ermöglicht die Identifizierung. Die stichhaltigen Beweise sind so zahlreich, daß sie nicht in dieses Buch passen. Sie füllen über 800 Seiten: Arnold Künzli „Karl Marx – Eine Psychographie". Hier nur eine kleine Auswahl zu den einzelnen Charakterzügen des Steckbriefs:

„Sensible Ich-Bezogenheit" – Heinrich Marx an seinen Sohn Karl: „Mehrere Malen waren wir monatelang ohne Brief und zum letztenmale, als du wußtest, daß Eduard krank, die Mutter duldend und ich leidend war und dazu die Cholera in Berlin herrschte; und als erheische dies nicht einmal eine Entschuldigung, erwähnte der nächste Brief kein Wort hiervon, sondern enthielt kaum einige schlechtgeschriebene Zeilen ...

Ja, etwas enthielt das Schreiben, Klagen, daß Jenny nicht schreibe ... Das liebe Ego schmachtete nach dem Genuß zu lesen ..., und das war beinahe alles, was der Herr Sohn seinen Eltern zu sagen wußte, die er leidend zu sein überzeugt war, die er durch ein unsinniges Stillschweigen gedrückt hatte."[10]

„Hohe Frustrationsquote" – Karl Marx über sein Lebenswerk, „Das Kapital": „Ich bin so weit, daß ich in fünf Wochen mit der ganzen ökonomischen Scheiße fertig bin."[11]

„Scheiße", „Alptraum" und ähnliche Ausdrücke gebraucht er häufiger für sein Lebenswerk, das „Saubuch",[12] von dem er am Ende seiner Tage doch nur einen Bruchteil des Geplanten geschaffen hatte.

„Äußerste Ungeduld" – „Ich arbeite wie toll die Nächte durch an der Zusammenfassung meiner Ökonomischen Studien, damit ich wenigstens die Grundrisse im klaren habe bevor dem déluge."[13]

Zehn Tage später: „Ich arbeite ganz kolossal, meist bis vier Uhr morgens."[14]

„Frühreif" – Schon der Vater spricht von „frühreifen Ansichten.[15]

Mit 24 Jahren ist Marx Chefredakteur der „Rheinischen Zeitung".

„In anderer Beziehung *kindlich*" – Arnold Künzli: „Und auf der rein persönlichen psychischen Ebene der Kampf zwischen dem Säugling und dem Mann in Marx."[16] „Er war in seiner persönlichen psychischen Entwicklung zu wenig mündig geworden ..."[17] Das Wesen von Marx „ist andererseits geprägt durch den Extremismus, Radikalismus und Absolutismus sowie durch den ‚Infantilismus' der Marxschen Psyche, die Schuld und Verantwortung immer auf ein ‚Außen' projiziert."[18]

„Beinharter Bursche" – Marx war rücksichtslos nicht nur sich selbst gegenüber, sondern auch gegenüber den Eltern, Geschwistern, Kindern, Frau, Freunden, kurzum gegenüber jedermann, der ihm bei Verfolgung seiner Pläne hinderlich zu sein schien. „Ich mußte also *jeden* arbeitsfähigen Moment benutzen, um mein Werk fertig zu machen, dem ich Gesundheit, Lebensglück und Familie geopfert habe."[19] Marx nahm weder an der Beerdigung seines Vaters noch seiner Mutter noch seiner Frau teil. Auch der Tod der beiden Frauen, mit denen Engels zusammen gelebt hatte, berührte ihn nicht. „Nur einmal, ein einziges Mal, schrie er förmlich auf: als sein Sohn Edgar starb."[20]

„Wehleidig" – „Der Vater spricht von erschreckendem Egoismus, von Kälte und Wehleidigkeit. Der Sohn überlasse sich bei jeder kleinsten Gelegenheit dem Leiden, dem Schmerz, einem zerrissenen Herzen ... und einer kränkelnden Empfindlichkeit: ‚Gott bewahre uns für die schönste aller Naturgaben, wenn das ihre nächste Wirkung ist. Nein, Schwachheit, Verzärtelung, Eigenliebe und Dünkel allein reduzieren so alles auf sich ...'."[21] Aufgrund des Verdachts illegaler Bewaffnung werden Karl Marx und seine Frau verhaftet und verhört, nach zwei Stunden wieder auf freien Fuß gesetzt. Beide haben darüber Klage geführt, „sprechen von Einzelverwahrung, dunklen Sälen. Jenny Marx berichtet außerdem, daß

man sie zu Dirnen gesperrt und den schamlosesten Reden der Gendarmen wie der Unbill der Jahreszeit ausgesetzt habe. Jennys hysterisches Entsetzen, als ginge es nach Sibirien – ‚es war eine harte Holzpritsche. Ich sinke aufs Lager nieder . . ., hinter eisernem Gitterwerk ein leichenblasses Gesicht' – und die Entsprechung in Marx's bürgerlicher Indigniertheit, wie man mit einer ‚Angehörigen der preußischen Aristrokratie' umgegangen sei."[22]

(Auch die Terroristen der Gegenwart stöhnen ähnlich unter Haftbedingungen, die keinen Deut schlechter sind als die üblichen.[23])

„. . . und zu Haus, wo alles immer im Belagerungszustand sitzt und Tränenbäche mich ganze Nächte durch ennuyieren und wütend machen, kann ich natürlich nicht viel tun . . . Trotz allem erinnerst Du Dich, daß ich von Natur très peu endurant bin und sogar quelque peu dur, so daß von Zeit zu Zeit mein Gleichmut verlorengeht."[24]

„Süchtig nach Extremsituationen" – Karl Marx: „. . . ich habe die Ehre at this moment the best calumniated and the most menaced man of London zu sein. Das tut einem wahrhaft wohl nach der langweiligen zwanzigjährigen Sumpfidylle."[25]

Soviel zur Frage, ob die sozialwissenschaftlich ermittelten Terroristenmerkmale auf Marx zutreffen. Wenn wir Marx ohne die übliche Scheu betrachten und nicht ehrfurchtsvoll die Augen niederschlagen, registrieren wir eine Reihe weiterer Eigenheiten, die auch der Nichtpsychologe nur mit Erschrecken und Angst zur Kenntnis nehmen kann. Was geht in der Psyche eines jungen Mannes vor, dessen Gedichte nicht nur Größenwahn, sondern zugleich einen schauerlichen Destruktionstrieb andeuten. Dutzende seiner Verse aus der Jugendzeit besagen sinngemäß:

„Dann werf' ich den Handschuh höhnend
Einer Welt ins breite Angesicht,
Und die Riesenzwergin stürze stöhnend,
Meine Glut erdrückt ihr Trümmer nicht."[26]

Als Chefredakteur der Rheinischen Zeitung liefert Marx ein *Selbstportrait* in Gestalt eines Artikels, der unter einem falschen Namen veröffentlicht wird: Marx, den Verfasser eines bestimmten Artikels, zeichne aus ein scharfer Verstand und eine „wahrhaft bewunderungswürdige Dialektik, womit der Verfasser sich in die hohlen Äußerungen der Abgeordneten gleichsam *hineinfraß,* und sie dann von innen heraus *vernichtete;* nicht oft ward der kritische Verstand in solcher *zerstörungslustigen Virtuosität* gesehen, nie hat er glänzender seinen Haß gegen das sogenannte Positive gezeigt, dasselbe so in seinen eigenen Netzen *gefangen und erdrückt.*"[27] Der Stellvertreter von Marx, Karl *Heinzen,* erinnert sich: Bei den allabendlichen Zechtouren habe sich sein Chef als zwar verblüffend scharfsinnig, aber auch extrem egoistisch, lügnerisch und intrigant erwiesen, den mehr noch als der eigene Ehrgeiz der Neid auf fremde Leistungen aufgefressen habe.

„Marx liebte es, die Verse des Freundes Georg Weerth zu zitieren: ‚Es gibt nichts Schöneres auf der Welt, als seine Feinde zu beißen.' Eine der eindringlichsten Kölner Szenen dafür wirkt penetrant und makaber zugleich. Man habe abends oft noch beim Wein gesessen, der Chefredakteur und seine Kollegen, und wenn die Reihe der geleerten Flaschen beachtlich lang geworden war, habe Marx mit vor königlichem Vergnügen boshaft funkelnden Augen die Runde abgeschätzt. Jäh fuhr dann ein Finger auf einen der schockierten Freunde: ‚Dich werde ich vernichten.'"[28]

Mehr als denkwürdig ist auch die Antwort, die Marx auf die Frage nach seiner Auffassung vom Glück gegeben hat: „Zu kämpfen!"[29] Kampf aus Verantwortungsbewußtsein – ja; doch *Kampf als Quelle des Glücks?* Wer so denkt, sucht den Kampf, bricht Streit vom Zaune.

Mit beißender Ironie und wüsten persönlichen Beschimpfungen verfolgte er alle, auch jene, die ihm weltanschaulich nahe standen, wenn sie eine selbständige Meinung zu vertreten wagten. Ein Großteil seiner literarischen Hinterlassenschaft besteht aus solchen Pamphleten, angefangen mit „Die heilige Familie – Kritik der kritischen Kritik – gegen Bruno Bauer und Konsorten" (publiziert 1845) bis zu jenem Kapitel (X.) das er zu Engels „Antidühring" beisteuert (1877). Diese abstoßende Eigenart wurde von seinen Zeitgenossen recht unzweideutig aufgezeichnet. Manches davon wurde schon in anderem Zusammenhang zitiert.[30]

> Arnold Ruge, ehemals hilfreicher Freund und Mitstreiter:
> „Endlich ist es dahingekommen, daß die tödlichste Feindschaft fertig ist, ohne daß ich meinerseits einen anderen Grund weiß als den Haß und die Verrücktheit meines Gegners." [31]

> Michail Bakunin, der namhafteste Anarchist: „Marx liebt die eigene Person vielmehr als seine Freunde und Apostel, und keine Freundschaft hält stand gegen eine noch so leichte Verletzung seiner Eitelkeit ... Marx ist ... der stets perfide und tückische, nie freie und offene Antreiber zu Verfolgungen gegen Personen, die er beargwöhnt ... Sobald er einmal eine Verfolgung befohlen hat, macht diese vor keiner Niederträchtigkeit und Infamie halt."[32]

Was hier nur andeutungsweise dargelegt werden konnte, führt in Künzlis ausführlicher Untersuchung zu dem Ergebnis:

„Allein der unbändige Destruktionsdrang, der in Marx von seiner Jugend an mächtig war, sein ausgeprägter

Wille zur Macht, seine dämonische Haßbereitschaft, seine Tendenz zur Verdrängung, seine Unfähigkeit zum Kompromiß und vieles andere prädestinierten ihn psychisch dazu, ein Theoretiker der Gewalt zu werden.“[33]

Wurde eben schlaglichtartig Marxens Psyche beleuchtet, so soll nun seine politische Agitation etwas näher betrachtet werden. Um das Ergebnis vorwegzunehmen: Wie nicht anders zu erwarten, bestimmt die Charakterstruktur sein Denken und Handeln. *Marx billigt Terror und blutige Rache; noch mehr, er fordert dazu* auf.

Schon in einer seiner ersten Publikationen, in der „Einleitung zur Kritik der Hegelschen Rechtsphilosophie“ (Februar 1848) legt er dar, daß Worte allein nicht genügen. Die Waffen müssen sprechen.

> „Die Waffe der Kritik kann allerdings die Kritik der Waffen nicht ersetzen, die materielle Gewalt muß gestürzt werden durch materielle Gewalt . . .“[34]

Nach dem Verbot der Rheinischen Zeitung begibt sich Marx nach Paris. Die Polizei observiert ihn und seine Freunde. Sie berichtet: „Es ist ein bejammernswerter Zustand, . . . wenn man hier sieht, auf welche Weise einige Intriganten die armen deutschen Handwerker irreführen, nicht bloß die Arbeiter, sondern auch junge Kaufleute, Kommis usw. in den Kommunismus zu ziehen suchen. Alle Sonntage versammeln sich die deutschen Kommunisten vor der Barrière du Trône in einem Saal . . . Es werden Reden gehalten, offen Königsmord, Abschaffung allen Besitzes, herunter mit den Reichen usw. gepredigt; dabei keine Religion mehr, kurz, der krasseste, abscheulichste Unsinn . . . Ich schreibe Ihnen dies in aller Eile, damit die Marx, Heß, Herwegh, A. Weil, Bernstein nicht fortfahren, also junge Leute ins Unglück zu stürzen."[35]

In Paris ist Marx Mitarbeiter des „Vorwärts". Dieses Blatt bedauert es ausdrücklich, daß das Revolverattentat auf den preußischen König mißlang, da kein besserer Schütze zur Stelle war.[36] Der Artikel stammt nicht von ihm. Aber er fühlt sich unter den Sympathisanten der Königsmörder heimisch, ist wohl selbst ein Sympathisant, wenn nicht gar ein Anstifter, wie der Polizeibericht vermuten läßt.

Das *Bekenntnis zur revolutionären Agitation* ist *Kernstück des Kommunistischen Manifests.*

> „Mit einem Wort, die Kommunisten unterstützen überall jede revolutionäre Bewegung gegen die bestehenden gesellschaftlichen und politischen Zustände ...
> Die Kommunisten verschmähen es, ihre Ansichten und Absichten zu verheimlichen. Sie erklären es offen, daß ihre Zwecke nur erreicht werden können durch den gewaltsamen Umsturz aller bisherigen Gesellschaftsordnung. Mögen die herrschenden Klassen vor einer kommunistischen Revolution zittern ..."[37]

Anläßlich des Sieges der restaurativen Kräfte in Wien spricht Marx ausdrücklich vom „revolutionären Terrorismus", der erforderlich sei, um eine Wende herbeizuführen. Aber damit nicht genug. Er schwört Rache, sobald in Paris die „Rote Republik" inthronisiert ist und von dort die Rote Armee über die Grenzen vordringt.

> „In Paris wird der vernichtende Gegenschlag der Junirevolution geschlagen werden. Mit dem Sieg der ‚roten Republik' zu Paris werden die *Armeen* aus dem *Innern* der Länder an- und über die

Grenzen ausgespien werden, und die *wirkliche Macht* der ringenden Parteien wird sich rein herausstellen. Dann werden wir uns erinnern an den Juni, an den Oktober, und auch wir werden rufen:
Vae victis!
Die resultatlosen Metzeleien seit den Juni- und Oktobertagen, das langweilige Opferfest seit Februar und März, der Kannibalismus der Kontrerevolution selbst wird die Völker überzeugen, daß es nur ein Mittel gibt, die mörderischen Todeswehen der alten Gesellschaft, die blutigen Geburtswehen der neuen Gesellschaft *abzukürzen,* zu vereinfachen, zu konzentrieren, nur ein *Mittel* – den *revolutionären Terrorismus.*"[38]

Ein halbes Jahr später wiederholt er das eben Zitierte fast wörtlich, einschließlich des *vae victis* und des Bekenntnisses zum „revolutionären Terrorismus" als alleinigem Heilmittel.

„Est-ce clair, messieurs?
Wir haben es von Anfang an für überflüssig gehalten, unsere Ansichten zu verheimlichen ...
Wir sind rücksichtslos, wir verlangen keine Rücksicht von euch.
Wenn die Reihe an uns kömmt, wir werden den Terrorismus nicht beschönigen."[39]

An anderer Stelle wünscht sich Marx eine Klasse, die „mit Schärfe, Mut und Rücksichtslosigkeit ihre historische Aufgabe ausführt."[40]

In einer Ansprache aus dem Jahre 1850, die von Marx und Engels gemeinsam formuliert worden ist, wird die Parole ausgegeben: *„Die Revolution in Permanenz."*[41] Vorab aber wird der Rat erteilt: „Weit entfernt, den sogenannten Exzessen, den Exempeln der Volksrache an verhaßten Individuen oder öffentlichen Gebäuden, an die sich nur gehässige Erinnerungen knüpfen, entgegenzutreten, muß man diese Exempel nicht nur dulden, sondern ihre Leitung selbst in die Hand nehmen."[42]

Damit stimmt der vertrauliche Bericht eines Geheimagenten überein: „Gegen Ende der Versammlung sagte Marx zu den Anwesenden, sie könnten ganz unbesorgt sein, seine Männer stünden überall auf ihren Posten. Der entscheidende Augenblick nahe und unfehlbare Vorkehrungen seien getroffen, so daß kein gekröntes europäisches Haupt seiner Hinrichtung entgehen werde."[43]

Sechs Jahre später erneut der gleiche Ton, erneut die Einladung zur primitiven, blutrünstigen Rache.

> „Im Mittelalter gab es in Deutschland ein geheimes Gericht, Femgericht genannt. Es existierte, um die Untaten der herrschenden Klasse zu rächen. Wenn man ein Haus mit einem roten Kreuz gezeichnet fand, so wußte man, daß der Besitzer von der Feme verurteilt war. Alle Häuser Europas sind jetzt mit dem geheimnisvollen roten Kreuz gezeichnet. Die Geschichte ist der Richter – der Urteilsvollstrecker der Proletarier."[44]

Nach alldem ist es nicht unglaubwürdig, daß sich Marx Bakunin gegenüber als Boß einer Mördercrew aufgespielt hat.

> Marx zu Bakunin: „Weißt Du, daß ich jetzt an der Spitze einer so gut disziplinierten geheimen kommunistischen Gesellschaft stehe, daß, wenn ich einem Mitglied derselben gesagt hätte: geh und töte Bakunin, er Dich töten würde."[45] Wem solche Gedanken kommen und wer sie auch noch ausspricht, träumt zumindest davon, der Anführer einer terroristischen Vereinigung werden zu können. Daher überrascht es auch nicht, daß Marx ein leidenschaftlicher Anhänger der russischen „Volkswillenspartei" gewesen ist, „die sich zu einer offenen terroristischen, also extrem bakunistischen Politik bekannte und die Zarenattentate verantwortete."[46]

1881, kurz vor seinem Tod also, bringt er die Sprache auf den russischen *Einzelterror* und meint, es sei eine „historisch unvermeidliche Aktionsweise ..., worüber ebensowenig zu moralisieren ist – für oder gegen – als über das Erdbeben in Chios."[47]

Wie verträgt sich damit sein philosophisch-ökonomisches Weltbild? Ist in ihm nicht letztlich die historische Notwendigkeit ausschlaggebend, so daß sich die Terroristen der Gegenwart zu Unrecht auf Marx berufen, da doch die Voraussetzungen für die Revolution nicht gegeben sind?

Wie schon erwähnt, wird diese Frage nicht selten bejaht, und zwar mit guten, in sich eindeutigen Marx-Zitaten.

Schauen wir uns an, wie zum Beispiel Reblin sein Ja begründet: „Die zukünftige kommunistische Gesellschaftsform geht aus den Widersprüchen der bestehenden kapitalistischen hervor, sie entwickelt sich mit Notwendigkeit aus der Dynamik derselben. Die Beseitigung des kapitalistischen Privateigentums ‚vollzieht sich durch das Spiel der immanenten Gesetze der kapitalistischen Produktion selbst', durch die immer stärker um sich greifende Konzentration des Kapitals: ‚je ein Kapitalist schlägt viele tot.' Mit der ständig zurückgehenden Zahl der Kapitalbesitzer wachsen gleichzeitig Elend, Druck, Knechtschaft, Ausbeutung, aber auch die Auflehnung der stets größer werdenden und durch den Mechanismus des kapitalistischen Produktionsprozesses selbst geschulten, vereinten und organisierten Arbeiterklasse. Das Kapitalmonopol wird nach Marx zur Fessel der Produktionsweise, die mit und unter ihm entstand. Zentralisation der Produktionsmittel und Vergesellschaftung der Arbeit erreichen einen Punkt, wo sie ‚unverträglich werden mit ihrer kapitalistischen Hölle' und die sie sprengen. Damit schlägt die Stunde des kapitalistischen Privateigentums. ‚Die Expropriateure werden expropriiert.' Die aus der kapitalistischen Produktionsweise hervorgehende Aneignungsweise, nämlich das kapitalistische Privateigentum, ist für Marx die erste, grundlegende Negation des individuellen, auf eigene Arbeit gegründeten Privateigentums. Aber diese Negation schließt schon ihre eigene Aufhebung in sich. Die kapitalistische Produktion erzeugt mit der ,Notwendigkeit eines Naturprozesses' ihre eigene Negation. Es ist die ,Negation der Negation'.

Diese Gedanken aus dem ,Kapital' machen deutlich, daß Marx die Entwicklung der Geschichte und der sozial-ökonomischen Gesellschaftsformation analog zum naturgeschichtlichen Prozeß versteht ..."[48]

Zwei wesentliche Einschränkungen werden gemacht:
1. Marx relativiere die Notwendigkeit durch die menschliche Freiheit;
2. gerade der junge Marx verpflichte zur verantwortlichen Aktivität im Dienst an der Notwendigkeit:

„Es wäre allerdings falsch, Marx' Geschichtsphilosophie und seinen Revolutionsbegriff kausal-mechanistisch zu interpretieren. Eine solche vulgär-marxistische Deutung wird ihm nicht gerecht. Er meint mitnichten einen Automatismus. Vielmehr sucht er – auf den Spuren Hegels – den produktiven Zusammenhang von geschichtlicher Notwendigkeit und verantwortlichem Vollzug menschlicher Freiheit aufzudecken."[49]

„Insbesondere der junge Marx betont: Die geschichtliche Notwendigkeit wird durch das menschliche Handeln selbst hergestellt und verpflichtet zu verantwortlicher Aktivität."[50]

Befassen wir uns zunächst kurz mit diesen beiden Einschränkungen. Sie führen uns erneut eine entscheidend wichtige Erkenntnis vor Augen. Beide Einschränkungen weisen auf *Widersprüche* hin. Der junge Marx hat andere Vorstellungen als der alte Marx, so daß zwei sich widersprechende Ansichten jeweils Marx als Gewährsmann anbieten können. Die im Text zuerst angeführte Einschränkung ist noch gewichtiger. Sie zeigt, daß Marx im logischen Denken nicht sattelfest war.

Denn *Freiheit und Notwendigkeit schließen sich gegenseitig begrifflich aus.* Was notwendigerweise geschieht, kann nicht gleichzeitig vom freien menschlichen Willen abhängig sein. Die gesamte Wirklichkeit beweist die Richtigkeit der Feststellung, und nicht ein einziger Sachverhalt kann als Gegenargument ins Feld geführt werden.

Unser Stichwort ist Widersprüchlichkeit. Der dritte Widerspruch besteht zwischen jenen Zitaten aus Marxens literarischem Nachlaß, die das unabdingbare Walten ökonomischer Kräfte im Geschichtsablauf herausstellen, und den zahlreichen, auszugsweise oben zitierten Äußerungen, durch die er *in seiner Zeit revolutionären Terrorismus und unbarmherzige Rache begrüßt,* ja gefordert hat. Daß Reblin und die anderen, die so argumentieren wie er, dieses terroristische Pathos und Agieren des jungen wie des alten Marx unerwähnt lassen, ist unverständlich, es sei denn, daß wir Parteilichkeit unterstellen. Was würden sie wohl zu diesen Texten sagen? Vielleicht: Damals sei die Zeit reifer gewesen für die sozialistische Revolution!

Tatsächlich waren zu Marxens Lebzeiten die sozialen Mißstände weit schlimmer als heute. Aber so zu argumentieren, kommt doch der Negation des gesamten historischen Materialismus, des gesamten Marxismus gleich. Der Kapitalismus entfaltet sich zwar Jahrzehnt um Jahrzehnt, der sozialistische Umschwung rückt gleichzeitig immer mehr in die Ferne. Das ist, etwas überspitzt formuliert, die einzige These, die sich nicht mit Marx-Zitaten belegen läßt.

In meinen Augen sind daher *jene bessere Marxisten, die den Anbruch des* von Marx immer wieder als unmittelbar bevorstehend vorausgesagten *neuen Äons herbeibomben wollen,* weil die von der Geschichte berufenen Wirkkräfte des Heils offenbar versagen. Sie wissen oder spüren, wie recht Engels hatte, als er bei der Beerdigung von Marx sagte: „So war der Mann der Wissenschaft. Aber das war noch lange nicht der halbe Mann ... Denn Marx war *vor allem Revolutionär.* Mitzuwirken, in dieser oder jener Weise, am Sturz der kapitalistischen Gesellschaft und der durch sie geschaffenen Staatseinrichtung, mitzuwirken an der Befreiung des modernen Proletariats ... – das war sein wirklicher Lebensberuf."[51]

Erinnert sei an die äußerst revolutionäre Ungeduld, die dem Leben von Marx das Gepräge gab.

3. Terrorismus und Marxismus

Wer behauptet, die Anwendung revolutionärer Gewalt sei nicht marxistisch, solange die ökonomische Entwicklung nicht dafür reif sei, verdient den Vorwurf, ein Marx-Eklektiker zu sein, Marxens Äußerungen nicht nach Angebot, sondern nach Bedarf auszuwählen. Doch damit nicht genug. Er muß gleichzeitig einräumen, daß es bis heute keine sozialistische Revolution im Sinne Marx' gegeben hat, die Oktoberrevolution in Rußland nicht ausgenommen. Denn bekanntlich befand sich der Kapitalismus in Rußland noch im Embryonalzustand, als Lenin 1917 die Macht an sich riß. Das war der Marxschen Theorie zuwider.

In „Die deutsche Ideologie" heißt es beispielsweise *„Diese ‚Entfremdung'*, um dem Philosophen verständlich zu bleiben, kann natürlich unter zwei *praktischen* Voraussetzungen aufgehoben werden. Damit sie eine ‚unerträgliche' Macht werde, d. h. eine Macht, gegen die man revolutioniert, dazu gehört, daß sie die Masse der Mehrheit als durchaus ‚Eigentumslos' erzeugt hat und zugleich im Widerspruch zu einer vorhandenen Welt des Reichtums und der Bildung, was beides eine große Steigerung der Produktivkraft, einen hohen Grad ihrer Entwicklung voraussetzt – und andrerseits ist diese Entwicklung der Produktivkräfte ... auch deswegen eine absolut notwendige praktische Voraussetzung, weil ohne sie nur der *Mangel* verallgemeinert, also mit der *Notdurft* auch der Streit um das Notwendige wieder beginnen und die ganze alte Scheiße sich herstellen müßte ..."[52] Engels nannte *namentlich* jene Länder, die als erste für die Revolution in Betracht kommen: England, Frankreich, USA und Deutschland.[53]

Wer diese Äußerungen von Marx und Engels als Richtschnur wählt, muß all jenen, die sich besonders leidenschaftlich zu Marx bekennen und deshalb zu revolutionären Aktionen schreiten, vorhalten, sie seien *Häretiker* oder gar *Verräter des Marxismus.* Andere wählen einen anderen Weg und unterscheiden zwischen Marx und Marxismus dergestalt, daß sie im Marxismus verkümmertes oder ins Kraut geschossenes Marxsches Gedankengut erblicken, eine Auffassung, die zum Beispiel der Buchtitel „Marx kontra Marxismus"[54] andeutet. Wen wundert es, daß sich der Verfasser sogar dabei auf Marx berufen kann, der einmal gesagt hat „ich bin kein Marxist".

Hat Marx damit hinter seine Lehre ein Fragezeichen gesetzt, sich von ihr gar distanziert? Keineswegs. Der Satz ist völlig sinnentstellend aus dem Zusammenhang gerissen.[55]

Der Verfasser von „Marx kontra Marxismus" glaubt, zwischen Marx einerseits und den namhaftesten Marxisten andererseits Widersprüche nachweisen zu können. Dies gelingt ihm ebenso, wie es möglich ist, die Aussprüche der Sphinx ganz nach Belieben zu verifizieren oder falsifizieren. Natürlich bleibt es verdienstvoll, die meist kaschierte Meinungsvielfalt innerhalb des marxistischen Lagers bloßzulegen. Gleichwohl stehen Männer wie *Engels und Lenin Marx näher als jene, die nicht müde werden, ihn als großen Humanisten zu preisen.*

Sowjetunion und DDR, die sich als Testamentsvollstrecker Marx' verstehen, weisen jede geistige Komplizenschaft mit den westdeutschen Terroristen weit von sich. Wie aber würden sie urteilen, wenn die terroristischen Aktionen zu einer Massenerhebung geführt hätten? Verfluchen oder verehren sie jene marxistischen Vorfahren, die ähnlich gedacht und gehandelt haben wie die Terroristen heute, aber erfolgreich waren?[56]

Engels war zu Marxens Lebzeiten der denkbar treueste Gefolgsmann und hat ihm in keinem wesentlichen Punkt widersprochen, sonst wäre die Freundschaft rasch in die Brüche gegangen. Er hat also Marx offenbar voll und ganz akzeptiert, einschließlich seines revolutionären Temperaments, seiner Rachegefühle, seiner Begünstigung des Terrorismus. In der DDR ist *Thomas Münzer* der gefeierte Vorläufer des radikalen Kommunismus in Deutschland. Dieser Kult geht auf Engels zurück. Er stellt *Martin Luther,* der es schlimmer trieb als die „Tellerlecker der absoluten Monarchie"[57], Thomas Münzer gegenüber, dem Vorläufer einer rücksichtslos radikalen, aber gerechten Ordnung.

„Die, welche Gottes Offenbarung zuwider sind, soll man wegtun, ohne alle Gnade ... man muß das Unkraut ausraufen aus dem Weingarten Gottes in der Zeit der Ernte. Gott hat 5. Mose 7 gesagt, ihr sollt euch nicht erbarmen über die Abgöttischen, zerbrecht ihre Altäre, zerschmeißt ihre Bilder und verbrennt sie, auf daß ich nicht mit euch zürne."[58]

Dann fährt Engels fort: „Dies Programm, ...die geniale Antizipation der Emanzipationsbedingungen der kaum sich entwickelnden proletarischen Elemente unter diesen Plebejern – dies Programm forderte die sofortige Herstellung des Reiches Gottes, des prophezeiten Tausendjährigen Reiches auf Erden, durch Zurückführung der Kirche auf ihren Ursprung und Beseitigung aller Institutionen, die mit dieser angeblich urchristlichen, in Wirklichkeit aber sehr neuen Kirche im Widerspruch standen. Unter dem Reich Gottes verstand Münzer aber nichts anderes als einen Gesellschaftszustand, in dem keine Klassenunterschiede, kein Privateigentum und keine den Gesellschaftsmitgliedern gegenüber selbständige, fremde Staatsgewalt mehr bestehen. Sämtliche bestehenden Gewalten, sofern sie nicht sich fügen und der Revolution anschließen wollten, sollten gestürzt, alle Arbeiten und alle Güter gemeinsam und die vollständige Gleichheit durchgeführt werden. Ein Bund sollte gestiftet werden, um dies durchzusetzen, nicht nur über ganz Deutschland, sondern über die ganze Christenheit ..."[59]

1847 war Engels zusammen mit Marx einem „Bund", dem „Bund der Gerechten", beigetreten.

Wie Marx spricht auch Engels von „blutiger Rache", die „wir nehmen",[60] fordert „entschiedensten Terrorismus"[61] *und betont: „...ohne Gewalt und ohne eherne Rücksichtslosigkeit wird nichts durchgesetzt in der Geschichte."*[62]

Auf die vielgepriesene Freiheit im Kommunismus wirft der folgende Satz aus einem Brief an Kautsky vom 1. Februar 1881 ein bezeichnendes Licht: „Sollte aber einmal die kommunistische Gesellschaft sich genötigt sehn, die Produktion von Menschen ebenso zu regeln, wie sie die Produktion von Dingen schon geregelt hat, so wird gerade sie und allein [sie] es sein, die dies ohne Schwierigkeiten ausführt."[63]

Auch der folgende Ausspruch aus dem Buche eines Schülers von Marx, I. *Auers,* bedarf keines Kommentars: „Wir würden sie [die Menschen] erhalten, wenn wir sie lieben würden. Aber wir wollen sie überwinden – mit dem gewaltigen Erziehungsmittel einer neuen Gesellschaftsordnung –, also hassen wir sie."[64]

Johann Most, der eine von Marx und Engels ausdrücklich gebilligte Kurzfassung von „Das Kapital" erarbeitete, schrieb über das Attentat des Jahres 1881 auf den Zaren: „Die Träger der herrschenden Klasse erblicken eben in dem stattgehabten Vernichten eines Autokraten mehr als den bloßen Tötungsakt an sich. Sie stehen vor einem erfolgreichen Angriff auf die *Autorität* als solche. Gleichzeitig wissen sie alle, daß jeder Erfolg die wunderbare Kraft hat, nicht allein Respekt einzuflößen, sondern auch zur Nachahmung anzueifern. Da zittern sie denn einfach von Konstantinopel bis Washington um ihre längst verwirkten Köpfe."[65]

Stalin ist weltweit als skrupelloser Revolutionär und Despot bekannt. *Lenin* war nicht aus ganz demselben Holz geschnitzt. Aber Stalins Aufstieg in der Partei vollzog sich bis 1922 unter Lenins Patronage,[66] und eine lange Reihe von Terroranschlägen, die sich in keinem wesentlichen Punkt von den schlimmsten Exzessen der Roten-Armee-Fraktion und ähnlicher Vereinigungen unterscheiden (zum Beispiel der Schleyer-Entführung), geschah mit Lenins voller Billigung, um die Kasse der bolschewistischen Partei aufzufüllen.

„Der bedeutendste dieser Raubzüge wurde in Tiflis, im Juni 1907, in Szene gesetzt. Um halb elf Uhr morgens am 26. Juni 1907 empfing die Post von Tiflis eine große Geldsendung für die örtliche Depositenkasse der Staatsbank. Sowjet-Historiker behaupten, daß die Summe 250 000 Rubel betrug; die russische Presse dagegen schätzte den Betrag auf 341 000 Rubel. Beamte der Bank verluden die Säcke in eine Postkutsche und fuhren, unter bewaffneter Eskorte, zur Bank, gefolgt von einem Wagen voll Soldaten. Außerdem wurden sie noch von einer Phalanx bewaffneter Kosaken begleitet. Als der Konvoi sich dem Innern der Stadt näherte, wurde von dem Dach eines nahen Hauses eine Bombe auf die Straße geworfen. Sie explodierte mit solcher Gewalt, daß die Fensterscheiben in einem Umkreis von anderthalb Kilometern zersprangen. Gleichzeitig wurden von der Straße aus Bomben gegen die Kosaken geworfen, während scheinbar harmlose Fußgänger mit Revolvern das Feuer eröffneten. Die Geldsäcke verschwanden ..., viele Menschen wurden bei dem Überfall in Tiflis verwundet und getötet."[67]

Es steht außer Zweifel, daß Lenin, noch bevor er mit dem Marxismus in Berührung kam, mit Ergriffenheit und Zustimmung die Schriften *Bakunins* und *Netschajews* gelesen hatte.[68] In dem von den beiden verfaßten „Katechismus des Revolutionärs" stehen, wie Günther Wagenlehner schreibt „einige der einprägsamen Formulierungen, von denen Lenin sprach und die er selbst geschrieben haben könnte:

‚Sein ganzes Sein muß von einem Ziel, einem Gedanken, einer Leidenschaft beherrscht sein: die Revolution ... Mit Leib und Seele, mit Wort und Tat muß er jede Beziehung zu der bestehenden Ordnung, ja zur ganzen zivilisierten Welt mit ihren Gesetzen, guten Umgangsformen, ihren Konventionen und ihrer Moral abbrechen. Er ist ihr erbarmungsloser Feind und lebt in ihr nur zu dem einzigen Zweck, sie zu zerstören. Er haßt und verachtet die gesellschaftliche Moral seiner Epoche. Alles, was die Revolution fördert, ist sittlich ... alles, was sie hindert, unsittlich.'"[69]

Nicht während der Regentschaft des Zaren, sondern als der Sozialist Kerenski an der Macht war, gab Lenin folgenden Kampfbefehl:

„Wilde *Energie* und nochmals *Energie* sind notwendig. Ich bin entsetzt, mehr als entsetzt, daß über ein halbes Jahr mit Reden über Bomben verstrichen und keine einzige Bombe fabriziert worden ist.“[70]

Lenin war brutal im Denken und Handeln. Die Revolution war für ihn das alleinige Richtmaß, nicht die Lehre von Marx, nicht irgendeine überkommene Moral oder sonst etwas. Davon zeugen seine Worte und seine Handlungen. Bekannt ist die Losung, die er 1920 an Komsomolzen ausgegeben hat: „Wir sagen, daß unsere Sittlichkeit völlig den Interessen des proletarischen Klassenkampfes untergeordnet ist.“[71] Sechzehn Jahre früher rief er dem russischen Sozialisten Valentinoff zu: „Einem Revolutionär ist alles erlaubt, wenn es nur der Sache der revolutionären Bewegung und den Parteiaufgaben dient.“[72]

Ferdinand Döhny schreibt in Erinnerung an die gemeinsame Zeit mit Lenin in Zürich: „Ich bekam von Lenin den Eindruck eines Menschen, der zu allem Bestehenden in ständiger Opposition steht und keine Ruhe hat, bis alles drunter und drüber geht und alles auf den Kopf gestellt ist; und der auch eine kleine Gruppe von Menschen ständig in Auseinandersetzungen hineinmanövriert.“[73] Jeder Marx-Kenner wird bestätigen, daß dieser Satz ebenso auf Marx gemünzt sein könnte.

Unmöglich hätten Stalins *Schauprozesse* unter *Lenin* stattfinden können – meinen viele. Aber stimmt das wirklich? Auch hier kann Lenin selbst zitiert werden, daß er „im Dienst an der guten Sache“ zur gleichen Infamie selbst gegen Gesinnungsgenossen fähig gewesen ist wie Stalin.

Im Zusammenhang mit einem Strafverfahren gegen Sozialrevolutionäre schrieb Lenin einen Brief an den Justizkommissar. Darin heißt es: „Meiner Ansicht nach ist es notwendig, die Todesstrafe durch Erschießen für alle Phasen der Umtriebe der Menschewiken, Sozialrevolutionäre und ähnliche auszudehnen. Es muß eine Formel gefunden werden, die diese Umtriebe in Verbindung bringt mit der internationalen Bourgeoisie und deren Kampf gegen uns (Bestechung der Presse und Agenten, Kriegsvorbereitungen und ähnliches)." [73] Die Verantwortlichen der Schauprozesse in der Stalin-Ära waren also bestens durch Lenin selbst vorbereitet. 1937 wurde der eben zitierte Text sogar in der Zeitung „Bolschewik" veröffentlicht. Daß Lenin sich bei der Vernichtung *antisozialistischer* Kräfte nicht honoriger benommen hat, bedarf hier wohl keines Nachweises mehr.[74]

Zum Thema Terror formulierte Lenin ausdrücklich und unzweideutig: „Grundsätzlich haben wir den Terror nie abgelehnt und können wir ihn nicht ablehnen."[75] Doch ist das nichts weiter als eine Konkretisierung des vorhin zitierten Ausspruchs: „Einem Revolutionär ist alles erlaubt." Ist dann nicht Lenin, dessen Orden die Brust manches angesehenen Theologen schmückt,[76] ein ebenso idealer Rechtfertigungsgrund für die Terroristen wie Marx? Man mag einwenden, Lenin habe in seiner Schrift „Der ‚linke Radikalismus', die Kinderkrankheit im Kommunismus" Terror gegen einzelne mißbilligt. Das trifft zu. Aber wie lautet die Begründung. Nicht etwa moralische Skrupel, sondern ganz im Gegenteil: „Selbstverständlich lehnen wir den individuellen Terror nur aus Gründen der Zweckmäßigkeit ab."[77]

Kann man allein deshalb sagen, die Terroristen seien keine Marxisten-Leninisten, als welche sie sich verstehen? – Gerade ihre Ungeduld ist doch auch ein Stimulantium im Leben von Marx und Lenin gewesen. Keiner von beiden wollte warten, bis nach Marxens *Theorie* die Zeit für die Revolution reif gewesen wäre.

Die Losung, mit der der Terrorist Rolf Pohle vor seine Richter trat („Ohne Theorie keine Revolution!"), hat er sich nicht selbst ausgedacht, sondern von Lenin übernommen.[78]

Leo Trotzki, Lenins zuverlässiger Satellit, hat einen Angriff Kautskys mit der bezeichnenden und treffenden Bemerkung abgetan: „Im Bewußtsein von Relativitäten findet man nicht den Mut, Gewalt anzuwenden und Blut zu vergießen."[79] *Marx und Engels, Lenin und Trotzki haben den humanen Relativismus abgestreift und sich ganz einem absoluten Ziel verschrieben, das keine Interessenkonflikte, Kompromisse, kritische Fragen, menschliche Regungen duldet. Der absolute Zweck rechtfertigt jedes Mittel.*

Was in einem Menschen vorgeht, der von diesem Wahn befallen ist, brach aus Lenin beim Anhören einer Beethoven-Sonate hervor.

> „Ich kenne nichts Besseres als die ‚appassionata', ich könnte sie jeden Tag hören. Eine erstaunliche, nicht menschliche Musik. Ich denke immer voller Stolz, der vielleicht naiv ist: Was für Wunder können die Menschen vollbringen . . .
>
> Doch kann ich die Musik nicht oft hören, sie greift die Nerven an, man möchte liebevolle Dummheiten sagen und den Menschen die Köpfe streicheln, die in einer widerwärtigen Hölle leben und so etwas Schönes schaffen können. Aber heutzutage darf man niemandem den Kopf streicheln – die Hand wird einem abgebissen, man muß auf die Köpfe einschlagen, mitleidlos einschlagen, obwohl wir, unserem Ideal nach, gegen jede Gewaltanwendung gegenüber den Menschen sind."[80]

Lenins Grausamkeit auf dem Hintergrund humanitären Fühlens ist nicht ein ausschließliches Merkmal des Kommunismus, sondern typisch für jede totalitäre

Heilslehre, wofür der blutrünstige Revolutionär St. Just (das heißt der heilige Gerechte!), schließlich selbst Opfer der Guillotine, als Beispiel angeführt werden kann. Von ihm stammt der Ausspruch: „Es ist eine schauderhafte Sache, das Volk zu quälen. Aber wie soll man es vermeiden, die Menschen zu peinigen, wenn man beschlossen hat, Götter aus ihnen zu machen?“[81] Lebendige Zeugen seines Denkens, tradiert durch Marx, Engels und Lenin, sind aber nicht nur die Terroristen der Gegenwart, sondern auch die Mitglieder der orthodoxen kommunistischen Parteien.

> „So verriet ich einen Menschen, der mir noch immer persönlich nahe stand. Meine Seele, ideologisch angefressen, zersetzte sich. Sie ging in Fäulnis über.
>
> In meinem Junggesellenzimmer hingen ausgeschnittene Bilder von Dsershinski und Berija, zweier GPU- und Tscheka-Chefs. Ich war einer grausamen Romantik verfallen, der Romantik politischer Kommissare und exekutiver Sonderabteilungen auf Klassenfeindjagd, die in Rußland ähnlich gewütet hatten wie während des zweiten Weltkriegs die SS-Sonderabteilungen auf Judenjagd.
>
> Während einer Neujahrsfeier im Kreise westdeutscher Kommunisten kündigte ich, allerdings halb betrunken, bereits Erschießungen an. So tief sank der sensible Jüngling, dem selbst das Zerdrücken einer Fliege widerstrebte, nach kaum zweijähriger Mitgliedschaft bei der KPD unter dem Einfluß des Marxismus.“[82]

Das zuletzt Gesagte gilt aber keineswegs für alle Marxisten. Warum? Sind Marx und Lenin nicht deutlich genug?

1. Kein Marxist in der Bundesrepublik – auch kein Terrorist – bekennt sich heute – soweit ersichtlich – zu Stalin. Seine unmenschlichen Exzesse bis hin zum mehrfachen Genozid (Völkermord) haben sich herum-

gesprochen, auch daß Lenin vor ihm (wie übrigens auch vor Trotzki)[83] gewarnt hat. Über Lenin als Terroristen wissen weit weniger hinlänglich Bescheid. Vor 1917 war es nur Individualterror, und nach der Machtübernahme hatte er nur rund ein halbes Jahrzehnt die Zügel der Macht in Händen, davon waren wieder mehrere Jahre Bürgerkrieg, in dem Greueltaten auf beiden Seiten an der Tagesordnung sind.

2. Trotzdem sind nicht alle Marxisten Leninisten. Sich nur zu Marx zu bekennen, erscheint noch unbedenklicher, denn Marx hat seine Hände überhaupt nicht mit Blut befleckt. Die meisten Leser werden es bestätigen, daß ihnen Marx zunächst als Humanist und Freund der Entrechteten vorgestellt worden ist. *Die Konfrontation mit dem wirklichen Marx unterbleibt.*[84] *So sind viele deshalb Marxisten, weil sie ein falsches Marx-Bild haben.* Manche konservieren und kultivieren bewußt ihre Fiktionen, damit die schöne Illusion nicht zerstört wird.

Ein geradezu erschütterndes Beispiel ist *Robert Havemann,* der, den offenkundigen geschichtlich-biographischen Tatsachen zuwider, sich nicht geniert zu behaupten: „Von Karl Marx ... wissen wir eins, nämlich, daß er ein Wissenschaftler war. Er stritt immer nur mit Argumenten, mit Tatsachen, mit Zahlen und hat nie versucht, seinen Gegner mit Allgemeinplätzen und moralischen Verdikten zu zermalmen. Seine Größe als Wissenschaftler beruhte ganz und gar darauf, daß er lange bestehende und scheinbar unerschütterlich begründete wissenschaftliche Ansichten widerlegte."[85]

Wenn Marx den meisten Marxisten nur als der Wissenschaftler, der Humanist, der Kämpfer für eine gerechte Ordnung bekannt ist, kann ein solches erheblich retuschiertes Marx-Bild wirklich Freude an terroristischen Aktionen wachrufen?

So lange die *pia fraus,* der Betrug, – vielleicht in bester Absicht – nicht durchschaut wird, wirkt doch das Marx-Bild und nicht die Marx-Wirklichkeit?!

Das ist sicherlich richtig. Und deshalb gibt es auch so viele sympathische Marxisten, Havemann nicht ausgenommen, auch wenn seine Gesprächigkeit über Dinge, von denen er keine Ahnung hat, nicht als Tugend gepriesen werden sollte.

Aber *nicht alle begnügen sich mit der Illusion.* Sie wollen mehr erfahren von ihrem Helden, steigen tiefer ein. Und nun lernen sie, daß Marx nicht den Frieden gepredigt hat, sondern das Schwert, daß Marx zum rücksichtslosen Kampf mit *allen* Mitteln aufgerufen hat und in seiner Nachfolge viele damit Ernst gemacht haben. Zwei Möglichkeiten: Abschied von Marx, zumindest teilweise Distanzierung von Marx, oder, wenn Marx zur absoluten Autorität geworden ist, wenn für Kritik am Meister kein Platz mehr ist, wenn sich eine starke, Vernunft und Gewissen lähmende emotionale Bindung herausentwickelt hat, dann konsequente Befolgung seines Auftrags, dem er „Gesundheit, Lebensglück und Familie geopfert" hatte.[86]

Es war schon davon die Rede, daß sich die Terroristen der siebziger Jahre in der Bundesrepublik und in West-Berlin ganz eindeutig zu Marx und Lenin bekannt haben:

> „Wir behaupten, daß die Organisierung von bewaffneten Widerstandsgruppen richtig ist, möglich ist, gerechtfertigt ist ... Daß der bewaffnete Kampf als ‚die höchste Form des Marxismus-Leninismus' (Mao) jetzt begonnen werden kann und muß, daß es ohne ihn keinen antiimperialistischen Kampf in den Metropolen gibt."[87]

Gleichwohl ist die Frage aufgetaucht, ob es *geistige Väter der Terroristen* gibt. Sie wurde mit dem provokativen Satz verneint: „Ein Terrorist entsteht durch Selbstzeugung." Doch die Begründung trägt meines Erachtens die kühne Behauptung nicht.

„Insoweit sind die Personagramme der Terroristen aufschlußreich, da sie zeigen, daß die Mehrheit der Terroristen aus bürgerlichen Familien stammt, die ihnen Wege bürgerlicher Selbstverwirklichung eröffneten, das Nichtbestehen von Zwängen also deutlich machen. Daher muß man sich auch dem Widerspruch von Jürgen Habermas gegen die Behauptung des Grafen Stauffenberg anschließen, nicht die Terroristen hätten die Sympathisanten, sondern die Sympathisanten hätten die Terroristen erzeugt. Von Erzeugung kann hier nicht die Rede sein. Ein Terrorist entsteht durch Selbstzeugung. Darum ist auch der Weg rechter wie linker Ableitungen zur Erklärung der Entstehung einer terroristischen ‚Karriere' zum Scheitern verurteilt und in Wahrheit selber vom modernen Terrorismus beeinflußt, weil er die Person als Funktion und Produkt von Sachen denkt."[88]

Aufgrund des durch jahrelange Kontakte gewonnenen Einblicks in die Psyche linksradikaler Studenten stehe ich der gegenteiligen Auffassung nahe, auch wenn ich keine besseren Argumente als das Einfühlungsvermögen vorbringen kann. *Ich wäre wohl selbst Terrorist, falls ich von Marx, Engels, Lenin, Marcuse überzeugt wäre und Mut und Kraft fände, meiner Überzeugung, das heißt ihren Worten gemäß, zu handeln:* „Vernichtungskampf und rücksichtslosen Terrorismus ... im Interesse der Revolution!"[89], die doch überfällig ist. Die Entscheidung für Marx und so weiter ist kein völlig freier Akt, wenn so viele allseits hofierte Persönlichkeiten ausdrücklich oder sinngemäß Marx den größten Deutschen, wenn nicht den größten Menschen schlechthin titulieren. (Siehe Kapitel X.) Daher bin ich der

Auffassung, daß *in den Terroristenprozessen nur die Erfüllungsgehilfen, die Stellvertreter, die Kinder von Hameln und nicht die Rattenfänger abgeurteilt* werden. Aber das ist ja nichts Neues. Nicht wer verurteilt, wird verurteilt, sondern wer vollstreckt. Die Richter genossen zu fast allen Zeiten hohes Ansehen, die Henker aber waren verachtet, obwohl sie doch nur vollstreckten, was andere vorgedacht und befohlen hatten.

Heinrich Heine: „Dies merkt euch, ihr stolzen Männer der Zeit. Ihr seid nichts als unbewußte Handlanger der Gedankenmänner, die oft in demütiger Stille euch all euer Tun aufs Bestimmteste vorgezeichnet haben. Maximilien Robespierre war nichts als die Hand von Jean Jacques Rousseau, die blutige Hand, die aus dem Schoß der Zeit den Leib hervorzog, dessen Seele Rousseau geschaffen."[90] Diese Einsicht scheint zu wachsen. Zumindest der oben ausführlich zitierte Autor, Wilhelm Kasch, hat sich in einer neueren Publikation deutlich von seiner früheren Auffassung distanziert:

> „Wenn darum Graf Stauffenberg formuliert hat, nicht Terroristen hätten die Sympathisanten, sondern die Sympathisanten die Terroristen hervorgerufen, und in diesem Zusammenhang auf die ‚Frankfurter Schule' verweist, hat er nicht unrecht. Daß politisches Denken gesellschaftlich nicht folgenlos ist, liegt doch auf der Hand. Und vor allem: Welcher Denker könnte wollen, daß es dies wäre? Es ist deshalb auch unverständlich, daß Jürgen Habermas diesen Zusammenhang nicht wahrhaben will. Ein dem Sollen so stark verpflichtetes Denken wie das Adornos, Marcuses und das seine hat natürlich kritisches politisches Bewußtsein weit über den Kreis der Schüler hinaus erzeugt und damit die Mangelhaftigkeit der gesellschaftlichen Ordnung unseres Staates erst geschaffen."[91]

VII. Marxismus als Erfüllung religiöser Bedürfnisse

„Die Welt ist arm geworden,
da ihr nicht mehr an Teufel glaubt
und Gott stempeln schickt.
So trat ich in euere Dienste."
(Lied des SED-Funktionärs)[1]

1. Der Mensch auf der Suche nach Heil und Lebenssinn

Die *Hoffnung auf Heil,* die *Erwartung des Messias,* der *Glaube an* das *ganz Neue, Große, Erhabene,* an den *Anbruch einer neuen Zeit,* der eigentlichen Menschheitsgeschichte, ist nichts, was nur bei einzelnen Menschen oder in einzelnen Kulturen und Religionen zu gewissen Zeiten anzutreffen wäre, sondern ein *zeitloses Merkmal der Menschheit,* ebenso wie die *Frage nach* dem *Lebenssinn* immer wieder gestellt wird.

> „Innerhalb der Geschichte ist eine Vergangenheit oder Zukunft unvorstellbar, in der der Mensch nicht nach dem Sinn seines Lebens fragte, d. h. aber, in der er ohne Religion lebte; denn in dieser Frage drückt sich das Wesen des Menschen aus. Der Mensch braucht diese Frage nicht bewußt zu stellen; er kann sie sogar unterdrücken und ihr aus dem Wege gehen aus Angst vor der Erschütterung, die das Ergriffensein von dem Unbedingten auslöst. Er kann das Unbedingte in mystischen, symbolischen oder dichterischen Bildern oder in theologischen, philosophischen oder politischen Begriffen ausdrücken. Er kann religiöse Symbole im engeren wörtlichen Sinn vermeiden, aber er kann nicht ohne Religion in ihrer tieferen, universellen Bedeutung existieren. Religion in diesem Sinne lebt, solange der Mensch lebt; sie kann aus der menschlichen Geschichte nicht verschwinden, denn Geschichte ohne Religion wäre nicht mehr menschliche Geschichte."[2]

Über 1600 Seiten füllt *Ernst Bloch* mit Belegen für die Wirklichkeit des „Prinzips Hoffnung“.

Den älteren von uns dröhnt das Wort „Heil“ noch recht widerwärtig in den Ohren, „Heil“ in Verbindung mit dem Namen eines Mannes, der uns das Unheil in Person zu sein dünkt. Er hat nicht die Hoffnung auf Heil geweckt, er hat sich nur dieser Hoffnung bedient, sie auf sich selbst gelenkt, das Heil mit der eigenen Person verknüpft.

Seit weit mehr als 2000 Jahren werden erwartungsvoll die Worte des Propheten Jeremia wiederholt: „Seht, Tage werden kommen – Wort des Herrn –, da erfülle ich das Heilswort, das ich über das Haus Israel und über das Haus Juda gesprochen habe.“[3]

Das Grußwort der Juden, „Shalom“, entspricht unserem „Heil“. Hunderttausende junger Menschen glauben das Heil zu finden in den Jugendreligionen, die wie Pilze aus feuchtwarmem Boden schießen: „Kinder Gottes“, „Vereinigungskirche e.V.“, „Sea Org der Scientology-Kirche“ und wie sie alle heißen.

Das Prinzip Hoffnung kehrt auch in der Bezeichnung der Moon-Zeitschrift „Die neue Hoffnung“ wieder. In einem Leitartikel des Blattes wird ganz zutreffend auf die Opferbereitschaft der jungen, wertesuchenden Menschen hingewiesen.[4] Wer das Heil entdeckt hat, für den hat das Leben Sinn. Der Dienst am Heil wird zur selbstverständlichen Aufgabe. Er ist bereit, sich in den Dienst am Heil zu stellen. Unwillkürlich stößt jeder nachdenkliche Mensch auf die Sinnfrage. „Ganz schrecklich, daß man sich, egal wo, irgendwo anklammert auf der Suche nach der Sinnquelle" – klagt ein ehemaliger Asta-Vorsitzender.[5]

Auch der *Marxismus verspricht* das *Heil* und fesselt die Menschen, deren Heilsverlangen und religiösen Bedürfnisse er befriedigt. Das soll im folgenden an einer Reihe von Beispielen veranschaulicht werden.

2. Der Kommunist bildet keine Ausnahme

„Ein Gott der keiner war" lautet der bezeichnende Titel eines bekannten Buches, in dem ein halbes Dutzend ehemaliger Kommunisten die Gründe für ihre Hinwendung zum Kommunismus darlegen. Einer davon ist *Arthur Koestler.* Seinen Beitrag beginnt er mit den Worten: „Ein Glaube wird nicht durch sachliche Überlegungen erworben. Wer sich in eine Frau verliebt oder in den Schoß einer Kirche eingeht, tut dies nicht aufgrund logischer Denkvorgänge. Die Vernunft mag einen Glaubensakt begründen – aber erst, nachdem er vollzogen worden ist und der Mensch sich auf ihn verpflichtet hat ... Ich wurde bekehrt, weil ich reif dafür war und weil ich in einer sich auflösenden Gesellschaft lebte, die verweifelt nach einem Glauben verlangte."[6]

Den gleichen Vorgang schildert Ignazio Silone mit den Worten: „Es war eine Art Flucht, ein Notausgang aus unerträglicher Einsamkeit, ein Ruf ‚Land! Land!', die Entdeckung eines neuen Kontinents ... Ich war mir darüber im klaren, daß der Eintritt in die Partei der proletarischen Revolution nicht mit der Beitrittserklärung in eine beliebige andere Partei zu vergleichen war. Für mich war es, wie für viele andere, eine Bekehrung, ein bedingungsloser Einsatz, der eine bestimmte Art zu denken und zu leben in sich schloß ... Im Augenblick des Bruches fühlte ich, wie sehr ich mit allen Fasern meines Seins an Christus gebunden war. Ich gestattete mir aber keinerlei gedankliche Einschränkung. Das kleine Lämpchen vor dem Tabernakel der liebsten Träume wurde von einem eisigen Windhauch ausgelöscht."[7]

Was bei *Ignacio Silone* etwas schwermütig klingt, ist bei *Victor Kravchenko* geradezu ein Aufschrei des Glücks: „Nun hatte das Leben für mich Sinn und Zweck: Angespannte Aufopferung für die neue Sache. Ich war einer der Elite, von der Geschichte dazu auserwählt, mein Volk und die ganze Welt aus der Dunkelheit zum sozialistischen Licht zu führen. Dies tönt anmaßend, das weiß ich, und doch sprachen und fühlten wir so."[8]

Ebenso *Rosa Meyer-Leviné,* als ihr ein Bekannter vorwarf, sie würde sich ganz für die Partei aufopfern: „Aber bedenke auch, was die Partei für mich tut. Sie hebt mich heraus aus einem sinnlosen Dasein und versetzt mich in die Lage, an der Erfüllung einer großen Aufgabe mitzuwirken.[9]

Das Religiöse im eigentlichen Sinne wird von *Nikolai Berdjajew* in den Vordergrund gestellt: „Ich neige zum Glauben, daß es die gleichen Motive waren, die mich zur Revolution und zur Religion hinführten. In dem einen und in dem anderen Fall nahm ich Abstand vom selbstzufriedenen Paktieren mit dieser Welt und wollte aus dieser Welt in eine andere Welt vorstoßen ... Nicht darum bin ich Christ geworden, weil ich aufhörte an den Menschen, an seine schöpferische Freiheit zu glauben, sondern darum, weil ich nach einer tieferen, festeren Begründung eben dieser Lehre gesucht habe."[10]

Ignace Lepp nennt kurz und bündig den Schlüssel zum Verständnis seines Verhaltens: „Ich brauchte einen Glauben."

„Den Marxismus als Angelpunkt seiner Weltanschauung nehmen, bringt ganz sicher nicht nur den Verzicht auf die Freude, die man in der Anarchie findet, sondern fast immer auch den Verzicht auf die geistige Freiheit mit sich. Das ist unbestreitbar das schwerste Opfer, das der Kommunismus von den Intellektuellen verlangt. Aber sie verstehen, daß dieses Opfer unumgänglich notwendig ist, um den Zusammenbruch des Ich zu vermeiden. Ich bedurfte einer langen Vertrautheit mit der Tiefenpsychologie, bevor ich imstande war, meine eigene bedingungslose Zugehörigkeit zum Marxismus zu erklären, dessen philosophische Schwächen aufzudecken mir doch so leicht gefallen wäre. Wie sicher fast alle meine intellektuellen Genossen, brauchte ich einen Glauben, und der Marxismus ersetzte ihn mir."[11]

Für *Douglas Hyde* war vorübergehend *Christentum gleich Kommunismus:*

„Es war genau das, was ich damals brauchte. Es befreite mich aus einer Klemme, klärte meinen Standpunkt und beschleunigte meine Entwicklung zum Kommunismus. Es war das Bindeglied zwischen meiner christlichen Vergangenheit und meiner atheistischen Zukunft ...

Ich zog gegen Kapitalismus und Imperialismus zu Feld und setzte Christentum mit Kommunismus gleich."[12]

Bei *Horst Krüger* geht es nicht sosehr um die persönliche Erfahrung, als vielmehr um eine allgemeingültige Einsicht:

„So scheint der Kommunismus einem Gläubigen eine unerhörte Sinnfülle mitzuteilen. Gegenüber der kapitalistischen Resignation vor der letzten Sinnfrage kann er Sinnstrukturen zeigen, gegenwärtige Situationen im Zusammenhang mit der Vergangenheit deuten, klare Ziele für die Zukunft bieten ... Doch nicht genug damit: Er kann nicht nur die Welt interpretieren, er kann auch der individuellen Existenz eine eigene Sinnmitte erschließen."[13]

„Diesseitsreligion" nennt *Konstantin Pritzel* den Marxismus:

„Auszugehen ist demgegenüber von dem Tatbestand, daß die Hinwendung zum Marxismus, die Anerkennung seiner Dogmatik ... dem Bekenntnis einer Diesseitsreligion entspricht, eine weltanschauliche Grundentscheidung darstellt. Solche Bekenntnisse und Grundentscheidungen aber sind weit weniger das Ergebnis verstandesmäßiger Überlegungen, werden primär nicht aufgrund logischer Denkvorgänge oder theoretisch-wissenschaftlicher Reflexionen getroffen."[14]

Pritzel verweist auf *Hannah Arendts* Standardwerk „Elemente und Ursprünge totaler Herrschaft" und führt aus:

„Im Bemühen, das Wesen unserer Zeit zu definieren, den geistesgeschichtlichen Entwicklungsprozeß in seinen Grundzügen nachzuzeichnen, hat man immer wieder die Feststellung getroffen, daß die Sicherheit vergangener Epochen dahin ist, jahrhundertealte Wertmaßstäbe ihre Gültigkeit verloren haben und der moderne Mensch den überkommenen Glaubens- und Ordnungsvorstellungen vielfach eine Absage erteilt hat. Aber solche Wertmaßstäbe und Ordnungsvorstellungen gaben dem Menschen einst Stütze und Sicherheit, bildeten das Koordinatensystem seines Lebens, ohne das es nunmehr Richtung, Ziel und Sinn zu verlieren droht. So drängt es ihn, das entstandene Vakuum zu füllen, und er schafft sich in der schwer erträglichen Leere neue Götter, neue Religionen. Und hier beginnt die Versuchung durch den Marxismus, der wie kein anderer die Sehnsucht nach einer festen Orientierung, nach einem geschlossenen Weltsystem, nach der Einheit von Denken und Handeln, von Theorie und Praxis zu erfüllen verspricht."[15]

Auch für *Milovan Djilas* ist ein Mensch ohne Glaube ein irreales Wesen:

„Ein Mensch ohne Glauben, ohne Ideen und Ideale ist nur in einer Welt der absoluten Leere vorstellbar – in einer Welt der eigenen Nichtexistenz. Diejenigen jedoch, die behaupten, der Mensch könne ohne Glauben, Ideen und Ideale existieren, offenbaren nur eine weitere Form des Glaubens – ihre eigene."[16]

In *Stefan Heyms* Roman „Collin", der autobiographische Züge aufweist, kommt es zu folgendem Dialog:

„War die Lage denn hoffnungsvoller in Le Vernet?"
„Aber wir waren naiver damals. Die Naivität ist eine große Kraft. Und der Glaube. Im übrigen glaubten wir damals nicht zu glauben. Wir glaubten zu wissen."
„Sie füllte sein Glas. ‚Und heute wissen wir soviel, daß wir nicht mehr glauben können. Das meinen Sie doch?'."[17]

3. Christen als Kommunisten

Die Geschichte des Kommunismus ist ein Stück peripherer Kirchengeschichte. Der historische Rückblick – „Ideen und Gestalten des Kommunismus"[18] – beweist es. Die Mehrzahl der Namen, die dabei zu erwähnen waren, findet sich auch in den Darstellungen der Kirchengeschichte: der Evangelist Lukas mit seinem Bericht über die Christengemeinde in Jerusalem, Augustinus, Basilius, Thomas Münzer, die Wiedertäufer, Thomas Morus, Thomas Campanella, die Jesuitenreduktionen und andere. Von einem Trierer Theologen namens Jacob Marx wurde sogar behauptet, die Jesuiten seien die Erfinder des Kommunismus.[19] Auch die unmittelbaren Vorläufer von Karl Marx waren vom christlichen Glauben motivierte Männer: „Der religiöse Enthusiasmus griff auf die Gründer des Sozialismus Owen, St. Simon und Fourier über. 'Community is happiness, community is heaven', sangen die Anhänger von Owen ... Die ersten Sozialisten glaubten in der Tat an das Kommen des Reichs der Humanität mit derselben religiösen Leidenschaft wie einst christliche und jüdische Sekten an das Kommen des Reiches Gottes."[20]

Wilhelm Weitling, der erste deutsche Kommunist, sah im Kommunismus die „evangelische Botschaft" und die „auf Christi Lehre und der Natur gegründete Überzeugung."[21]

Die gängige Verquickung sozialkritischer empirischer Analysen mit religiösen Betrachtungen und Forderungen veranlaßte schon 1842 den scharfsinnigen Zeitbetrachter Lorenz von Stein zu der Feststellung: „So wird der Sozialismus aus einer bloßen Wissenschaft ... zu einer Religion."[22]

Auch Engels geht es zunächst um das Reich Gottes. Machen wir die Verwirklichung „des Reiches Gottes" zu „unserem Beruf, daß wir ... unser Leben fröhlich einsetzen in den letzten heiligen Krieg, dem das tausendjährige Reich der Freiheit folgen wird."[23]

Engels wird Atheist wie Marx. Aber zertrennen sie mit diesem Schritt ihre *religio,* ihre Bindung an ihr christlich geprägtes Weltbild der Jugend? Manche verneinen das ganz entschieden, so zum Beispiel Arnold Künzli:

> „Alle unsere Untersuchungen führten letztlich immer zu der Erkenntnis, daß Marx in seinen Vorstellungen vom kommunistischen Endzustand ohne Klassen, ohne Staat, ohne Partei, ohne Institutionen, ohne Gewalt, ohne Konflikte von etwas Irrationalem bestimmt wurde, dessen er sich nicht bewußt war, das ihn aber mit der unerbittlichen Gewalt des Numinosen in seinem Bann hielt. Wir haben die These aufgestellt und zu begründen versucht, daß diese irrationale numinose Macht, die Karl Marx' Wesen prägte, das ihm wohl wesentlich von seiner Mutter tradierte und von ihm in der Auflehnung des jüdischen Selbsthasses ins Unterbewußte verdrängte Judentum war, d. h. die *biblische Botschaft,* wie sie vor allem im *Alten Testament* verkündet wird."[24]

Ob Künzlis Annahme im vollen Umfange beweisbar richtig ist, kann hier dahingestellt bleiben. *Dreierlei ist sicher:*

1. Das Christentum ist in seinem innersten Wesen die Religion der Erlösung des Menschen, deren Frucht die Verklärung und Vergöttlichung darstellt. „Und was ist der Kommunismus in seinem tiefsten Wesen? Er ist genau das gleiche Verlangen nach Welterlösung, Welterklärung und Vergöttlichung der Welt ..."[25]

2. Der Marxismus „möchte, in der Gesellschaft wie im Bewußtsein des einzelnen, die Rolle spielen, die vormals den Religionen zukam. Diese Konstitution als

atheistische ‚Kirche' erklärt die kämpferische Gehäßigkeit des Atheismus im kommunistischen Marxismus."[26]

3. Dem von Marx gestalteten atheistischen Kommunismus ist es nicht gelungen, sich vom Christentum abzunabeln. Er ist vielmehr die spiegelbildlich verkehrte Heilsgeschichte, in der das Geschöpf an die Stelle des Schöpfers tritt. Diese Behauptung ist in mehrfacher Hinsicht bedeutungsvoll und soll daher im folgenden näher belegt werden.

4. Die gottlose Religion

„Die Stärke des Kommunismus ist offenbar das in demselben dämonisch enthaltene Ingrediens Religiosität, sogar christliche Religiosität." (Sœren Kierkegaard)[27]

a) Das Gemeinsame in Religion und Marxismus

Man könnte ebenso leicht den gleichen Knochenaufbau eines Affen und eines Menschen leugnen, wie den gleichen Aufbau des Marxismus und des mosaisch-christlichen Weltbildes. Die Parallelen der Äußerlichkeiten sind so frappierend, daß Zufall als Erklärung ausscheidet. Darüber ist man sich heute weitgehend einig.

„Dieses gewaltige Schema, ganz auf Transzendenz gebaut, kann mit lauter irdischem Material gefüllt werden. Die Heerscharen des Endkampfes sind Gesellschaftsklassen, von Funktionären angeführt. Der Akt der Entscheidung ist ein Barrikadenkampf. Das ewige Reich ist eine Produktionsordnung. Aber diese Ereignisse, die sich höchst diesseitig auf den Gassen, in den Werkhallen und in den Parlamenten abspielen werden, sind mit der Hochspannung der Eschatologie geladen. Die Zukunft, die der faktische Sieg des Heils sein wird, ist im Kommen. Freilich muß man ihr aktiv verschworen sein, um an ihrem Sieg teilzuhaben, so wie man früher glauben mußte, um das ewige Leben zu haben."[28]

In der Zeit, in der die Marxsche Ideologie Gestalt annimmt, ist Marx dem religiösen Denken ungewöhnlich stark verhaftet. Die Sprache ist voll religiöser Bilder, Ausdrücke, Strukturelemente:

Allein ein Blick in das Personenverzeichnis der ersten Bände der Marx/Engels-Werke[29] genügt, um die Richtigkeit der Behauptung zu beweisen. Band 2 beginnt mit „Die heilige Familie ..." Das erste Zitat im Text des Vorwortes ist ein Bibelwort: „Der Geist ist es, der da lebendig macht ...[30]

Das erste Kapitel zeigt Marx als Meister in der Travestie von Bibeltexten zur Verhöhnung seiner Gegner.

Die bunt aneinander gereihten Bibeltexte selbst lauten: „Also hat Gott die Welt geliebt, daß er seinen eingeborenen Sohn dahingab, auf daß alle, die an ihn glauben, nicht verlorengehen, sondern das ewige Leben haben."[31] „Das Wort ist Fleisch geworden und hat unter uns gewohnt. Wir sahen seine Herrlichkeit, die Herrlichkeit des eingeborenen Sohnes vom Vater."[32] „Er sah es nicht als Raub an, Gott gleich zu sein. Sondern er entäußerte sich, nahm Knechtsgestalt an, erniedrigte sich, wurde gehorsam bis zum Tod, ja bis zum Tod am Kreuz."[33] Marx tischt sie auf in folgender Gestalt: „Also hat die Kritik die Masse geliebt, daß sie ihren eingeborenen Sohn gesandt hat, auf daß alle, die an ihn glauben, nicht verloren werden, sondern das kritische Leben haben. Die Kritik wird Masse und wohnet unter uns, und wir sehen ihre Herrlichkeit als die Herrlichkeit des eingeborenen Sohnes vom Vater. D. h. die Kritik ... sieht es nicht für einen Raub an, Gott gleich zu sein, sondern entäußert sich selbst und nimmt Buchbindermeister-Gestalt an und erniedrigt sich bis zum Unsinn – ja zum kritischen Unsinn in fremden Sprachen."[34]

Im Text des zweiten Bandes begegnen wir Abraham,[35] Moses,[36] Jeremias,[37] Aaron, Simson, Petrus, Paulus, Johannes und anderen.[38]

Am eindruckvollsten das Inhaltsverzeichnis von Band 3:

608 Inhalt

3. Sankt Bruno contra die Verfasser der „Heiligen Familie“ 91
4. Nachruf an „M. Heß“ 98

III. Sankt Max 101

1. Der Einzige und sein Eigentum 102

Altes Testament: Der Mensch 104

1. Genesis, d. i. Ein Menschenleben 104
2. Ökonomie des Alten Bundes 113
3. Die Alten 119
4. Die Neuen 127

A) Der Geist (Reine Geistergeschichte) 131
B) Die Besessenen (Unreine Geistergeschichte) 136

a) Der Spuk 140
b) Der Sparren 144

C) Unreine unreine Geistergeschichte 146

a) Neger und Mongolen 146
b) Katholizismus und Protestantismus 153

D) Die Hierarchie 156

5. Der in seiner Konstruktion vergnügte „Stirner“ 168
6. Die Freien 176

A) Der politische Liberalismus 176
B) Der Kommunismus 186
C) Der humane Liberalismus 214

Neues Testament: „Ich“ 222

1. Ökonomie des Neuen Bundes 222
2. Phänomenologie des mit sich einigen Egoisten oder die Lehre von der Rechtfertigung 224
3. Offenbarung Johannis des Theologen oder „die Logik der neuen Weisheit“ .. 253
4. Die Eigenheit 282
5. Der Eigner 296

A) Meine Macht 296

I. Das Recht 297

A) Kanonisation im Allgemeinen 297
B) Aneignung durch einfache Antithese 301
C) Aneignung durch zusammengesetzte Antithese 303

II. Das Gesetz 310

III. Das Verbrechen 319

A) Einfache Kanonisation von Verbrechen und Strafe 319

[39]

Auch der *Marxismus selbst,* nicht nur Marxens Sprache, ist ein *Spiegelbild des Offenbarungsglaubens* bis hinein in die Details seiner Verwirklichung. Dem biblischen *Garten Eden entspricht* im Marxismus der *Urzustand,* wie er vor allem von Engels beschrieben worden ist.[40] In ihm sind die vier klassischen kommunistischen Freiheiten schon verwirklicht:

Freiheit von Arbeitsteilung,
Freiheit von Privateigentum,
Freiheit von Entfremdung,
Freiheit von Ausbeutung.

Doch dann kommt der *Sündenfall.* Marx selbst ist es, der die Parallele zwischen Offenbarungsglauben und seiner Lehre zieht. Unter der Überschrift: „Das Geheimnis der ursprünglichen Akkumulation" schreibt er: „Diese ursprüngliche Akkumulation spielt in der politischen Ökonomie ungefähr dieselbe Rolle wie der Sündenfall in der Theologie. Adam biß in den Apfel, und damit kam über das Menschengeschlecht die Sünde . . ."[41]

Der *Sündenfall* ist *Fluch und Segen* zugleich. Im christlichen Glauben ist er deshalb auch ein Segen, weil so die Menschwerdung Gottes eingeleitet wurde. So wird in der Osternachts-Liturgie der kath. Kirche gebetet: „O felix culpa, qui talem ac tantum meruit salvatorem – oh glückliche Schuld, die einen solchen Heiland verdient hat." Nach Marx und Engels führt die Ursünde zur Antithese und schafft somit die Voraussetzung für eine Synthese, das heißt eine Gesellschaftsordnung, die zwar auch von diesen vier Freiheiten gekennzeichnet ist, aber darüber hinaus noch die Freiheit von Not und Furcht bietet, der perfekte Kommunismus.

Doch zunächst muß der *Fluch der Sünde* ausgekostet werden. Auch hier genügt es, Marx selbst zu Wort kommen zu lassen. Er stellt seine Lehre neben die Lehre der Bibel:

„Die Legende vom theologischen Sündenfall erzählt uns allerdings, wie der Mensch dazu verdammt worden sei, sein Brot im Schweiße seines Angesichts zu essen; die Historie vom ökonomischen Sündenfall aber enthüllt uns, wieso es Leute gibt, die das keineswegs nötig haben. Einerlei. So kam es, daß die ersten Reichtum akkumulierten und die letztren schließlich nichts zu verkaufen hatten als ihre eigene Haut. Und von diesem Sündenfall datiert die Armut der großen Masse, die immer noch, aller Arbeit zum Trotz, nichts zu verkaufen hat als sich selbst, und der Reichtum der wenigen, der fortwährend wächst, obgleich sie längst aufgehört haben zu arbeiten."[42]

Das *Jammertal* hat ein *Ende.* Hier wie dort wird ein Erlöser geboren.

Ob die Marxsche Lehre insofern mehr auf dem Hintergrund des auserwählten Volkes der Juden oder des Heilandes Jesus Christus zu sehen ist, ist strittig.[43] Eine eindeutige Klärung der Streitfrage erscheint nicht möglich, spielt auch für unsere Untersuchung keine große Rolle. Dem Kollektiv „Proletariat" entspricht besser das Volk der Juden. Denen, die nur das jüdische Volk gelten lassen wollen, ist aber entgegenzuhalten, daß Marx in der Schule primär mit den Aussagen des Neuen Testaments vertraut gemacht worden ist,[44] er am Gymnasium das Wahlfach Hebräisch nicht genommen hat und er, wie oben gezeigt, Apostel und Evangelisten häufig erwähnt, zitiert und parodiert.[45]

Auch die *Beschreibung des Proletariats durch Marx paßt* recht genau *auf* den Mann der Schmerzen, *Jesus.*

Das Proletariat ist entfremdet wie Jesus in seiner höchsten Not, wenn er zum Vater, mit dem er wesenseins ist ruft: „Mein Gott, mein Gott, warum hast Du mich verlassen."[46] Das Proletariat ist *frei von der Hauptsünde der Ausbeutung,* Christus ist das unschuldige Opferlamm. Es nimmt hinweg alle Sünde, wie das Proletariat aller Ungerechtigkeit ein Ende bereitet. Obwohl sie beide *ohne Sünde* sind, werden sie in ganz besonderer Weise das *Opfer der Sünde,* das Proletariat als bis zur physischen Vernichtung ausgebeutete Masse, Jesus verleumdet, gegeißelt, mit Dornen gekrönt ans Kreuz geschlagen.

Obwohl *geschmäht und geschändet* sind beide, Jesus wie das Proletariat, von einem besonderen *Adel* verklärt.

> „Die Intelligenzler vergöttern das Proletariat, und zwar um so enthusiastischer, je weniger sie es kennen. Das Wort Proletariat hat im Munde des sozialistischen, besonders des marxistischen Intellektuellen von heute einen ähnlichen gerührt-vibrierenden Klang wie der Name des Heilands beim gläubigen Urchristen oder das ‚Volk' beim demokratischen 48er. Denn für ihn ist das Proletariat der Erlöser, die Macht, der Wille, der das Sehnen nach einem besseren ‚sozialen Jenseits' erfüllen soll. Es ist keine Wirklichkeit, sondern ein Begriff."[47]

„Rauchen, trinken, essen, etc. sind nicht mehr da als Mittel der Verbindung oder als verbindende Mittel. Die Gesellschaft, der Verein, die Unterhaltung, die wieder die Gesellschaft zum Zwecke hat, reicht ihnen hin, die Brüderlichkeit der Menschen ist keine Phrase, sondern Wahrheit bei ihnen, und der Adel der Menschheit leuchtet uns aus den von der Arbeit verhärteten Gestalten entgegen."[48]
Jesus ist der Christus, das heißt der Gesalbte Gottes.

Nur durch die äußerste, alles Leid auslotende Erniedrigung, erfüllen beide ihre Mission, bewirken die

Heilung der Welt. Marx spricht das Proletariat als die „Klasse mit *radikalen* Ketten" an, an der „das *Unrecht schlechthin*" verübt wird.[49]

Der Erlöser stiftet seine *Kirche,* das (Erlöser-)Proletariat schafft seine *kirchenähnlich strukturierte Partei.* Das Glaubensgut wurde vornehmlich von den vier Evangelisten aufgezeichnet: Matthäus, Markus, Lukas und Johannes. „Ein steinerner Fries über dem Institut für die Geschichte der Kommunistischen Partei in Tiflis enthält die Reliefs der ‚großen Vier' – Marx, Engels, Lenin und Stalin."[50] Nachdem der „vierte Evangelist"[51] als Folge der Profilierungssucht seines Nachfolgers, Chruschtschows, zur Unperson geworden war, werden in das Stalinbild wieder mehr positive Züge hineinretuschiert.

„Das *Kapital*" wurde schon zu Lebzeiten von Marx *„Bibel der Arbeiterklasse"*,[52] getauft, *Marx* selbst *„Papst der kommunistischen Lehre"*[53] genannt.

„Papst" und „Bibel" legen den *Unfehlbarkeitsanspruch* nahe. Marx selbst spricht schon vom „Kommunistenstolz der Unfehlbarkeit."[54] Daran hat sich bis heute nichts geändert. Das Lied von der Partei beweist es: „Die Partei, die Partei, die hat immer recht."[55]

Aus der angemaßten Unfehlbarkeit folgt die *Exkommunikation* aller Ungehorsamen, Unzuverlässigen. In periodischen Säuberungen werden jene aus der Partei ausgeschlossen, die sich gegen das kommunistische „Glaubensbekenntnis" – so schon wörtlich Engels[56] –

vergehen. Marx drohte Bakunin: „Er soll sich in acht nehmen. Sonst wird er offiziell exkommuniziert“[57] – nicht von der Kirche, sondern von Marx. Vertreten Andersdenkende auch nur eine in Details abweichende Ansicht, werden sie als *Dogmatiker* und *Sektierer*, als *Revisionisten* und *Opportunisten*, als *Trotzkisten* und *Titoisten* beschimpft und verfolgt. Das erste Opfer war Bakunin, der Großinquisitor Marx.[58] Erinnerungen an die dunkelsten Zeiten der Kirche werden wachgerufen.

Die Lektüre von Schriften der Häretiker, Schismatiker u. a. Gegner ist Gift, das den Unmündigen vorenthalten werden muß:

> „Wie oft konnte ich in der Deutschen Bibliothek in Leipzig beobachten, wie oft erfuhr ich an mir selbst, daß den Studenten Bücherwünsche abgeschlagen wurden, unter dem Hinweis, die angeforderten Bücher seien „sekretiert“, wie der Fachausdruck für Bücher heißt, welche auf dem *Index* stehen. Der Umfang der sekretierten Literatur war so gewaltig, daß das Philosophiestudium praktisch unmöglich war: Sartre, Adorno, C. G. Jung, Jaspers, Gehlen, Heidegger, Scheler und Rothacker – alle waren verboten. Von Autoren wie Trotzki und Bucharin, Korsch und Ruth Fischer, Léon Blum und Paul Sering, Orwell und Huxley, Koestler und Samjatin waren sogar die Karteikarten in den Katalogsäulen entfernt, weil die Zensurbehörden auch die bloßen Titel noch fürchteten.“[59]

Heiligenverehrung und *Sakramente* dürfen nicht fehlen. „Sie schufen ihre Märtyrer und Heiligen in Gestalt von Revolutionären, die im Kampf gegen die alten Gewalten gestorben waren, oder wie Aleksej Stachanow, Adolf Hennecke und Frieda Hockauf frühkapitalistische Ausbeutermethoden in sozialistische Leistungsnormen umfunktionieren durften.“[60] Marx gebraucht mehrmals das Wort *Märtyrer* für die Gefallenen der neuen Bewegung:

„Das Paris der Arbeiter, mit seiner Kommune, wird ewig gefeiert werden als der ruhmvolle Vorbote einer neuen Gesellschaft. Seine Märtyrer sind eingeschreint in dem großen Herzen der Arbeiterklasse. Seine Vertilger hat die Geschichte schon jetzt an jenen Schandpfahl genagelt, von dem sie zu erlösen alle Gebete ihrer Pfaffen ohnmächtig sind."[61]

Die *sozialistischen „Sakramente"* lauten: „Sozialistische Namensgebung" oder „Kinderweihe", „sozialistische Jugendweihe", „sozialistische Eheschließung" oder „Eheweihe", „sozialistische Beerdigung" oder „Grabweihe".[62]

Im „realen Sozialismus" tritt an die Stelle der *Beichte* die *Selbstkritik,* ein *öffentliches* Sündenbekenntnis.

Auch dafür aus der Fülle ein Beispiel: „Wer unter den Studenten eines außerehelichen Kusses überführt wurde, mußte sich vor der Parteiversammlung verantworten. Wenn die Parteisekretäre Wind davon bekamen, daß die intimen Beziehungen zweier Genossen Folgen gehabt hatten, wurde ein Massenmeeting einberufen, auf dem die also Ertappten ein Schuldbekenntnis ablegen und versprechen mußten, ihren Sündenfall nachträglich durch sozialistische Eheschließung zu legalisieren."[63]

Wer im Alleinbesitz der Wahrheit ist, hat die eminente moralische Pflicht, in alle Welt zu gehen und alle Menschen zu unterweisen. „Der Kommunismus ist die letzte universalistische Kirche, welche sich uneingeschränkt zu ihrer Berufung bekennt, die Wahrheit für alle zu besitzen und damit zur Pflicht der *Weltmission,* durch welche sie allen gebracht werden kann."[64]

Den Abschluß der Vorgeschichte der Menschheit bildet nach der Bibel das *Jüngste Gericht,* nach Marx die *kommunistische Revolution,* jeweils ein furchterregendes, für viele schmerzliches Ereignis. Wieder ist es

Marx selbst, der auf die Parallelen hinweist: „Der Traum vom nah bevorstehenden Untergang der Welt feuerte die primitiven Christen an in ihrem Kampf gegen das römische Weltreich und gab ihnen Siegesgewißheit. Die wissenschaftliche Einsicht in die unvermeidbare und stetig unter unseren Augen vorgehende Zersetzung der herrschenden Gesellschaftsordnung ... reicht hin als Bürgschaft, daß mit dem Moment des Ausbruchs einer wirklich proletarischen Revolution auch die Bedingungen ihres ... Modus operandi gegeben sein werden."[65]

> „Auch die biblische Revolution will die Wiederherstellung der Würde und Identität des durch das ‚Kapital' sich selbst entfremdeten Menschen: ‚Ich will den Erdboden heimsuchen ... und die Hoffart der Gewaltigen demütigen, daß ein Mann teurer sein soll denn reines Gold und ein Mensch werter denn Goldstücke aus Ophir.' Was bei Marx heißt: ‚Die Stunde des kapitalistischen Privateigentums schlägt. Die Expropriateurs werden expropriiert.' Und wenn Marx von einer radikalen Revolution träumt, die nicht einmal die ‚Pfeiler des Hauses' stehn lassen würde, dann wiederholte er nur, was zweieinhalbtausend Jahre zuvor der Prophet Hesekiel geweissagt hatte, daß nämlich der Tag des Herrn, der nahe sei, ‚ein finsterer Tag' sein werde, an dem Ägyptens ‚Grundfesten umgerissen werden'."[66]

Das Jüngste Gericht und die proletarische Revolution läuten die glückliche Endzeit ein. Marx: „Mit dieser Gesellschaftsformation schließt daher die Vorgeschichte der menschlichen Gesellschaft ab."[67] Doch nur dem im Feuer Geläuterten wird Zutritt gewährt. Der perfekte Kommunismus ist nur über den *rohen Kommunismus,* eine Art *Gerichtsfeuer,*[68] zu erreichen:

> „Die unendliche Degradation im rohen Kommunismus wird von Marx als eine kurze Stufe des Fegfeuers auf dem Wege vom entfremdeten Menschen zu seiner nachgeschichtlichen Zukunft im endgültigen Kommunismus geschildert."[69]

Marx selbst: „Dieser Kommunismus – indem er die *Persönlichkeit* des Menschen überall negiert – ist eben nur der konsequente Ausdruck des Privateigentums, welches diese Negation ist. Der allgemeine und als Macht sich konstituierende *Neid* ist die versteckte Form, in welcher die *Habsucht* sich herstellt und nur auf eine *andre* Weise sich befriedigt ... Der rohe Kommunist ist nur die Vollendung dieses Neides und dieser Nivellierung von dem *vorgestellten* Minimum aus.“[70]

Marx versteht es, das Schreckliche in düstersten Farben, das Positive im schattenlos strahlenden Licht darzustellen. Roher Kommunismus und perfekter Kommunismus kontrastieren wie Hölle und *Himmel:*

„Der *Kommunismus* als *positive* Aufhebung des *Privateigentums* als *menschlicher Selbstentfremdung* und darum als wirkliche *Aneignung* des *menschlichen* Wesens durch und für den Menschen; darum als vollständige, bewußt und innerhalb des ganzen Reichtums der bisherigen Entwicklung gewordne Rückkehr des Menschen für sich als eines *gesellschaftlichen,* d. h. menschlichen Menschen. Dieser Kommunismus ist als vollendeter Naturalismus = Humanismus, als vollendeter Humanismus = Naturalismus, er ist die *wahrhafte* Auflösung des Widerstreites zwischen dem Menschen mit der Natur und mit dem Menschen, die wahre Auflösung des Streits zwischen Existenz und Wesen, zwischen Vergegenständlichung und Selbstbestätigung, zwischen Freiheit und Notwendigkeit, zwischen Individuum und Gattung. Er ist das aufgelöste Rätsel der Geschichte und weiß sich als diese Lösung.“[71]

An anderer Stelle sagt es Marx anschaulicher: „... in der kommunistischen Gesellschaft, wo Jeder nicht einen ausschließlichen Kreis der Tätigkeit hat, sondern sich in jedem beliebigen Zweig ausbilden kann, die Gesellschaft die allgemeine Produktion regelt und mir eben dadurch möglich macht, heute dies, morgen jenes zu tun, morgens zu jagen, nachmittags zu fischen, abends Viehzucht zu treiben, nach dem Essen zu kritisieren, wie ich gerade Lust habe, ohne je Jäger, Fischer, Hirt oder Kritiker zu werden“,[72] ist alle Entfremdung überwunden.

Das ist das biblische Land der Verheißung, „in dem Milch und Honig fließen“, und wohin der Herr sein

Volk führt. „Die Lösung aller Welträtsel" als greifbar nahe und zugleich endlose Ewigkeit. Eine Endzeitlehre, die den Himmel auf Erden verheißt, den neuen Himmel und die neue Erde in eins verschmelzen läßt.

b) Unterschiede zwischen Religion und Marxismus

Wer als Marxist sich das alles vergegenwärtigt und ehrlich zu sich selbst ist, muß, bleibt er dem Marxismus treu, dem religiösen Weltbild seine Reverenz erweisen. Denn alles Wesentliche war schon vorausgeschaut und vorausgesagt. Der *Marxismus* erscheint als *bloße Nacherzählung,* Übertragung in Prosa, Säkularisierung des Transzendenten. Aber es gibt andererseits fundamentale *Unterschiede:*

Im biblischen Bericht des Heilsplanes ist der *Mensch* ein *Geschöpf Gottes,* des ewigen, allmächtigen Geistes. Der Mensch verdankt ihm sein Dasein. In seiner Allmacht läßt er den Menschen teilhaben an seinem unendlichen Leben. Im Marxschen Materialismus hingegen ist der Mensch sein eigener Schöpfer, ein *„Selbsterzeuger".*

Marx: „Indem aber für den sozialistischen Menschen die *ganze sogenannte* Weltgeschichte nichts andres ist als die Erzeugung des Menschen durch die menschliche Arbeit, als das Werden der Natur für den Menschen, so hat er also den anschaulichen, unwiderstehlichen Beweis von seiner Geburt durch sich selbst, von seinem *Entstehungsprozeß.*" Mit dieser Überlegung ist für Marx die „Frage nach einem Wesen über der Natur und dem Menschen ... praktisch unmöglich geworden."[73]

Im Marxschen Materialismus geht alle *Geistigkeit aus* der *geistlosen Materie* hervor. Wenn die geistlose Materie der Anfang und das Ende ist, dann ist der

Mensch ein sinnloses Produkt des Zufalls. Nichts hat dann einen tieferen Sinn. Der Tod macht dem *Unsinn der menschlichen Existenz,* dem persönlichen Leiden und Sorgen ein Ende. Der Unsinn der Materie, aus der er gebildet war, dauert aber fort. Die unsinnige Materie entwickelt aus sich selbst heraus Sinne, die über die Unsinnigkeit der Materie in allen ihren Entwicklungsstufen nachsinnen. Diese Konsequenzen hat Marx nicht aufgezeigt; aber wer könnte sie bestreiten?

Christus opfert sich *freiwillig:* „Nicht mein Wille geschehe, sondern der Deine!"[74] Das Proletariat *muß* den bitteren Kelch bis zur Neige trinken, ob es will oder nicht. Seine Befreiungstat ist kein Verdienst, sondern unausweichliche Fügung.

Die Lehre Christi, wie sie uns von den Evangelisten übermittelt wird, zielt ab auf die *Wandlung des inneren Menschen.* Von dort soll der neue Anfang kommen: „Denket um",[75] „liebet eure Feinde, tuet Gutes denen, die euch hassen . . ."[76] Christus verrichtet Sklavendienste an seinen Jüngern. Er wäscht ihnen die Füße und sagt: „Ein Beispiel habe ich euch gegeben, damit ihr tut, wie ich euch getan."[77]

Marx erwartet das Heil von der radikalen Veränderung der *Produktionsweise.* Jedes Mittel ist recht, um zu diesem Erfolg zu gelangen. Wer jedoch von charitativer Liebe schwärmt, wird von Marx und Engels „exkommuniziert".[78]

Auch *Kirche* und *Partei* weisen einen fundamentalen Unterschied auf. Daß dem Papst – wie Stalin höhnisch bemerkte – keine Divisionen zur Verfügung stehen, ist ohne große Bedeutung. Bedeutsamer ist: Seit Verkündung des Dogmas der päpstlichen Unfehlbarkeit im Jahre 1870 hat der Papst nur ein einziges Mal eine Lehrentscheidung mit Anspruch auf Unfehlbarkeit verkündet (assumtio Mariae). Die Partei hat nicht nur immer recht, sie verlangt auch absolute Unterwerfung. In den christlichen Kirchen, auch der katholischen, gilt der Primat des Gewissens. Das Gewissen ist für jeden Christen die oberste Instanz.[79] Seine Stimme ist verbindlicher als die Stimme des Papstes.

c) Marxismus – Quittung für Heuchelei?

Den *Wettlauf zwischen Religion und Afterreligion* um die Seele des Menschen gewinnt häufig der Marxismus.

Welches sind die Gründe? Einer unter vielen ist sicherlich die *Unkenntnis* oder unzulängliche Kenntnis der *Religionen.* Ein weiterer Grund ist die *Unkenntnis* des *Marxismus.* Ein dritter: Der *Marxismus* gibt sich aus als *Wissenschaft,* die Religionen gestehen zumindest heute ein, daß vieles nur im Glauben erfaßt und bejaht werden kann, sprechen vom Wagnis des Glaubens. Ist Wissen nicht mehr als Glaube, Marxismus also mehr als Religion?

Den wohl wichtigsten Grund hat *Berdjajew* in harte Worte gefaßt: „Für den Christen sollte der Kommunismus aber eine ganz besondere Bedeutung haben: Er ist die Entlarvung des christlichen Versagens und eine

Mahnung an die unterlassene Pflicht und die unerfüllte Aufgabe des Christentums. Die christliche Wahrheit ist in der Fülle des Lebens nicht verwirklicht worden."[80]

Gerhard *Zwerenz:* „Man kann doch nicht zwei Jahrtausende hindurch christlich reden und heidnisch handeln. Der Mensch wäre kein denkendes Wesen, riefe das nicht eine Sturmflut hervor. Heißt das Gesetz dieser Welt wirklich Heuchelei, so heißt Kommunismus die Quittung dafür."[81]

Das Christentum hatte 2000 Jahre Zeit, seine Heilsbotschaft lebendig werden zu lassen. Doch was sehen wir? Nach wie vor Ungerechtigkeit, Not, Mord, Krieg. Selbst dort, wo das Christentum festen Fuß fassen konnte, sind die alten Mißstände geblieben. Die Schaffung des neuen Menschen ist nicht geglückt.

Die Anschuldigung als solche läßt sich kaum entkräften. Die Frage, die sich stellt, aber hier nicht näher zu untersuchen ist, lautet: Ist das Christentum wirklich mit dem Anspruch angetreten, die Erbmasse zu verändern? Ist nicht jeder einzelne aufgefordert, den alten Menschen zu überwinden, Mißgunst und Egoismus abzubauen?

Ist der Aufruf Christi: „Denket um!",[82] nicht ein Aufruf an *alle* Menschen *aller* Zeiten, eine Aufgabe, die nicht einer für alle erfüllen kann? Jeder ist gefordert, und zwar täglich aufs neue. Wäre das Umdenken ein einmal zu fassender Entschluß, würde die Aufforderung „nach erfolgter Durchführung" unsinnig. *Nur weil wir immer wieder in die alten Sünden zurückfallen, bleibt die Mahnung stets aktuell.* „Denket um!" meint nicht eine ständige Kursänderung, sondern eine ständige Kurskorrektur, um auf dem „Weg" – Christus – zu bleiben. Jeder kann täglich vom Weg abkommen, viele kommen ab. Jeder muß den Weg von vorne beginnen. Kann es bei diesen Gegebenheiten überhaupt *den* großen Fortschritt zum ungefährdeten Guten geben?

VIII. Marxist aus Antifaschismus[1]

1. Der faschistische Schock

„Und damals, in Stalingrad, als er die mit Feldspaten im vereisten Boden ausgehobenen Schützengräben mit Stacheldraht sicherte, wußte er, daß er das tat, um jenes Faschistenpack, das seine Heimat versklaven wollte, nicht über die Wolga zu lassen. Und als ihm dies dank der Hilfe seines Pionier-Regiments ... und unter dem Oberbefehl des Genossen Stalin gelungen war, da war er in die Kommunistische Partei eingetreten. Er glaubte an sie und wollte ein guter Kommunist werden, obwohl er den einzigen Kommunisten in seinem Zug, der auf höheren Befehl stets geschont werden mußte und zu keinerlei riskanten Aufgaben herangezogen werden durfte, nicht ausstehen konnte."[2]

In der Eiswüste Stalingrads, in Todesgefahr, von Tausenden toter Kameraden und Feinde umgeben, wurde *Victor Nekrassow* Kommunist – aus Haß auf das „Faschistenpack". Unzählige Deutsche, Österreicher, Italiener, Franzosen und andere fanden meist unter ganz anderen Umständen, jedoch aus dem gleichen Motiv, den Weg zum Kommunismus.

In der Einleitung zu dem bekannten Buch „Ein Gott der keiner war" nennt *Richard Crossman* das einzige Bindeglied der darin autobiographisch skizzierten Persönlichkeiten, „daß sie alle – nach qualvollen Gewissenskämpfen – den Kommunismus erwählten, weil sie den Glauben an die Demokratie verloren hatten und bereit waren, ‚bourgeoise Freiheiten' hinzuopfern, um den Faschismus zu bekämpfen."[3]

Auch *Horst Krüger,* der Herausgeber einer gleichartigen Zusammenstellung, teilt diese Ansicht: „Einerlei, ob die älteren Vertreter unseres Buches noch in den dreißiger Jahren zur Bekämpfung des Faschismus sich auf die kommunistische Seite schlugen, oder ob die Jüngeren, aus dem Inferno des Zweiten Weltkrieges kommend, nur noch seine europäische Trümmerlandschaft erlebten – in beiden Fällen trieb der faschistische Schock dem Kommunismus Menschen in die Arme, die in solcher Entschlossenheit und Radikalität sich sonst kaum ihm zugesellt hätten. Von diesem Schock hat der Kommunismus lange profitiert, ja noch heute sucht er von ihm zu profitieren, wenn er seinen Gläubigen predigt, es gäbe in der Politik im Grunde überhaupt nur die Wahl zwischen Kommunismus und Faschismus."[4]

Das schrieb Krüger im Jahre 1963. „Noch heute" heißt es im letzten Satz. Sein Heute ist unser Heute! Nicht nur Scheuklappen tragende Funktionäre, sondern manche wackere Zeitgenossen mit unbequemem eigenem Urteil glauben, es gäbe nur die Wahl zwischen Kommunismus und *Antikommunismus,* wobei letzterer die *Stigmata des Faschismus* trage: „Aber so verschieden der Faschismus von der bürgerlichen parlamentarischen Demokratie auch ist, sie sind doch beide nur zwei Varianten der Herrschaftsform ein und derselben Klasse."[5]

Lassen wir drei Männer zu Worte kommen, die den Antifaschismus ausdrücklich als ihr Kommunismusmotiv ausgeben.

Leo Bauer: „Zwei Gründe waren es, die mich reif für die Propaganda der Kommunisten machten – ihr scheinbar konsequenter Kampf gegen die Nazis und ihr begeistertes Eintreten für die soziale Revolution. Der Glaube an die bürgerliche Demokratie war verlorengegangen.“[6]

Hans Werner Richter: „Warum trat ich der Kommunistischen Partei bei? ... Zwei Erscheinungen waren dafür entscheidend ..., und es war zum anderen der ständige, für uns aber doch überraschende Vormarsch der Nationalsozialisten, mit dem wir in dem Glauben, den Gang der Geschichte für uns zu haben, nicht gerechnet hatten ...“[7]

Ralph Giordano: „Mein Eintritt in die Kommunistische Partei Deutschlands im Juli 1946 war bei dem damaligen Stand meiner politischen Erkenntnisse das selbstverständliche Resultat aller Erfahrungen mit der Gesellschaft, in der ich groß geworden war. Als Sohn einer jüdischen Mutter am 4. Mai 1945 aus dem Inferno der Illegalität hervorkriechend erschien der Hauptfeind des Faschismus, die Kommunistische Partei, als meine natürliche politische Heimat. Die Welt, die diese Schrecken ermöglichte und duldete, hatte jede Zukunft, die politische Rechte überhaupt jede Existenzberechtigung verloren.“[8]

Noch eine Reihe anderer könnte hier angeführt werden, so *Alfred Kantorowicz,* der sich in ganz demselben Sinne geäußert hat.[9]

Verlockt Antifaschismus noch heute zum Eintritt in die Kommunistische Partei? Soweit ersichtlich, gibt es dafür keine literarischen Belege. Aber plausibel wäre es, diesen Schritt zu tun, vorausgesetzt man schenkt der ständigen kommunistischen Propaganda Glauben, daß Nazismus und Militarismus im Westen wieder fröhliche Urständ feiern unter Duldung, ja Förderung durch die herrschenden Schichten.[10]

Ein Beispiel hierfür Radio DDR: „Männliche Stimme: Ich bin der Meinung, hier müßte eine Art Polizeistaat aufgebaut werden, damit man die ganzen Verbrecher, vor allem die Radikalen, ausrottet.

Zweite männliche Stimme: Man könnte sie in Straflager oder so etwas bringen; bleibt sich gleich, wie man das nennt. Dann arbeiten sie da ein Vierteljahr, kriegen nichts zu fressen und kratzen dann ab. Es bleibt sich doch vollkommen gleich, ob man sie vergast, aufhängt oder so.

Widerspruch einer weiblichen Stimme: Wenn man die ganzen Verbrecher in die Gefängnisse oder so bringt, dann müssen sie doch verpflegt werden.

Widerspruch einer männlichen Stimme: Ja, was denn? Dann arbeiten sie solange bis sie umkippen, und dann kommen sie weg in die Grube.

Wie gesagt, meine Hörer, das, was ich hier wortwörtlich zitiert habe, wurde nicht zu Nazizeiten, sondern jetzt, 1979, ausgesprochen. Es waren junge Westberliner Leute von heute. Es läuft einem eiskalt den Rücken herunter.

Nun haben die SFB-Mannen erklärt, dies sei nicht repräsentativ für die dortige Jugend. Das ist gewiß richtig; nur es sind, wie alle Tatsachen beweisen, inzwischen Tausende, und die Zahl wächst, und darauf kommen die jungen Leute ja nicht von allein, von sich aus. Für so etwas muß es einen gesellschaftlichen Nährboden geben, und den gibt es in der Tat in Gestalt der Hitler-Welle, in Gestalt des Nazismus und Revanchismus und nicht zuletzt in Gestalt des schlimmen Antikommunismus.

Gerade dafür spricht die Tatsache, daß z. B. fast immer, wenn dort an den Schulen Naziparolen verbreitet wurden, gleichzeitig auch die Kommunisten verunglimpft wurden. Fast immer stand bei den Schmierereien neben den Worten Judensau auch das Wort Kommunistensau, fanden sich neben Hakenkreuzen Losungen wie Rot-Front verrecke.

Hieran wird zweierlei erkennbar, einmal daß Neofaschismus und Antikommunismus immer nur zwei Seiten ein und derselben Medaille sind, und zum anderen, wie politisch verantwortungslos es gegenüber der Jugend ist, sie in solchem Geist aufwachsen zu lassen."[11]

Typisch kommunistisch, wenngleich von vielen anderen nachgebetet, ist auch die Behauptung, daß der Faschismus „eine Spätphase in der gesetzmäßig verlaufenden Entwicklung der kapitalistischen Gesellschaft [ist], ein letztes Aufbäumen der Bourgeoisie, die ihre Zuflucht zur offenen Gewalt nimmt, wenn ihre Herrschaft über die Arbeiterklasse nicht mehr aufrechterhalten werden kann mit den Verschleierungsmethoden des Parlamentarismus. Wer den *Faschismus* bekämpfen will, tut es somit am erfolgreichsten, indem er seine Wurzel, den *Kapitalismus,* ausrottet; und da Kommunisten die entschiedensten Gegner des Kapitalismus sind, müssen sie auch die wirksamsten Feinde des Faschismus sein. Von diesem Standpunkt aus ist der Weg nicht mehr weit zur völligen Gleichsetzung: *Geborene Antifaschisten* sind *eigentlich nur* die *Kommunisten,* antifaschistischer Kampf ist Kampf für den Kommunismus, wer sich zum Kampf gegen den (Neo-)Faschismus verbündet, muß dem Kommunismus zur Macht verhelfen."[12]

Doch wer schenkt diesen „Fakten" und Theorien Glauben, wenn er den Kommunisten nicht ohnehin nahesteht? Also dürfte der Antifaschismus in der Regel die Bindung an den Kommunismus nur verstärken, aber nicht auslösen.

2. Hitler oder Stalin, Brutalität oder Humanität

Ganz anders war die Situation in den zwanziger und dreißiger Jahren, als der Faschismus fast überall in Europa Wurzeln schlug und kräftig an Boden gewann.

Die parlamentarischen Demokratien schienen zu wenig selbstbewußt, zu degeneriert, um dieses Unkraut mit Stumpf und Stiel auszurotten. Vorwiegend Kommunisten riskierten ihr Leben im Kampf gegen die Schwarz- und Braunhemden;[13] nur die Sowjetunion blieb von dieser Pest verschont. Gab es unter diesen Umständen eine andere Wahl als Stalin,[14] dem sich die meisten kommunistischen Parteien vorbehaltlos unterworfen hatten?

Stalin, der Repräsentant jenes Staates, der innerhalb kürzester Zeit die Industrialisierung durchgeführt und den Analphabetismus überwunden hatte, Stalin der – und das war noch wichtiger – jenem Staat und jener Partei vorstand, die Lenin als Marx' Testamentsvollstrecker gegründet hatte. Hitler hingegen, ein Kapitalistenknecht, ein Agent des Imperialismus, ein Feind des jüdischen Volkes, aus dem so große Gestalten wie Marx und Rosa Luxemburg hervorgegangen sind.

Hier Reaktion – dort Fortschritt, hier Nationalismus – dort Internationalismus, hier geistlose Emotion – dort der wissenschaftliche Sozialismus, hier „veterinärphilosophische" Stümpereien, dort ein geschlossenes Weltbild, hier Kampf und Krieg – dort Friede und Freiheit, hier eine neue Dynastie – dort die Gleichheit im Visier, hier das Brutale – dort das Humane.[15] So standen die meisten Literaten der damaligen Zeit links, paktierten mit Kommunisten oder traten gar in die Partei ein.

Auch heute noch wird sogar von *Nichtkommunisten* die Ansicht vertreten, Stalin habe trotz der Abscheulichkeiten seiner Verbrechen das Humane in seinem Herrschaftsbereich nicht ausgetilgt:

> „Dennoch ist trotz jahrzehntelanger Unterdrückung der humane Geist von Lenin und seiner Generation nicht restlos erstickt. Auch in Stalins Zeiten hatte das totalitäre Regime einen *anderen* Charakter als das des Nazismus, eben weil jenes auf einer wenn auch dogmatisch verengten Idee beruhte, dieses dagegen ein Verbrecherstaat ohne jede Moral und jedes Recht war."[16]

Doch war und ist diese Sicht richtig? Gab und gibt es nur die Wahl zwischen Faschismus und Kommunismus – oder sind, wie andere behaupten, Faschismus und Kommunismus in den entscheidenden Punkten wesensgleich?

3. Artverwandt?

Schon 1931 wurden Faschismus und Bolschewismus in einem Atemzug genannt und als wesensverwandt bezeichnet, mit dem zutreffenden Zusatz, daß die Wirklichkeit in der Sowjetunion totalitärer sei als im Italien Mussolinis, wo das Wort Totalitarismus entstanden ist.[17]

Die erste wissenschaftlich systematische Untersuchung der real existierenden modernen Diktaturen, die gemeinhin als totalitär angesprochen wurden, stammt von *C. J. Friedrich* aus dem Jahre 1952. Seine Definition lautet: „Die entscheidenden Wesenszüge, von denen wir behaupten, daß sie allen totalitären Diktaturen gemeinsam sind und ihre Gestalt ausmachen, sind die sechs folgenden: eine Ideologie, eine Partei, eine terroristische Geheimpolizei, ein Nachrichtenmonopol, ein Waffenmonopol und eine zentral gelenkte Wirtschaft."[18] Und Friedrich konnte hinzufügen: „Die Betonung dieser sechs Wesenszüge soll nicht bedeuten, daß es nicht auch noch andere geben mag, die gegenwärtig nicht hinreichend erkannt sind. Aber diese Eigenschaften sind heute ganz allgemein als Wesenszüge der totalitären Diktatur anerkannt, und zwar nicht nur von Schriftstellern des Westens, sondern ebensosehr von den Totalitären selber."[19]

Friedrich ist bis heute nicht widerlegt. Aber es hat den Anschein, als habe er über den Gemeinsamkeiten die noch wichtigeren Unterschiede unterschlagen. Denn Mitte der sechziger Jahre wurde herbe Kritik laut:

„... gegenwärtig wird sie (Friedrichs Totalitarismusdefinition) – mindestens von der jüngeren Generation von Sozialwissenschaftlern und Historikern – kaum noch ernstgenommen. In der Propaganda der politischen Parteien – vor allem der Rechten – und den Medien der veröffentlichten Meinung spielt sie zwar noch eine beachtliche Rolle, doch ist auch hier bei den Organen, die sich eine gewisse geistige Offenheit bewahrt haben, eine deutliche Abkehr festzustellen.

Die lange Vorherrschaft der Totalitarismustheorie und der dann folgende rasche Niedergang legen die Vermutung nahe, daß es sich hier nicht um einen rein wissenschaftlich-theoretischen Prozeß handelt, sondern um einen Vorgang, der im Zusammenhang steht mit der allgemeinen politischen Entwicklung der BRD und der also nur von hier aus adäquat zu begreifen ist."[20]

Die Kritik am Totalitarismusbegriff, der Faschismus und Bolschewismus überwölbt, wird nachprüfbar präzise in folgenden Sätzen: „Es stellt sich die Frage, wie die identifizierende Totalitarismustheorie überhaupt zu ihren Thesen gelangen konnte. Methodisch gesehen beruht ihr Trick darauf, die Form für das Wesen der Sache auszugeben und den Inhalt zu verschweigen: Man weist auf Gemeinsamkeiten im Agitationsstil hin (Massenpropaganda, Massenaufmärsche) und verschweigt, daß dieser nur Mittel zu einem politischen Zweck und also nur von ihm her richtig einzuschätzen ist. Die politischen Ziele und Zwecke aber sind ... völlig entgegengesetzt. Man hebt formale Gemeinsamkeiten in den Herrschaftsmethoden hervor (zum Beispiel Einparteiensystem, staatliches Propagandamonopol, Anwendung von Terror) und unterschlägt auch hier den politischen Zweck, in dessen Dienst solche Herrschaftsmethoden stehen. Man definiert die Wirtschaftssysteme nach ihrem formalen Organisationsprinzip und nennt beide Systeme ‚zentrale Verwaltungswirtschaft', wobei die Eigentumsverfassung und also die sozialen Interessen, denen das System dient, unbeachtet bleiben."[21]

Wenn dem so ist, so ist der *Kommunismus,* wie er von *Stalin* verkörpert wurde, doch etwas ganz anderes, eine echte *Alternative* zum *Nationalsozialismus.* Es lohnt sich daher, darauf etwas näher einzugehen, wenngleich eine umfassende, alle Argumentationswinkel ausleuchtende Erwiderung einer eigenen Veröffentlichung vorbehalten bleiben muß.

Vorab: Der Kritiker spricht von einer „identifizierenden Totalitarismustheorie". Doch eine solche gibt es nicht. Niemand behauptet, Faschismus und Kommunismus seien identisch. Nicht einmal die faschistischen Regime gleichen sich wie ein Ei dem anderen. Der Duce regierte weit legerer als Hitler und kannte keinen Rassismus. Selbst die zwölf Jahre „Drittes Reich" weisen enorme Unterschiede auf. Friedrich spricht nur von basically alike, also *in den wesentlichen Punkten gleich.* Mit seinen Kritikern stellen wir die Frage, ob er nicht die Form für das Wesen der Sache ausgibt, ob er nicht nur das Mittel sieht und den Zweck außer Betracht läßt.

a) Nationalsozialismus kontra Sozialismus?

Die Nationalsozialisten firmierten als Sozialisten. Zumindest ihr 25-Punkte-Programm aus dem Jahre 1920 rechtfertigt diese Etikette. Darin wird die Verstaatlichung der Trusts und die Gewinnbeteiligung an Großbetrieben gefordert und ähnliches mehr. Nur wenige Worte des gesamten Programms sind fettgedruckt, nämlich „kein Jude kann daher Volksgenosse sein", „. . .restlose Einziehung aller Kriegsgewinne", „Kommunalisierung der Groß-Warenhäuser", „Wucherer, Schieber mit dem Tode bestrafen", „Kampf gegen bewußte politische Lüge". Zwei Wortkombinationen sind besonders markant gesetzt: „Brechung der Zinsknechtschaft", „Gemeinnutz geht vor Eigennutz".[22]

Dieser sozialistische Geist des Parteiprogramms wurde bis zum Ende der NS-Zeit als verbindlich angesehen.

So heißt es in dem Buch „Nationaler Sozialismus": „Unser Rückblick zeigt, daß die NSDAP diese ihre Linie ohne das mindeste Abweichen bewußt und unbeirrt verfolgt hat. Das will sagen: Gegen den Kapitalismus, gegen den Internationalismus, gegen alle Bestrebungen, den Arbeiter zu unterdrücken, ob vom Auslande her oder durch ausbeutende und Herrschaft beanspruchende Schichten und Berufsstände in Deutschland. Der Nationalsozialismus kämpft für den Arbeiter in dem Sinn: Er will ihn und seine Arbeit befreien von der kapitalistischen Ausnutzung, er will ihn auch in jeder anderen Beziehung zum voll- und gleichgewerteten Volksgenossen machen. Diese kurzen Worte bedeuten, das sei festgestellt, *eine grundstürzende und grundlegende soziale Umwälzung.*"[23] In einer seiner letzten Reden, im Kriegswinter 1941/42, tönte Hitler: „Dann nach Kriegsende wird das deutsche Volk die Fabrikation der Kanonen einstellen und wird dann beginnen mit den Werken des Friedens und der neuen Aufbauarbeit für die Millionen-Massen. Dann werden wir erst der Welt zeigen, was in Wirklichkeit der Herr ist und wer der Herr ist: Kapital oder Arbeit.“[24]

Waren derartige Beteuerungen glaubwürdig oder wollte man nur auf der *Woge der „antikapitalistischen Sehnsucht“*[25] ins Ziel getragen werden? Tatsache ist, daß kein NS-Führer aus den Kreisen der deutschen Großindustrie oder Hochfinanz hervorgegangen ist, sondern daß sie, überwiegend im kleinbürgerlichen Milieu aufgewachsen, als Kriegsheimkehrer nach dem verlorenen Krieg Schwierigkeiten hatten, sich in den neuen Gegebenheiten zurechtzufinden. Mussolini, der erste Faschist, war sogar Arbeitersohn und in seiner Jugend radikaler Sozialist, ab 1912 Chefredakteur des sozialdemokratischen Parteiblattes Avanti (Vorwärts). Von den NS-Größen war Hitler, der Sohn eines niederen österreichischen Grenzbeamten, zumindest in den Jugendjahren voller Ressentiments gegenüber der Oberklasse;[26] Goebbels sympathisierte mit den Kommunisten,[27] bevor er sich zur NSDAP schlug. In ihr gehörte er zunächst dem linken Flügel an und betrieb sogar den Parteiausschluß Hitlers, weil sich dieser nicht für ein Volksbegehren „Enteignung der Fürsten“ erwärmen konnte. Damals waren der linke und der rechte Flügel der NSDAP annähernd gleich stark. Auch nach der Machtübernahme stellte der linke Flügel für Hitler noch eine Gefahr dar, weshalb er im Zusammenhang mit dem „Röhm-Putsch“ auch andere Linke seiner Partei liquidieren ließ, soweit er ihrer habhaft wurde, wie Gregor Strasser. Hitler selbst buhlte seit Anfang der zwanziger Jahre um die Gunst der Industriellen, aber sie mißtrauten ihm und seiner Partei schon deshalb, weil niemand wußte, welcher Flügel letztlich tonangebend sein würde und wie aufrichtig seine Beteuerungen gemeint seien. Die stereotype Behauptung, Hitler sei der Günstling der Wirtschaftsbosse gewesen, wird auch durch ständige Wiederholung nicht bewiesen. Meist wird als Beleg Czichon[28] zitiert. Daß der DDR-Historiker Czichon sich seinerseits auf Fälschungen stützt, hat sich offenbar noch nicht herumgesprochen.[29]

Wie wenig Hitlers Kurs voraussehbar war, zeigt die Erwartung des Gewerkschaftsspitzenfunktionärs *Walter Pahl* am 1. Mai 1933, daß Adolf Hitlers Reichsregierung an diesem Tage einen Nationalisierungsplan der deutschen Gesamtwirtschaft in seinen Umrissen verkünden werde. Durch diese „sozialistische Tat", so Pahl, werde man auch die mißtrauischen Abseitsstehenden überzeugen.[30] Pahl wurde nicht nur insofern enttäuscht. Aber ist damit schon gesagt, daß das Hitler-Regime nichtsozialistisch oder gar antisozialistisch gewesen sei?

Sozialismus gehört zu den schillerndsten Begriffen, die es überhaupt gibt. Darüber sind sich die Fachleute einig. Nur *ein* gemeinsames Merkmal glauben sie aus den vielen Sozialismusprogrammen herausdestillieren zu können, nämlich die *Forderung nach Sozialisierung,* nach Abschaffung des Privateigentums, zumindest an den größeren Unternehmen.[31] Wer dieses Merkmal zum Maßstab macht, kann nicht behaupten, nach 1933 sei in Deutschland der Sozialismus praktiziert worden. Aber erfolgte nicht ein großer Schritt in diese Richtung? Das Wesen des Eigentums in rechtlicher (§ 903

BGB) und wirtschaftlicher Hinsicht ist die Befugnis, mit der Sache nach Belieben verfahren und andere von jeder Einwirkung ausschließen zu dürfen. Das Privateigentum an den Produktionsmitteln, insbesondere der größeren Unternehmungen, wurde in der NS-Zeit ausgehöhlt. Sie mußten produzieren, was ihnen vom Vierjahresplan befohlen wurde, ein- und verkaufen zu den staatlicherseits festgesetzten Preisen. *Das Eigentum war in der Sache zu einem Nießbrauch zusammengeschrumpft, die Dispositionsbefugnis hatte der Staat an sich gerissen,*[32] also fast eine De-facto-Enteignung, somit eine substanzmäßige Teilsozialisierung.

Recht aufschlußreich und glaubwürdig ist die folgende Äußerung *Hitlers:* „Der Ausdruck Sozialismus ist an sich schlecht, aber vor allem heißt das nicht, daß diese Betriebe sozialisiert werden müssen, sondern nur, daß sie sozialisiert werden können, nämlich, wenn sie gegen das Interesse der Nation verstoßen. Solange sie das nicht tun, wäre es einfach ein Verbrechen, die Wirtschaft zu zerstören."[33] Enteignung – ja oder nein? war für ihn keine Grundsatzfrage. Enteignung dann, wenn es dem Kollektiv nützt. Im Godesberger Programm der SPD heißt es: „Wo mit anderen Mitteln eine gesunde Ordnung der wirtschaftlichen Machtverhältnisse nicht gewährleistet werden kann, ist Gemeineigentum zweckmäßig und notwendig."[34]

Wer anstelle von Sozialisierung andere Kennzeichen des Sozialismus herausstellt, was häufig geschieht und jedermanns gutes Recht ist, kann schwerlich umhin, den „sozialistischen Staaten" den Sozialismus abzusprechen.[35]

b) Das marxistische und das nationalsozialistische Weltbild

Die politischen Ziele und Zwecke aber seien völlig entgegengesetzt, sagen die Kritiker jener, die glauben, sie könnten zwischen Marxismus und Nationalsozialismus die Hand nicht umdrehen, weil es sich gleichsam um siamesische Zwillinge handle. Welche der beiden reichlich konträren Auffassungen kann sich auf die besseren Argumente stützen?

Beide Weltanschauungen bekennen sich zum *historischen Determinismus.* Die Geschichte ende zwangsläufig mit dem Kommunismus, beziehungsweise der Weltherrschaft der tüchtigsten Rasse, also jeweils unabhängig davon, ob die Menschen wollen oder nicht. Diese eherne Heilsgewißheit gibt den Verzagten Kraft, verhindert Mutlosigkeit und Resignation.

Die Initiatoren beider Bewegungen, *Marx und Hitler,* sind aber ungewöhnliche *Voluntaristen, Aktionisten.* Sie können nicht die Hände in den Schoß legen und zuwarten, bis die Geschichte ihren Vorhersagen gemäß handelt. Die letzte der Marxschen „Thesen über Feuerbach" bringt das deutlich zum Ausdruck: „Die Philosophen haben die Welt nur verschieden *interpretiert,* es kömmt drauf an, sie zu *verändern.*"[36] Darin steckt ein Widerspruch, der in anderem Zusammenhang zu dokumentieren war.[37] Der Astronom, der eine Sonnenfinsternis vorhersagt, rührt keinen Finger, damit der Mond zwischen Sonne und Erde tritt. (Daher ist es nicht ganz richtig, wenn bezüglich beider Weltanschauungen von Zwecken und Zielen gesprochen wird.)

Eine weitere Gemeinsamkeit: Marx wie Hitler waren von *Darwins* Lehre fasziniert. (Darwin hingegen wollte von Marx nichts wissen,[38] bei Hitlers Geburt war er schon sieben Jahre tot.) Beide glaubten, sie seien die Darwins der Menschheitsgeschichte. Marx' Grab schmücken noch heute die Worte, die Engels bei der Beerdigung gesprochen hat: „Wie Darwin das Gesetz der Entwicklung der organischen Natur, so entdeckte Marx das Entwicklungsgesetz der menschlichen Geschichte."[39]

Hitlers ganze Lehre ist humanrassistischer *Darwinismus* in Reinkultur: „Politik ist die Kunst der Durchführung des Lebenskampfes eines Volkes um sein irdisches Dasein. Außenpolitik ist die Kunst, einem Volke den jeweils notwendigen Lebensraum in Größe und Güte zu sichern. Innenpolitik ist die Kunst, einem Volk den dafür notwendigen Machteinsatz in Form seines Rassewertes und seiner Zahl zu erhalten." Dies gilt für alle Völker, ja sogar für alle Lebewesen, denn „unbegrenzt ... (ist) ihr Selbsterhaltungstrieb sowie die Sehnsucht der Forterhaltung, begrenzt hingegen der Raum, auf dem dieser gesamte Lebensprozeß sich abspielt. In dieser Begrenzung des Lebensraumes liegt der Zwang zum Lebenskampf." Was der „aristokratische Grundgedanke der Natur wünscht, ist der Sieg des Stärkeren und die Vernichtung des Schwachen oder seine bedingungslose Unterwerfung." Darin besteht jenes „freie Spiel der Kräfte, das zu einer dauernden gegenseitigen Höherzüchtung führen muß".[40]

Nun aber zum angeblich grundverschiedenen *Weltbild* von Marx und Hitler. Marx hat sich über die kommunistische Zukunftsgesellschaft nicht weiter ausgelassen (siehe Seite 28). Von vielen seiner Jünger wird er so verstanden, daß die Endzeitgesellschaft einem Rasen gleiche. Es gibt nur Wesen *einer* Gattung, *einer* Farbe, *einer* Größe. Die individualistischen Blumen sind ausgejätet. Anders bei Hitler. Das Bild einer Pyramide ist angemessen. Sie baut sich von unten nach oben auf: die minder tüchtigen Rassen, die tüchtigen Rassen, die tüchtigste Rasse. Der Tüchtigste aus dieser Rasse, der Führer, bildet die alles überragende, alles bestimmende Spitze. Marx wie Hitler geht es um die natürliche Ordnung, wie sie sie verstehen. Die „natürliche" Ordnung Hitlers ist unmenschlich, die „natürliche" Ordnung Marxens ist unmöglich. Wer das Unmögliche erzwingen will, wird unmenschlich. Weder ist volle Freiheit noch ist volle Gleichheit möglich. Doppelt unmöglich sind volle Freiheit und volle Gleichheit gleichzeitig. Der gleiche Mensch ist nicht mehr frei, ist kein Mensch mehr, sondern ein fremdgesteuerter Roboter. Vielleicht hatten oder haben kommunistische Staaten die Absicht, diesem fragwürdigen Menschheitstraum näherzukommen. Doch die Ströme von Blut, die diesem Zweck geopfert wurden und werden, tragen eher in die entgegengesetzte Richtung. *Die Endzeitvision von Marx kann nicht Wirklichkeit, die von Hitler darf nicht Wirklichkeit werden, auch nicht in einem russischen Weltreich. Darin besteht ein Unterschied, der nicht hinwegzudiskutieren ist.*

Doch ansonsten gleichen sich die beiden Weltanschauungen wirklich wie Zwillinge. Hier nur Stichworte. Beide übernehmen die biblische Heilslehre: Paradies, Sündenfall, Jammertal, Erlöser, Jüngstes Gericht, gerechte Endzeit. Bei Marx heißen diese Etappen und Stationen: Urgesellschaft, Arbeitsteilung, Klassenkampf, Proletariat, Diktatur des Proletariats, Kommunismus. Im Nationalsozialismus: Zustand der Rassenreinheit, Blutschande, Weltherrschaft des Judentums, arische Rasse, Endlösung der Judenfrage, natürliche, das heißt hierarchische Ordnung nach Qualität. Der *Endzustand gleicht* jeweils dem *Urzustand,* jedoch ist er qualitativ höherwertig. Beide Weltanschauungen kennen nur *eine Wurzel des Bösen,* nur eine Sünde.

> „Mit dem Marxismus hat der Hitlerismus wenigstens eines gemein: den Anspruch, die gesamte Weltgeschichte aus einem Punkt zu erklären: ‚Die Geschichte aller bisherigen Gesellschaft ist eine Geschichte von Klassenkämpfen', heißt es im Kommunistischen Manifest und ganz entsprechend bei Hitler: ‚Alles weltgeschichtliche Geschehen ist nur die Äußerung des Selbsterhaltungstriebes der Rasse'. Solche Sätze haben eine große Suggestivkraft. Wer sie liest, hat das Gefühl, daß ihm plötzlich ein Licht aufgeht: Das Verworrene wird einfach, das Schwierige leicht. Sie geben dem, der sie willig akzeptiert, ein angenehmes Gefühl von Aufgeklärtheit und Bescheidwissen, und sie erregen außerdem eine gewisse wütende Ungeduld mit denen, die sie *nicht* akzeptieren, denn als Oberton schwingt in solchen Machtworten immer mit: ‚ . . . und alles andere ist Schwindel'."[41]

Schauen wir uns das Jammertal etwas näher an. In der einen Ideologie ein Klassenkampf, in der anderen Ideologie ein Rassenkampf. Sicherlich ist beides nicht das gleiche. Aber wie groß ist der Unterschied, und hat nicht Marx selbst Hitler die besten Argumente geliefert? (Auch hier möge sich der Leser durch die Lektüre authentischer Texte selbst ein Urteil bilden.)

Als Handlungsanleitung für jeden, der einen Teil der Menschen, sei es eine Glaubensgemeinschaft, eine Klasse, eine Rasse, ein Volk und so weiter über die anderen erheben möchte, bemerkt Marx, daß Selbstbewußtsein und Energie nicht ausreichen, sondern „die anderen" verteufelt werden müssen:

„Nur im Namen der allgemeinen Rechte der Gesellschaft kann eine besondere Klasse sich die allgemeine Herrschaft vindizieren. Zur Erstürmung dieser emanzipatorischen Stellung und damit zur politischen Ausbeutung aller Sphären der Gesellschaft im Interesse der eigenen Sphäre reichen revolutionäre Energie und geistiges Selbstgefühl allein nicht aus. Damit die *Revolution eines Volkes* und die *Emanzipation einer besonderen Klasse* der bürgerlichen Gesellschaft zusammenfallen, damit *ein* Stand für den Stand der ganzen Gesellschaft gelte, dazu müssen umgekehrt alle Mängel der Gesellschaft in einer anderen Klasse konzentriert, dazu muß ein bestimmter Stand, der Stand des allgemeinen Anstoßes, die Inkorporation der allgemeinen Schranke sein, dazu muß eine besondere soziale Sphäre für das *notorische Verbrechen* der ganzen Sozietät gelten, so daß die Befreiung von dieser Sphäre als die allgemeine Selbstbefreiung erscheint."[42]

Nach diesem Rezept hat er selbst agiert, so wenn er zum Beispiel mit Blick auf die Unternehmer schreibt: „Die Expropriation der unmittelbaren Produzenten wird mit schonungslosestem Vandalismus und unter dem Trieb der infamsten, schmutzigsten, kleinlichst gehässigsten Leidenschaften vollbracht."[43] Es ist mustergültig für jedes totalitäre Regime, vor allem auch das nationalsozialistische.

Hitler ist ein *Chauvinist.* Für ihn sind die Deutschen das auserwählte Volk der Geschichte. Hören wir dazu *Marx:* „Auf Deutschland richten die Kommunisten ihre Hauptaufmerksamkeit, weil ... die deutsche bürgerliche Revolution also nur das unmittelbare Vorspiel einer proletarischen Revolution sein kann."[44]

An einer anderen Stelle ist er noch weit deutlicher: „In Deutschland kann *keine* Art der Knechtschaft gebrochen werden, ohne *jede* Art der Knechtschaft zu brechen. Das *gründliche* Deutschland kann nicht revolutionieren, ohne von *Grund aus* zu revolutionieren. Die

Emanzipation des Deutschen ist die *Emanzipation des Menschen.*“[45] Man ist geradezu versucht, die erste Strophe der Deutschlandhymne zu intonieren, zumindest aber denkt man an die Worte: „Am deutschen Wesen kann die Welt genesen.“ Andererseits haben Marx und Engels „reaktionäre Nationen“ als „Völkerabfall“[46] bezeichnet, die „der allgemeine Krieg ... bis auf ihren Namen vernichten wird“.[47]

„Der nächste Weltkrieg wird nicht nur reaktionäre Klassen und Dynastien, er wird auch ganze reaktionäre Völker vom Erdboden verschwinden machen. Und das ist auch ein Fortschritt.“[47]

Solche Äußerungen gaben Bakunin Veranlassung, Marx einen „Pangermanisten“ zu nennen, der die Welt „durch Deutschland, die deutsche Rasse“, regenerieren möchte.[47a]

Alle imperialistischen Aktionen im Osten und Südosten hätte Hitler mit Marx- und Engelszitaten „rechtfertigen“ können!

Als Ouvertüre die historische Besinnung: Ohne großes Reich keine geschichtliche Entwicklung: „Freilich, dergleichen läßt sich nicht durchsetzen, ohne manch sanftes Nationenblümlein gewaltsam zu zerknicken. Aber ohne Gewalt und ohne eherne Rücksichtslosigkeit wird nichts durchgesetzt in der Geschichte, und hätten Alexander, Cäsar und Napoleon dieselbe Rührungsfähigkeit besessen, an die jetzt der Panslawismus zugunsten seiner verkommenen Klienten appelliert, was wäre da aus der Geschichte geworden!“[48]

Einverleibung Österreichs: „Da man nun vom österreichischen Volk schwerlich sagen kann, daß es zur zivilisierten Welt gehört, und da es sich infolgedessen seinem väterlichen Despotismus ruhig unterordnet, so ist Preußen der Staat, der als das Zentrum der modernen deutschen Geschichte, als das Barometer für die Bewegungen der öffentlichen Meinung, angesehen werden kann.“[49]

Überfall auf CSSR mit Polen als Hitlers Vertragspartner: „Auf die sentimentalen Brüderschaftsphrasen, die uns hier im Namen der konterrevolutionärsten Nationen Europas dargeboten werden, antworten wir, daß der Russenhaß die *erste revolutionäre Leidenschaft* bei den Deutschen war und noch ist; daß seit der Revolution der Tschechen- und Kroatenhaß hinzugekommen ist und daß wir, in Gemeinschaft mit Polen und Magyaren, nur durch den entschiedensten Terrorismus gegen diese slawischen Völker die Revolution sicherstellen können.“[50]

Überfall auf das bislang verbündete Polen: „Resultat: Den Polen im Westen abnehmen, was man kann, ihre Festungen unter dem Vorwand des Schutzes mit Deutschen okkupieren, besonders Posen, sie wirtschaften lassen, sie ins Feuer schicken, ihr Land ausfressen, sie mit der Aussicht auf Riga und Odessa abspeisen, und im Fall die Russen in Bewegung zu bringen sind, sich mit diesen alliieren und die Polen zwingen, nachzugeben.“[51]

Balkanfeldzug: „Die Slowenen und Kroaten schließen Deutschland und Ungarn vom Adriatischen Meer ab; und Deutschland und Ungarn *können* sich nicht vom Adriatischen Meere abschließen lassen, aus ‚geographischen und kommerziellen Notwendigkeiten', . . .“[52]

Und schließlich auch noch der Krieg gegen Rußland: „Unterjochung durch die Slawen oder Zerstörung für immer des Zentrums ihrer Offensivkraft: Rußland.“[53]

Diese Zitate wecken geradezu die Versuchung, in Hitler Marxens Erfüllungsgehilfen oder Testamentsvollstrecker wider Willen zu erblicken.

Hitler haßt die *Juden.* Durch sie ist das Unheil in die Welt gekommen. Auch insofern hätte er *Marx* gleichsam als Zeugen der Anklage anrufen können, wie andere Juden, zum Beispiel Arthur Trebitsch, angerufen worden sind.[54]

„Betrachten wir den wirklichen weltlichen Juden, nicht den *Sabbatsjuden . . .*, sondern den *Alltagsjuden.*

Suchen wir das Geheimnis des Juden nicht in seiner Religion, sondern suchen wir das Geheimnis der Religion im wirklichen Juden.
Welches ist der weltliche Grund des Judentums? Das *praktische* Bedürfnis, der *Eigennutz*.
Welches ist der weltliche Kultus des Juden? Der *Schacher*. Welches ist sein weltlicher Gott? Das *Geld*.
Nun wohl? Die Emanzipation vom *Schacher* und vom *Geld*, also vom praktischen, realen Judentum wäre die Selbstemanzipation unserer Zeit.

...

Wir erkennen also im Judentum ein allgemeines *gegenwärtiges antisoziales* Element, welches durch die geschichtliche Entwicklung, an welcher die Juden in dieser schlechten Beziehung eifrig mitgearbeitet, auf seine jetzige Höhe getrieben wurde, auf eine Höhe, auf welcher es sich notwendig auflösen muß.
Die *Judenemanzipation* in ihrer letzten Bedeutung ist die Emanzipation der Menschheit vom *Judentum*."[55]

Marx zitiert dann beifällig Bruno Bauer. Der Text könnte aber auch von Adolf Hitler sein, der gerade in Wien zum Antisemiten wurde: „Der Jude, der in Wien z. B. nur toleriert ist, bestimmt durch seine Geldmacht das Geschick des ganzen Reiches. Der Jude, der in dem kleinsten deutschen Staat rechtlos sein kann, entscheidet über das Schicksal Europas. Während die Korporationen und Zünfte dem Juden sich verschließen oder ihm noch nicht geneigt sind, spottet die Kühnheit der Industrie des Eigensinns der mittelalterlichen Institute."[55]
Marx schimpft auf „jüdischen Jesuitismus".[56]

Auch bei Hitler kommen die Jesuiten gleich nach den Juden. Während des Krieges wurden die Juden vergast, die Jesuiten für wehrunwürdig erklärt, ihre Liquidierung auf die Zeit nach dem Siege verschoben.

Um die Verfolgung und Vertreibung der Juden populär zu machen, um Verständnis für die Judengesetze und die „Reichskristallnacht" zu wecken, mußten die Juden von Hitler verteufelt werden. Also erschienen insbesondere im „Stürmer“ Artikel mit Überschriften wie „Jüdischer Mordplan gegen die nichtjüdische Menschheit aufgedeckt“.

„Das Mördervolk – die Juden – stehen in der ganzen Welt in einem furchtbaren Verdacht. Wer ihn nicht kennt, der kennt die Judenfrage nicht. Wer die Juden nur ansieht, wie Heinrich Heine ... sie beschreibt: ‚*Ein Volk,* das zu seinem Unterhalt mit Wechseln und alten Hosen handelt, und dessen Uniform die langen Nasen sind‘, der ist auf falschem Wege. Wer aber weiß, welch eine ungeheuerliche Anklage schon seit Anbeginn gegen die Juden erhoben wird, dem erscheint dieses Volk in einem anderen Licht. Er sieht in ihnen nicht nur ein eigenartiges, seltsam anmutendes Volk, er sieht in ihnen *Verbrecher* und *Mörder* und *Teufel in Menschengestalt.* Und es überkommt ihn gegen dieses Volk ein heiliger Zorn und Haß.

Der Verdacht, in dem die Juden stehen, ist der des *Menschenmordes.* Sie werden bezichtigt, nichtjüdische Kinder und nichtjüdische Erwachsene an sich zu locken, sie zu schlachten und ihnen das Blut abzuzapfen.“[57]

Die genaue Vorlage dazu ist bei Marx nachzulesen.

1847 erklärte er auf dem 2. Kommunistenkongreß in London zu einem Buch G. Fr. Daumers über „Die Geheimnisse des christlichen Altertums“: „Daumer weist nach, daß die Christen wirklich geschlachtet und im Abendmahl Menschenfleisch gegessen und Menschenblut getrunken haben. – Durch diese Geschichte ... bekommt das Christentum den letzten Stoß.“[58]

Marx identifiziert zeit seines Lebens das Judentum mit dem Kapitalismus, und auch die jüdische Weltverschwörung glaubt er beweisen zu können: „So finden wir, daß hinter jedem Tyrannen ein Jude, wie hinter jedem Papst ein Jesuit steht."[59] Marx teilte die Auffassung, daß die heutige Welt „bis in ihr innerstes Herz *jüdisch* sei".[60]

Wie gerne hätte Hitlers übelste Hetzpresse solche Sätze zitiert, hätte sie nicht ein Jude in letztlich unergründlichem Selbsthaß geschrieben!

Zusammenfassend kann also gesagt werden: *Bei Marx stand hinter dem Kapital der Jude, bei Hitler hinter dem Juden das Kapital.*

Die Verquickung von Kapitalismus mit Judentum wurde nicht mit Marx zu Grabe getragen und nicht erst mit Hitlers öffentlichem Auftreten wiedergeboren, vielmehr wurde sie von weiten Kreisen lebendig gehalten. Ohne diese Tatsache wäre der ganze Hitler-Spuk unerklärlich.

1903 argumentierte Werner Sombart: „Je mehr sich jüdisches Wesen durchsetzt, desto ausschließlicher kommt die kapitalistische Ordnung zur Anwendung ... ganz besonders kommt die jüdische Mission dort zum Ausdruck, wo es gilt, die heute noch konservierten Reste vorkapitalistischer Organisation aus der Welt zu schaffen; in der Zersetzung der letzten Handwerker und der handwerklichen Krämerei."[61]

Der Jude Josef Rulf stellte bereits 1890 in seinem Buch „Entstehung und Bedeutung des Antisemitismus in Hessen" fest: „Überall bedeutet diese antisemitische Hetze nichts mehr und nichts weniger als den Beginn der sozialistischen Revolution. Mögen sie sich's gesagt sein lassen, welche den Antisemitismus offen und geheim unterstützen oder auch nur frei gewähren lassen ... Es handelt sich gar nicht um die Juden, es handelt sich um den Umsturz der gesamten Lebens-, Gesellschafts- und Staatsordnung, und glaube man nur nicht, daß man der revolutionären Bestie die Juden zum Fraß vorwerfen und sich mittlerweile salvieren könne."[61]

Die enge geistige Verwandtschaft der marxschen mit der nationalsozialistischen Ideologie könnte annähernd ähnlich deutlich unter dem Stichwort *Klassenkampf* dargestellt werden.

Erwähnt sei nur die Stellungnahme Haffners:
„Was schließlich die fortschreitende Abschaffung von Standesprivilegien und Niederlegung von Klassenschranken betraf, so waren die Nationalsozialisten sogar ganz offiziell dafür ... Nur das Vokabular änderten sie; was vorher ‚klassenlose Gesellschaft' geheißen hatte, hieß bei ihnen ‚Volksgemeinschaft'. Praktisch war es dasselbe. Unleugbar gab es unter Hitler, noch mehr sogar als vorher unter Weimar, massenhaften Auf- und Abstieg, Klassenvermischung und Klassenaufbrechung, ‚freie Bahn dem Tüchtigen' – und dem Gesinnungstüchtigen; durchaus nicht alles daran war erfreulich anzusehen, aber ‚fortschrittlich' im Sinne fortschreitender Egalisierung, war es unbestreitbar."[62]

Begnügen wir uns abschließend mit dem Hinweis, daß Marx trotz seiner immensen literarischen Hinterlassenschaft sich nie systematisch mit den Grundlagen seiner Lehre, mit den Begriffen „Klasse" und „Proletariat" auseinandergesetzt hat, ebenso wie Hitler es vermied, seine Rassenvorstellungen zu präzisieren und so mal einem bestimmten Volk, mal einer bestimmten Rasse die Zukunft verhieß.

Noch ein Wort zum *Erlöser.* Auch er gleicht dem biblischen Mann der Schmerzen. Äußerste Erniedrigung bis zum Tode am Kreuz. Der Nacht des Todes folgt die Auferstehung.

Marx spricht von einer „Klasse mit *radikalen Ketten,* einer Klasse der bürgerlichen Gesellschaft, welche keine Klasse der bürgerlichen Gesellschaft ist, eines Standes, welcher die Auflösung aller Stände ist, einer Sphäre, welche einen universellen Charakter durch ihre universellen Leiden besitzt und kein *besonderes* Recht in Anspruch nimmt, weil kein *besonderes* Unrecht, sondern das

Unrecht schlechthin an ihr verübt wird . . ., welche mit einem Wort der *völlige* Verlust des Menschen ist, also nur durch die völlige Wiedergewinnung des Menschen sich selbst gewinnen kann. Diese Auflösung der Gesellschaft als ein besonderer Stand ist das *Proletariat.*"[63]

Nach Hitler aber ist das deutsche Volk schon lange Opfer der Verschwörung des internationalen Judentums, am schlimmsten gedemütigt durch den Schandfrieden von Versailles.

Diese vielfältigen aber knappen Andeutungen mögen genügen, um sich ein eigenes Urteil darüber zu bilden, ob die beiden Weltanschauungen wirklich so konträr sind, oder ob es sich nicht vielmehr um ein und dasselbe Muster handelt, das mit qualitativ und farblich unterschiedlicher Wolle gestrickt wird. Rot ist die Grundfarbe der kommunistischen Fahnen, rot auch die der NS-Bewegung. Bedeutungsloser Zufall oder Symbol eines Fundamentalkonsenses?

c) Der Weg zum Ziel

Die Herrschaftsmethoden der Kommunisten unterscheiden sich von denen der Faschisten nicht stärker, als sie innerhalb des faschistischen Lagers uneinheitlich waren. Hitler steht näher bei Stalin als bei Mussolini, auch wenn die Freundschaft zwischen Hitler und Stalin von kürzerer Dauer gewesen ist. Sogar manche Kommunisten nennen Stalin vor Hitler in der Rangfolge der Verbrecher.

Tito: „Die Praxis der führenden Nation, also Rußlands innerhalb der Sowjetunion, führt zu furchtbaren Folgen für die nichtrussischen Völker. Einige von ihnen, die einst, d. h. bis zur Versklavung durch die zaristischen Generale, nicht nur als *Völker* ein Ganzes bildeten, sondern auch als Staat selbständig waren, sind heute vollkommen *vom Antlitz der Erde ausgelöscht,* und dies auf die grausamste Art, auf die auch ein *Hitler* neidisch sein könnte."[64]

Djilas: „Bei Stalin war jedes Verbrechen möglich, denn es gibt kein einziges, das er nicht begangen hätte. Mit welchem Maß wir ihn auch messen wollen, ihm wird jedenfalls – hoffen wir, für alle Zeiten – der Ruf zufallen, der größte Verbrecher der Geschichte zu sein."[65]

Roy Medwedew: „Keiner der Tyrannen und Despoten der Vergangenheit hat so viele seiner Landsleute verfolgt und vernichtet [wie Stalin]."[66]

So sehr hinsichtlich der realen Herrschaftsmethoden der beiden Ideologien weitgehende Einmütigkeit besteht, so sehr scheiden sich die Geister in der Beurteilung der Frage, ob der reale Sozialismus Marx angelastet werden kann.[66a] Gerade in den letzten Jahren wurde dies selbst von ehemaligen Marxisten entschieden bejaht. Von den „Neuen Philosophen" Frankreichs ist André Glucksman am bekanntesten. In seinem Buch „Köchin und Menschenfresser", das den bezeichnenden Untertitel trägt: „Über die Beziehungen zwischen Staat, Marxismus und Konzentrationslager" schreibt er: „Deswegen befriedigt *Der Archipel Gulag* niemanden, denn er trennt nicht den Marxismus von den Lagern. Marxismus und Lager sind nicht einander äußerlich ..., mit anderen Worten keine russischen Lager ohne Marxismus. Unmöglich läßt sich das Gewicht des Irrtums allein der ‚Bürokratie' anhängen. Unmöglich, einen Marxismus in Ruhe zu lassen, aus dem Lagerwärter, ob Bürokraten oder nicht, ihre Überzeugungen gewinnen."[67] Fritz Raddatz teilt diese Ansicht: „Marx und Bakunin: das ist Stalin und Trotzki."[68]

Als Beleg hierfür ein Zitat aus der bolschewistischen Zeitschrift *Das Rote Schwert* v. 18. August 1919: „Wir haben eine neue Moral. Unser Humanismus ist absolut, denn er gründet sich auf den Wunsch nach Abschaffung jeder Unterdrückung und Tyrannei. Uns ist alles erlaubt, denn wir sind die ersten in der Welt, die das

Schwert nicht um zu unterdrücken und zu versklaven erheben, sondern im Namen der Freiheit und zur Abschaffung der Sklaverei. Wir führen nicht gegen einzelne Krieg, wir wollen die Bourgeoisie als Klasse vernichten."[69]

Wenn das der Führer wüßte, war eine häufige Redensart in der NS-Zeit. Und bis heute konnte nicht der Urkundenbeweis geführt werden, daß er von der Massenvernichtung gewußt oder sie gar angeordnet hat. Aber die Morde, deren schriftliche Spur zunächst nur bis Heydrich, Himmler und Eichmann reicht, sind die Konsequenz von Hitlers Denken und Handeln, sind die Frucht seines Ungeistes, gehen voll zu seinen Lasten, auch wenn er nicht über alles informiert gewesen sein sollte.

Welche Herrschaftsmethoden hätte Marx angewendet, wäre die Macht in seine Hände gelangt? Ist das Sowjetsystem eine Perversion dessen, was der junge Marx erträumte? Das ist die Ansicht vieler:

„Während der Faschismus von vorneherein nichts anderes sein will, als die Rechtfertigung der Diktatur einer angeblichen Elite über die Massen, steht am Anfang der Entwicklung, die zum Sowjetsystem und zur Sowjetideologie geführt hat, der aus besten europäischen Traditionen gespeiste Humanismus des jungen Marx. Weil aber Hoffnung und Wille zur Vermenschlichung der unmenschlichen Welt die ursprünglichen Triebfedern dieses Denkens und Handelns gewesen sind, erscheint die spätere ‚Verwirklichung' in einem totalitären System zugleich als Verkehrung und Tragik."[70]

Aber der „Humanismus des jungen Marx" hält einer kritischen Prüfung nicht stand.[71] Auch der Marxismus enthält die Rechtfertigung der Diktatur einer angeblichen Elite über den Rest der Menschen. Marx fordert die „Diktatur des Proletariats“ als Mittel zum Ziel. Schon 1848, also mit 30 Jahren, betont er: „Jeder provisorische Staatszustand nach einer Revolution erfordert eine Diktatur, und zwar eine energische Diktatur.[72] Marx verwirft die Gewaltenteilung: „Die Voraussetzung für eine ‚freie Regierung‘ ist nicht die *Trennung,* sondern die *Einheit* der Gewalten.“[73] Marx lehnt den Parlamentarismus ab: „Die Kommune sollte nicht eine parlamentarische, sondern eine arbeitende Körperschaft sein, vollziehend und gesetzgebend zu gleicher Zeit.“[74]

Die Art und Weise, wie er in einer freien Gesellschaft mit Gesinnungsgenossen umzuspringen pflegte,[75] gibt allen Anlaß zu der Befürchtung, daß jeder ernsthafte Widerspruch von ihm im Keim erstickt worden wäre.

So wie der Revolutionär Marx den Wissenschaftler Marx in das Prokrustesbett seiner Dogmatik preßte, so hätte er auch andere rücksichtslos an seine Dogmatik gekettet. Am unheimlichsten aber ist sein wiederholtes Bekenntnis zu Revolution, Terror, Rache und Rücksichtslosigkeit.[76] Und nicht minder unheimlich sein Bekenntnis zur Erziehungsdiktatur. Bejahend zitiert er Rousseaus Auffassung: „Wer den Mut hat, einem Volke eine Rechtsordnung zu geben, muß sich fähig fühlen, sozusagen die *menschliche Natur zu ändern,* jedes Individuum, das in sich selbst und für sich allein ein vollkommenes Ganzes ist, in den *Teil* eines größeren Ganzen umzuwandeln, von dem dieses Individuum in gewisser Weise sein Leben und Sein empfängt, an die Stelle einer physischen und unabhängigen eine *moralische Teilexistenz* zu setzen. Er muß *dem Menschen* seine *eigenen Kräfte nehmen,* um ihm fremde zu geben, die er nur mit Hilfe anderer gebrauchen kann."[77]

Von Hitler heißt es, er habe schon vor der Machtübernahme schriftlich niedergelegt, was er nachher in die Tat umsetzte. Man hätte ihn nur lesen müssen. Hat er sich wirklich deutlicher geäußert als Marx?

d) Marx und Hitler

Marx und Hitler – ein Vergleich, bei dem sich fast die Feder sträubt. Man empfindet Gewissensbisse wie bei einer Blasphemie und glaubt vorauszuwissen, daß die Anklage *laesae maiestatis,* der Majestätsbeleidigung, kommen muß. Für manche mag der Vergleich Anlaß genug sein, um zu sagen: bis hierher und nicht weiter. Zeigt doch schon das Äußere, wie verschieden sie sind. Ein Handschriftenvergleich untermauert diese Annahme. Eine Reihe weiterer beachtlicher Unterschiede könnte aufgelistet werden. Und dennoch gibt es so auffallende Gemeinsamkeiten in Lebensführung und Weltsicht, daß es sich lohnt, darüber nachzudenken.

Die beiden Deutschen[78] Marx und Hitler haben nicht nur die deutsche Geschichte, sondern die Weltgeschichte grundlegend beeinflußt.[79] Beide waren Männer der Tat. Beide sahen die Welt so, wie sie sie sehen wollten. Beide fühlten sich als Werkzeuge des Schicksals und der Geschichte. Beide fühlten sich zu gut, um einem Brotberuf nachzugehen. Beide glaubten, sie müßten ihr *Werk selbst vollenden.* Beide wähnten sich erhaben über die *Masse* (Proletariat oder deutsches Volk), die aber als „materielle Waffe"[80] unverzichtbar war.

Liebte Marx das Proletariat? In der Theorie, also abstrakt, ja. Aber in ihrer Mitte fühlte er sich nicht wohl. Mit einer Litanei von Schimpfworten hat er die leibhaftigen Proletarier tituliert.[81] Und Hitler? „Liebte er die Deutschen? Er hatte sich Deutschland ausgesucht – ohne es zu kennen; und eigentlich kennengelernt hat er es nie. Die Deutschen waren sein erwähltes Volk, weil sein eingeborener Machtinstinkt wie eine Magnetnadel auf sie hindeutete als auf das zu seiner Zeit größte Machtpotential Europas; was sie ja waren. Und nur als Machtinstrument haben sie ihn je wirklich interessiert."[82]

Beide waren *Judenhasser*. Verbalen Schmähungen einzelner Juden ihrer Rasse wegen begegnen wir bei Marx sogar weit häufiger als bei Hitler. Andererseits hatte Marx, was Juden anlangt, gelegentlich *lucida intervalla,*[83] die wir bei Hitler vermissen. Bei beiden wird vermutet, daß der Judenhaß auch mit der Abstammung zusammenhängt. Marx war alles andere als beeindruckt von seinem Vater, der nicht aus Überzeugung, sondern des Fortkommens wegen den Glauben seiner Väter abgelegt hatte. Hitler befürchtete, der Vater seines Vaters sei Jude gewesen, habe sich aber von der Vaterschaft losgekauft,[84] also ebenfalls sein Selbst verleugnet.

Für Marx ist der Kampf Quelle des Glücks,[85] *Hitler gibt seiner politisch-ideologischen Biographie den Titel „Mein Kampf".*

Hitler hat keine Familie. Marx eine große. Also ein großer Unterschied für jene, die diesem Gesichtspunkt Bedeutung beimessen? Sicherlich nicht so groß, wie es auf den ersten Blick den Anschein hat. Auch bei Marx hat die politisch-revolutionäre Aktivität den Vorrang. Ihr opfert er, wie er zutreffend[86] feststellt,[87] die *Familie.* Er bedauert es ausdrücklich, sich eine Familie aufgehalst zu haben. „Ich versichere Dich, daß durch diese letzten petites misères ich a very dull dog geworden bin. Beatus ille, der keine Familie hat."[88]

Das war nicht der Ausdruck einer augenblicklichen Stimmung, sondern Dauerzustand. So schreibt er vier Jahre später: „Es gibt keine größere Eselei von Leuten mit allgemeinen Strebungen, als überhaupt zu heiraten und sich so zu verraten an die petites misères de la vie domestique et privée."[89]

Es waren keine *demokratischen Regungen,* die Hitler danach trachten ließen, legal an die Macht zu kommen. Als Diktator von Deutschland schätzte er gewiß Resonanz in Partei und Volk. Aber er dachte wohl nie daran, andernfalls die Gewalt in die Hände seiner Gegner zu übertragen.

Von Marx wird berichtet, ihn habe gelegentlich Post mit der Aufschrift erreicht: „Charles Marx, the future Dictator of Germany",[90] eine naheliegende Anrede, wenn man Marx durchschaut hat.

Aufschlußreich beispielsweise folgende Zeilen aus einem Brief an Engels: „Eine sehr schöne Lektion haben die Herren Knoten [grobe, ungebildete Menschen] so erhalten. Der Alt-Weitlingsche Esel Scherzer glaubte, *er* könne Parteivertreter ernennen. In *meiner* Zusammenkunft mit einer Deputation der Knoten ... erklärte ich ihnen rundheraus: Unsre Bestellung als Vertreter der proletarischen Partei hätten wir von niemandem *als uns selbst.* Sie sei aber kontrasigniert durch den ausschließlichen und allgemeinen Haß, den alle Fraktionen der alten Welt und Parteien uns widmeten. Du kannst Dir denken, wie verblüfft die Ochsen waren."[91]

Ist es unter diesen Umständen verwunderlich, daß ihm immer wieder der Vorwurf gemacht wurde, sich wie ein Diktator aufzuspielen?[92] Schon Anfang 1948 berichtet Engels an Marx, ihnen werde nachgesagt: „Vous tendez au despostisme".[93] Und offenbaren die folgenden Sätze nicht despotische Allüren: „1. Es muß eine Sichtung in der kommunistischen Partei vorgenommen werden ... 4. Wer die Macht hat, sich bei den Geldmännern Autorität zu verschaffen, der hat auch die Mittel, die anderen zu verdrängen, und tut wohl, sie anzuwenden".[94]

Hitler gelang es, sich an die Spitze einer Bewegung zu stellen und die Macht an sich zu reißen. Marx wollte das gleiche. Rücksichtslos hat er deshalb seine mutmaßlichen Rivalen, insbesondere Lassalle[95] und Bakunin[96] bekämpft, was einen zeitgenössischen Kritiker zu der Feststellung veranlaßte: „Der eigentliche geheime Zweck seiner Bestrebungen geht stets dahin, daß er ohne Rivalität, ganz allein als einziger deutscher Revolutionschef von Bedeutung dasteht. Die Partei wird mit einer Guillotine anfangen und mit einer tabula rasa enden."[97] Im gleichen Sinne äußert sich Exfreund Ruge: Marx würde „zähnefletschend und grinsend ... alle schlachten, die ihm, den neuen Babeuf, den Weg vertreten."[98] Darin liegt auch der Grund, warum er es nicht zum Anführer einer Partei gebracht hat.

Carl Schurz: „Ich erinnere mich noch wohl des schneidend höhnischen, ich möchte sagen des ausspuckenden Tones, mit welchem er das Wort Bourgeois aussprach; und als Bourgeois, d. h. als ein unverkennbares Beispiel einer tiefen geistigen und sittlichen Versumpfung, denunzierte er jeden, der seinen Meinungen zu widersprechen wagte. Es war nicht zu verwundern, daß die von Marx befürworteten Anträge in der Versammlung nicht durchdrangen, daß diejenigen, deren Gefühle er durch sein Auftreten verletzt hatte, geneigt waren, für alles das zu stimmen, was er nicht wollte, und er nicht allein keine Anhänger gewonnen, sondern manche, die vielleicht seine Anhänger werden können, zurückgestoßen hatte."[99]

Versucht hat er es. Moses Heß schreibt: „Dass ein Herr aus London, der es bei Lebzeiten Lassalles für das klügste hielt, weder für, noch gegen ihn aufzutreten, nach dem Tode dieses Parteichefs aus bekannten „internationalen" Gründen der Lassalle'schen Partei und ihrem Organe den Hof machte, sodann aber als er sich in seinen Erwartungen getäuscht sah, mit seinem Sekretär und Generalstabe ohne Armee wieder zum Rückzuge blies, ist für mich kein Grund, dieser lächerlichen Demonstration zu folgen."[100]

Von Hitler kann man behaupten: „Hitler hat nichts ausgerichtet, sondern nur (aber immerhin) Ungeheuerliches angerichtet. Er hat, wie kaum ein anderer ‚großer Mann' der bekannten Geschichte, mit Staunen erregender Wucht danebengehauen."[101]

Gilt das nicht auch für Marx? Was Marx gewollt hat, unterscheidet sich fundamental von dem, was er bewirkt hat.[102] Und je näher die sozialistischen Staaten dem Zustand „Kommunismus" gelangen, um so weniger entdecken wir Spuren der Marxschen Prophetie, ganz im Gegenteil: weniger Freiheit, weniger Gleichheit,[103] geringere Beherrschung der materiellen Güter (zum Beispiel Produktivität pro Investitionseinheit). Der Staat, der schon im Sozialismus abgestorben sein sollte, ist mächtiger als je zuvor.

4. In Freundschaft verbunden

Rücksichtslose Kritik des Bestehenden, antibürgerliche, insbesondere antikapitalistische Sehnsucht haben die Menschen in die radikalen marxistischen und faschistischen Parteien geführt. Oft hing es von Nebensächlichkeiten ab, ob sie zu Thälmann oder Hitler stießen.[104] Hitler, der Meisterpsychologe, hat das schon früh erkannt.

„Übrigens gibt es mehr Verbindendes als Trennendes zwischen uns und dem Bolschewismus. Vor allem die echte revolutionäre Gesinnung, die auch in Rußland überall dort lebt, wo keine jüdischen Marxisten ihr Unwesen treiben. Ich habe diesem Umstand immer Rechnung getragen und Anweisung gegeben, daß man ehemalige Kommunisten sofort in die Partei aufnimmt."[105]

Ein solcher Kommunist war Horst Wessel, dessen gewaltsamer Tod der NS-Bewegung ihre Hymne bescherte. Nicht nur sein Frontwechsel, sondern vor allem sein erfolgreiches Mühen, aus kommunistischen Genossen Volksgenossen zu machen, ließen ihn zum Mordopfer des Hasses werden.[105a]

Der Exkommunist Hans-Werner Richter: „Viele Kommunisten, die am Samstag noch den Sowjetstern spazierenführten, zeigten sich am Wahltag (5. März 1933) als frischgebackene Nazis."[106]

Wilhelm Hoegner weiß zu berichten: „In den Vormittagsstunden des 21. März (1933) ging ich mit ... bayerischen Freunden durch die Arbeiterviertel im Norden Berlins. Hier waren einst die kommunistischen Hochburgen gewesen. Jetzt sahen wir alle Häuser mit Hakenkreuzfahnen beflaggt."[107]

Richter bestätigt dies: „Es war der 1. Mai 1933, der Tag, an dem hysterische Massen zu Hunderttausenden auf das Tempelhofer Feld hinauszogen ... Da sah ich sie, meine Genossen, meine Freunde von gestern, ... nicht einen, nicht zwei, nein: Dutzende und einmal einen ganzen Zug der kommunistischen Jugend, nun im Braunhemd, mit dem HJ-Emblem, einen Tambourmajor vor einem Spielmannszug, der wenige Monate zuvor noch eine kommunistische Schalmeienkapelle angeführt hatte, und auch sie sangen und schrien für ihren neuen Führer."[108]

Hauptmann Röhm rühmte sich, daß er in vier Wochen den rötesten Kommunisten zum glühenden Nationalsozialisten machen könne. Im Gegenlager betrachtete Karl Radek die Masse der Braunhemden als ein Reservoir des Kommunismus.[109]

In seinem Buch „Vorzimmer der Macht" erwähnt Fritz Schenk den KP-Chef seines Dorfes. Zu vorgerückter Stunde erzählte der arrivierte KP-Mann, daß er vor 1933 eigentlich zu den Nazis gewollt habe, jedoch das Geld für die SA-Uniform nicht aufbringen konnte.[110]

Unter diesen Umständen ist es doppelt verständlich, daß trotz der blutigen Schlachten zwischen Kommunisten und Nationalsozialisten, den Verfolgungen von Kommunisten durch Nationalsozialisten und umgekehrt, von einer Erbfeindschaft nicht die Rede sein kann. Im Gegenteil: Es kam mehrmals zu einer vertraulichen Zusammenarbeit.

Drei solche Phasen der Kooperation zwischen Kommunisten und Nationalsozialisten sollen hier kurz erwähnt werden:

1. Dimitri Manuilski, der sowjetische Deutschland-Referent, erklärte auf der Komintern-Tagung vom 15. Dezember 1931 Hitler zum Bundesgenossen.

> „Der Hauptfeind ist nicht Hitler, der Hauptfeind ist das System Severing, Brüning, Hindenburg ... Mit seiner (Hitlers) Hilfe werden wir zunächst den sozialdemokratischen Parteiapparat und den Brüningschen Staatsapparat zertrümmern ... Im gegenwärtigen Abschnitt der Entwicklung der deutschen Revolution ist Hitler unser unzweifelhafter Bundesgenosse."[111]

Als moskauergebener Kommunist übernahm Ernst Thälmann diese Lagebeurteilung.[112] Eine Folge davon war, daß sich die KPD auf Weisung der Komintern dem Volksentscheid der Nazis gegen die sozialdemokratisch geführte preußische Regierung anschloß.

Im November 1932 riefen Kommunisten und Nationalsozialisten gegen den Willen der freien Gewerkschaften einen Verkehrsarbeiterstreik aus. Diese Allianz von Rot und Braun heißt in der „Geschichte der SED“: „Antifaschistische Einheitsfront“.[113]

Ossietzky schrieb damals in der Weltbühne: „Die einzige linke Oppositionspartei ... lief ... hinter Hitler her, ihrem Kopisten, und der brave Thälmann, der sonst so viel sozialrevolutionäre Pathetik in der Thermosflasche mitschleppt, servierte einen lächerlichen Aufguß von nationalistischem Fascismus!“ Und weiter: „Wie diese Neigung von ganzlinks zu ganzrechts allerdings zustande gekommen ist, erfordert schon ein besonderes Studium. Aber vielleicht handelt es sich hier auch nur um jene unberechenbare Liebe, die zum Unheil aller Beteiligten nun einmal von Zigeunern stammt.“[114]

2. Die Zusammenarbeit zwischen Hitler-Deutschland und der Sowjetunion unter Stalin von Mitte 1939 bis Mitte 1941 ist allgemein bekannt, ebenso die Tatsache, daß der Vertrag zwischen den beiden Staaten vom 23. August 1939 Hitler den Kriegsbeginn zumindest wesentlich erleichtert hat.

Kaum bekannt ist hingegen, daß nicht nur Marx und Engels, wie oben nachgewiesen, sondern auch die Sowjetunion und die Komintern den Expansionismus Hitlers abgesegnet haben. Am 10. Januar 1933 wurde folgender Kominternbeschluß veröffentlicht:

„Die Konferenz stellt fest, daß das revolutionäre Proletariat Frankreichs, Italiens, Polens, Englands, Belgiens, der Tschechoslowakei, Jugoslawiens und Rumäniens einen schonungslosen Kampf
gegen die imperialistische und kriegerische Politik der eigenen Bourgeoisie und die nationale Unterdrückung entfaltet:
gegen die Besetzung des Saargebietes,

gegen die Unterdrückung Elsaß-Lothringens,
gegen die Raubpolitik des polnischen Imperialismus gegenüber Danzig,
gegen die nationale Unterdrückung in Oberschlesien, Pommerellen, und Südtirol,
gegen die Versklavung der Völker und nationalen Minderheiten in der Tschechoslowakei,
gegen die Entrechtung des österreichischen Volkes,
gegen die nationale Unterdrückung in Kroatien, Mazedonien, Bukowina, Bessarabien, Dobrudscha usw.

Die Konferenz begrüßt den Kampf der Kommunistischen Partei Polens für das Recht der freien Selbstbestimmung der Bevölkerung Oberschlesiens und des polnischen Korridors, der Westukraine und Weißrußlands bis zur Lostrennung von Polen, für das Recht der Danziger Bevölkerung zum freiwilligen Anschluß an Deutschland.

Sie begrüßt den Kampf der Kommunistischen Partei Frankreichs für das Selbstbestimmungsrecht des Volkes Elsaß-Lothringen bis zur Lostrennung von Frankreich, für die Befreiung des Saargebiets von imperialistischer Besetzung, den Kampf der Kommunistischen Partei Belgiens für das Selbstbestimmungsrecht des flämischen Volkes sowie der Bevölkerung von Eupen-Malmedy bis zur Lostrennung von Belgien."[115]

Am 23. August 1939 wurde auch ein geheimes Zusatzprotokoll unterzeichnet, das auch die Aufteilung der Pufferstaaten zwischen der Sowjetunion und dem Deutschen Reich regelte. Am 1. September überfiel die Deutsche Wehrmacht Polen, am 17. September die Rote Armee. Elf Tage später kam es gar zum Abschluß eines *Freundschaftsvertrages* zwischen dem Dritten Reich und der Sowjetunion.[116] Die Zusammenarbeit auf allen Gebieten wurde immer enger. Der Wert der sowjetischen Ausfuhren nach Deutschland stieg im ersten Kriegsjahr auf das Dreißigfache[117] (!) gegenüber dem Jahr vorher und erleichterte Hitler die Kriegsführung im Norden, Westen und Südosten.

In allen Ländern, die damals auf Hitlers Geheiß überfallen wurden, standen die kommunistischen Parteien dem Aggressor freundlicher gegenüber als dem eigenen Vaterland. Ihr erstes (ideologisches) Vaterland war eben die mit Hitler befreundete Sowjetunion.

Aus der Fülle der Belege hier nur zwei Beispiele.
Das politische Büro der KP Großbritanniens am Tage nach dem Überfall auf Belgien und Frankreich: „Es ist ein Krieg *gegen das deutsche Volk,* um ihm ein neues Super-Versailles aufzuzwingen, ein Krieg für die Erhaltung und Ausdehnung des britischen Empire, für die Herrschaft der Rechten in Europa und für den Kampf gegen die Arbeiterklasse aller Länder."[118]

Ein führender amerikanischer Kommunist, Louis F. Budenz, erinnert sich: „Was auch das Fernziel des Sowjet-Nazi-Pakts sein mochte, es gab mehr als genug unmittelbare Aufgaben für die Genossen. Die Regierung Roosevelt wurde nun beschuldigt, ein ‚Kriegs- und Hungerbudget' zu erzwingen. Eine neue Agitation für ‚höhere Löhne, kürzere Arbeitszeit und einen amerikanischen Lebensstandard' sollte in den ganzen Vereinigten Staaten aufgenommen werden. Damit war eine Richtlinie unseres künftigen Verhaltens gegeben. Sie sah Streiks, Unruhen, Demonstrationen vor – alles zu dem Zweck, die Lieferung von Munition und Flugzeugen für England zu blockieren."[119]

Freundschaftlich waren auch die Verlautbarungen Moskaus zu den aggressiven Operationen der deutschen Armee. Die Führung im Kreml gab den Franzosen und Engländern die Schuld am Krieg und gratulierte Hitler zu allen größeren Erfolgen der deutschen Wehrmacht, so der Einnahme von Warschau und Paris:

„Sechs Monate dauert der Krieg, der von den englischen und französischen Imperialisten heraufbeschworen wurde, um ihre Herrschaft zu erhalten. Die anglofranzösischen Imperialisten haben jedoch keinen Erfolg in ihren Plänen einer Neuaufteilung der Welt erzielt. Um aus der Sackgasse herauszukommen, bereiten sie immer neue Abenteuer vor, mit dem Ziel, den jetzigen imperialistischen Krieg in einen neuen Weltkrieg zu verwandeln."[120]

„Ich erhielt soeben von Molotow nachstehendes Telefonat: ‚Ihre Mitteilung über den Einzug deutscher Truppen in Warschau habe ich erhalten. Übermitteln Sie deutscher Reichsregierung meine Glückwünsche und Grüße. Molotow'.[121] (Einnahme von Paris)

„Molotow bat mich heute abend zu sich und sprach mir wärmste Glückwünsche der Sowjetregierung zu dem glänzenden Erfolg der deutschen Wehrmacht aus . . ."[122]

Die Freundschaft zwischen Stalin und Hitler wog mehr als die zwischen Kommunisten. So kam es, daß Stalin Hunderte deutscher Kommunisten, die aus Angst vor Hitler in die Sowjetunion emigriert waren, an die Gestapo auslieferte:

„Es war Februar 1940, die Zeit des Freundschaftspaktes zwischen Stalin und Hitler. In den ersten Monaten des Jahres 1940 lieferte Stalin ungefähr 500 deutsche und österreichische Emigranten, Kommunisten, die sich vor Hitler nach Sowjetrußland gerettet hatten, unter Bruch des Asylrechts an eben diesen Hitler aus "[123]

3. *Nach Kriegsende wurden große und kleine Nazis von der Roten Armee, der politischen Geheimpolizei und den deutschen Kommunisten in der sowjetischen Besatzungszone hart verfolgt. Aber nicht alle!*

Der – seit 1960 nicht mehr existierende – „Untersuchungsausschuß freiheitlicher Juristen" hat eine Dokumentation mit dem Titel „Ehemalige Nationalsozialisten in Pankows Diensten"[124] veröffentlicht, in der 243 ehemalige Mitglieder der NSDAP aufgeführt sind, die zur damaligen Zeit führende Stellungen der DDR innehatten.

Im Vorwort zu dieser Veröffentlichung wird erklärt, der Verwaltungsapparat des SED-Staates sei (1965) „mit ehemaligen Nationalsozialisten durchsetzt“ und „daß die SED bereits 1945 bewährten braunen Praktikern die Hand zur Zusammenarbeit gereicht hat, wenn sie nur bereit waren, das Hakenkreuz mit Hammer und Sichel zu vertauschen und künftig für die neue ‚antifaschistische Ordnung‘ einzutreten.“[124]

Über 50 ehemalige NSDAP-Mitglieder waren damals Abgeordnete der Volkskammer, darunter Siegfried Dallmann, der ehemalige NS-Gaustudentenführer in Thüringen, und Wilhelm Adam, ehemaliger Oberscharführer der SA und Referent für weltanschauliche Schulung beim Stab der Standarte 94 in Weimar. Zwölf ehemalige Nationalsozialisten werden in der Broschüre als Mitglieder oder Kandidaten des Zentralkomitees der SED, des obersten Führungsgremiums der Partei, aufgeführt.

Daran hat sich bis heute nicht viel geändert, sieht man vom natürlichen, altersbedingten Ausscheideprozeß ab. Zwei Minister und Mitglieder des Präsidiums des Ministerrats: Der Minister für Wissenschaft und Technik, Herbert Weitz, ZK Mitglied der SED, war NSDAP-Mitglied seit 1. September 1942, der Minister für Umweltschutz und Wasserwirtschaft, Hans Reichelt, trat der NSDAP am 20. April 1943 bei.

Aber nicht nur jene, die an ihre Brust klopften und *pater peccavi* sprachen, fanden das Wohlwollen der Kommunisten, sondern auch durchaus nazistische und militaristische Kreise.

„1951 beispielsweise durfte der ehemalige HJ-Oberbannführer Wilhelm Jurzek ein Treffen früherer Hitlerjugendführer mit Funktionären der kommunistischen ‚Freien Deutschen Jugend‘ (FDJ) in Ostberlin organisieren. Die SED hatte keinen Grund, gegen das Wiedererwachen des Nazismus zu protestieren, sondern sie zahlte die Spesen.

Im gleichen Jahr wurde auch unter Ost-Berliner Regie und von dort mitfinanziert, ein ‚Führungsring ehemaliger Soldaten‘ gegründet, zu dessen Führungspersonal nicht nur einstige Offiziere der Waffen-SS und ehemalige Hitlerjugendführer gehörten, sondern in der Person des früheren SA-Oberführers Werner Schäfer auch der 1. Kommandant des Konzentrationslagers Oranienburg und spätere Kommandant aller Strafgefangenenlager im Emsland . . .

Zur Gewinnung ‚westdeutscher Militaristenkreise‘ ließ die SED von Rudolf Steidl ab 1951 die ‚Internationale Militär-Korrespondenz‘ herausbringen, die – geschickt und dem politischen Haushalt dieser Kreise angepaßt – die sowjetische Linie in der Deutschlandpolitik vertrat . . . Rudolf Steidl und Oskar Neumann zogen im Hintergrund für die SED ihre Fäden, gefeierter Redner war der Stuka-Oberst Hans-Ullrich Rudel. Heute ist er einer der beliebtesten Prügelknaben der Kommunisten – damals zahlte auch seine Spesen das Zentralkomitee der SED.“[125]

Eine lange Reihe derartiger Fakten könnte hier aufgetischt werden. Nur noch ein Hinweis: Die Nationaldemokratische Partei Deutschlands wurde 1948 nicht etwa auf Betreiben nationaler Kreise ins Leben gerufen, sondern auf Weisung der sowjetischen Militäradministration Deutschlands.

Selbstverständlich wollte man kein Wiedererstarken des Nationalsozialismus oder des Faschismus, aber im Kampfe gegen die bürgerlichen Kräfte wollte man den Liquidationsrest des Hitlerreiches geschickt für sich einspannen.

5. Gibt es eine befriedigende Erklärung?

Ist der Marxismus wirklich die Alternative zum Nationalsozialismus, Stalin *die* Alternative zu Hitler? Wer den konkreten Menschen des 20. Jahrhunderts und nicht irgendwelche Schimären als Maßstab der Beurteilung wählt, kann diese Fragen schwerlich bejahen, es sei denn, daß er die Augen vor der Wirklichkeit des Gestern und Heute verschließt. Jene, die sich aus Abneigung gegen Hitler den Kommunisten anschlossen, haben Hitler zutreffend gewürdigt, eine Leistung, die bei weitem nicht allen anständigen und intelligenten Menschen im In- und Ausland gelang. Doch wie konnten die gleichen Leute zu einer so katastrophalen Fehleinschätzung der kommunistischen Welt kommen?

Eine befriedigende Antwort wurde bis heute nicht gefunden. Als Thomas und Heinrich Mann, als Bert Brecht und Lion Feuchtwanger, als Anna Seghers und Johannes R. Becher, als Arnold Zweig und Stefan Heym nahezu alle Fakten, die oben aufgeführt worden sind, wissen konnten und sicherlich teilweise auch wußten, haben sie gleichwohl noch pathetische Urteile über die überaus fragwürdige rote Alternative abgegeben, zu einer Zeit, als Stalin schon Dutzende von Schriftstellern hatte ermorden lassen und Dutzende anderer Schriftsteller wie Arthur Koestler und André Gide das sowjetische System auf das Entschiedenste verurteilt und dem NS-System an die Seite gestellt hatten. 1949 verstieg sich beispielsweise Thomas Mann zu der Äußerung: „Der autoritäre Volksstaat hat seine schaurigen Seiten. *Die* Wohltat bringt er mit sich, daß Dummheit und Frechheit endlich einmal darin Maul zu halten haben."[126]

War es nicht weithin Dummheit und Frechheit, was aus dem Munde der Funktionäre autoritärer Volksstaaten quoll? War es nicht Dummheit, die aus *Thomas Mann* sprach, als er 1950 erklärte: „Wenn nichts anderes mir Achtung für sie [die russische Revolution] geböte, so wäre es ihre unveränderliche *Gegenstellung zum Faschismus* ..."[126]

Und ist es nicht schauerlich zu hören, wie Heinrich Mann die Vorgänge in der Sowjetunion glossierte?

1937: „Endlich unternimmt ein Staat, aus den Menschen gerade das zu machen, was wir schon immer wollten, vernünftige Wesen, die allesamt arbeiten für das Glück jedes einzelnen, und aus jedem einzelnen soll etwas Höheres und Besseres werden innerhalb einer Gesamtheit, die sich weiter vervollkommnet. Zu wissen, daß es einen solchen Staat gibt, macht glücklich."[126]

Und 1943: „Die Sowjetunion liebe ich voll gegenwärtig. Sie ist mir nahe – und ich ihr. Sie liest mich massenhaft, gibt mir zu leben, und ich sehe ihr zu, als wäre sie schon die Nachwelt, die mich kennt."[126]

Dies alles trotz der beschwörenden Appelle André Gides und vieler anderer, die aus dem Irrtum zurückgekehrt waren: „Ich bezweifle, daß es ein Land gibt, in dem Geist und Gemüt der Menschen vollständiger versklavt sein können als in der Sowjetunion."[127]

Heinrich Manns Ausführungen lassen darauf schließen, daß ihm die hohe Auflage seiner Bücher in der Sowjetunion schmeichelte. Das bedeutete Ruhm und Reichtum. Ging es den Sowjets wirklich nur darum, westliche Autoren ihren Lesern vorzustellen? Oder wußten sie nicht vielmehr um die Möglichkeiten, auf diese subtile Weise sich das Wohlwollen westlicher Schriftsteller zu sichern? *Arthur Koestler* überschreibt ein ganzes Kapitel seiner Erinnerungen mit „Schmiergelder".[128] Aber ist damit das Rätsel gelöst? Ist die ganze Kommunismusbegeisterung westlicher Intellektueller nichts anderes als das Ergebnis massiver, kaum verhüllter Bestechung? Daß Menschen mit Geld und Ruhm käuflich sind, gehört zu den Binsenweisheiten der Weltgeschichte. Aber gilt das für alle, für eine so große Zahl?

Die Hauptursachen dieses Irrsinns sind anderswo zu suchen. Eine nennt Kantorowicz: „... die wahren Demokraten, die Liberalen, die freien Geister Europas und Amerikas waren von Schrecken ergriffen über den Aufbruch der Unterwelt im Herzen Europas – was dahinter, jenseits der schwarzen Wälder in den großen Ebenen vor sich ging, war nicht so nahe, schien nicht so unmittelbar bedrohlich. Ja, es hatte den Anschein, als fände sich dort, wenngleich aus ganz verschiedenen Motiven, ein zeitweiliger Verbündeter."[129]

Kantorowicz ist es auch, der das furchtbare Erwachen am eindrucksvollsten – unter Zuhilfenahme einer Fabel – zu schildern weiß:

> Nicht mehr weit von seinem Dorf entfernt, begegnet ein chinesischer Bauer dem Kinde eines Nachbarn, das ihm auf seine Frage, wohin es gehe, erzählt, es sei auf dem Wege zur Großmutter in der Kleinstadt. „Noch vor Schrecken bebend sagt der Mann: ‚Du kannst nicht dorthin, denn ein riesiger, feuerspeiender Drache lauert in einem Tümpel am Wege auf die Vorbeikommenden. Er hätte mich zerrissen, wenn mein Pferd nicht so schnell gewesen wäre. Setz dich hinten auf, wir reiten so rasch wie möglich in unser Dorf zurück ...' Das Kind, hinter ihm auf dem Pferd, beginnt ihn neugierig über die grausige Erscheinung des Drachen auszufragen. ‚Hatte er ein großes Maul?' ‚Ja', sagte der Bauer, ‚ein Maul so groß wie ein Tempeltor. Frag mich nicht, ich will nicht mehr daran denken.' ...

‚Und furchtbare Klauen hat er wohl auch gehabt?' ‚Klauen, mit denen er einen Tiger zerschmettern könnte, wie ich ein junges Bambusrohr breche. Nun ist es aber genug. Ich werde dir auf keine Frage mehr antworten. Ich will den Drachen vergessen und Buddha danken, daß ich mein Leben retten konnte.'

Einige Sekunden schwieg das Kind. Dann sagte es mit süßer, einschmeichelnder Stimme: ‚Sieh dich doch einmal um, sah er vielleicht so aus?' Der Bauer wandte sich um, da saß hinter ihm der Drache auf dem Pferd und drehte ihm mit seinen fürchterlichen Klauen augenblicks den Hals um.

Ja, so war das. Unser Erlebnis war es. Wir waren dieser Bauer. Wir glaubten uns und die Kinder unseres Volkes vor der Bestie Nazismus gerettet zu haben, aber wie wir uns umwandten, war das Untier, das uns in harmlos vertrauter Gestalt getäuscht hatte, hinter uns auferstanden und hielt uns in seinen mörderischen Klauen."[130]

Unter den Kommunismus-Sympathisanten sind Schriftsteller überproportional vertreten. Sie sind schaffende, gestaltende Menschen. Ihre Arbeit wird nicht durch die Wirklichkeit gezügelt, vielmehr ist das Papier geduldig und sträubt sich nicht, wenn der Künstler eine Welt modelliert, die weit mehr Wille und Hoffnung als Spiegelbild der realen Wirklichkeit ist. Die real existierende Welt befriedigt nicht. Anstatt sich mit ihr abzuquälen, wird das Seinsollende als – wenngleich ferne – Wirklichkeit ausgegeben und selbst tägliche Schreckensnachrichten reichen meist nicht aus, die Fata Morgana zu zerstören. Das erscheint als die beste Erklärung des Unfaßbaren, wenngleich sie den nüchternen Realisten ganz und gar nicht befriedigen kann und er kaum in der Lage ist, sie nachzuvollziehen.

IX. Milieu und Kommunismus

Radio DDR am 5. 5. 1978: „An der Karl-Marx-Oberschule der Stahlwerkerstadt Riesa beginnt heute der Unterricht mit einem feierlichen Appell zu Ehren des hundertsechzigsten Geburtstages von Karl Marx. W. V. fragte die zwölf- bis vierzehnjährigen Schüler, welche Gedanken ihnen dabei durch den Kopf gehen

Frage: ‚Eure Schule trägt einen bedeutenden Namen ... Hat er auch für dich eine persönliche Bedeutung ...?‘

Schülerin: ‚Ja, er hat für mich große persönliche Bedeutung, denn durch Karl Marx wurde der wissenschaftliche Sozialismus begründet, und ich finde, das ist sehr wichtig, denn sonst könnte ich heute nicht so glücklich und friedlich lernen und leben, und da versuche ich, immer gute Leistungen zu erzielen ...‘

Schülerin: ‚Für uns ist morgen ein großer Tag, da ist Jugendweihe. Da legen wir auch ein Gelöbnis ab, ob wir uns verpflichten, die Lehren von Karl Marx zu würdigen und auch zu verwirklichen.‘

Schülerin: ‚Mein Vorbild ist Karl Marx, weil eben Karl Marx, der hat Sachen vollbracht, was man sich gar nicht vorstellen kann! Die Sprachen, die er gesprochen hat, und was der alles für Bücher gelesen hat! Ich wäre stolz, wenn ich das, wenn auch nicht in so großem Maße, schaffen würde ...‘

Frage: ‚Und wo begegnet dir denn Karl Marx, wenn du so willst, in deiner Stadt ...?‘

Schülerin: ‚Wenn man so will, dann begegnet einem Karl Marx überall ...‘“[1]

Die Schülerinnen haben die Situation in den sozialistischen Staaten zutreffend beschrieben. Marx, Marxismus, Kommunismus liegen gleichsam in der Luft. Alle Litfaßsäulen rufen: „Die Lehre von Marx ist allmächtig, weil sie wahr ist." Kann man dort, wo die alleinpropagierte Weltanschauung der Marxismus ist, wo man anderen Weltanschauungen nicht oder nur in verstümmelter Gestalt begegnet, etwas anderes sein als Marxist, sofern man sich überhaupt eine Meinung bildet?

Anders ist die Situation in den westlichen Staaten. Aber auch hier wird das Weltbild der einzelnen häufig vom Milieu ihrer Kinder- und Jugendzeit nachhaltig geprägt.

1. Elternhaus

Ein neugeborenes Kind ist kein unbeschriebenes Blatt. Die Eltern haben dennoch die Chance, durch Erziehung ihren Stempel aufzudrücken. Der Einfluß des Elternhauses ist der nachhaltigste unter allen Umweltfaktoren. Das dürfte unbestritten sein:

> „Die Erziehung ist ein sozialer Prozeß im weitesten Sinne des Wortes. Alles ist an der Erziehung beteiligt: Menschen, Dinge, Ereignisse, vor allem aber die Menschen. Und davon an erster Stelle Eltern und Pädagogen . . ."[2]

Viele sind Kommunisten, weil sie den Kommunismus gleichsam mit der Muttermilch eingesogen haben. *Wanda Bronska-Pampuch:* „Ich bin nicht ganz aus eigenem Willen Kommunistin geworden, sondern gewissermaßen in den Kommunismus hineingeboren."[3] Ein besonders markantes Beispiel ist *Erich Honecker:*

„Ich erinnere mich noch genau, ich kam in unsere Stube, d. h. ich schlich mich hinein, weil ich neugierig war, was mein Vater mit einigen Genossen so Wichtiges zu besprechen hatte. Er hatte uns gesagt, er wolle nicht gestört werden. Sie diskutierten erregt, so daß sie mich nicht bemerkten. Vor ihnen lag irgendein gedrucktes Papier, aus dem mein Vater vorlas. Später sagte er mir, es sei eine Broschüre von Rosa Luxemburg über ‚Die Krise der Sozialdemokratie' gewesen. Davon wußte ich damals natürlich nichts, und ich hätte es auch nicht verstanden, aber die Namen Rosa und Karl sowie immer wieder die Worte Lenin und Revolution haben sich mir damals schon eingeprägt. Am nächsten Tag fragte ich Vater: ‚Was ist das: Lenin und Revolution?' Er guckte mich ganz groß an und versuchte, es mir verständlich zu machen. Ich glaube, er sagte damals: ‚Die Arbeiter im fernen Rußland, das ist weit weg von hier, die haben Revolution gemacht.' Und als ich immer noch nicht verstand, nahm er mich bei der Hand und ging mit mir in die Küche, wo meine Mutter Suppe kochte. ‚Sieh mal' sagte er, ‚du weißt doch, wir haben nicht viel zu essen, und Mutter hat es schwer. Aber andere, für die ich arbeiten muß, leben von dem, was ich schaffe.' Er zeigte aus dem Fenster. ‚Siehst du diesen Apfelbaum da. Stell dir vor, ich klettere 'rauf und hole die Äpfel 'runter. Und ein anderer steht dabei und guckt zu. Und wenn ich sie alle eingesammelt habe, dann gibt er mir ein paar, und die ganze Kiepe mit den vielen Äpfeln nimmt er für sich. Und das haben die in Rußland geändert. Jetzt kriegt jeder, was er verdient. Die Äpfel behält der, der sie pflückte. Und Frieden wollen sie auch machen. Und die Kohlengruben gehören nicht mehr wenigen, sondern allen, die da arbeiten. Und das hat Lenin gemacht. Und das wollen die Rosa und der Karl auch bei uns machen ...' Ich weiß das noch wie heute, und erinnere mich noch, als dann die Revolution auch zu uns kam, fragte ich meine Mutter, ob wir denn jetzt die Äpfel alle bekommen von dem Baum da ..."[4]

Mußte sich nicht Erich für Rußland, Lenin und den Kommunismus begeistern?

Lew Kopelew erfuhr aus dem Munde seiner Erzieherin: „Der Kommunismus ist ein großes Ideal. Der erste Kommunist war Christus. Alle guten Menschen haben von Gleichheit, Brüderlichkeit und Gerechtigkeit geträumt . . ."[5]

Auch *Wolfgang Leonhard* war schon Kommunist, bevor er sich noch selbst dafür entscheiden konnte. Seine Mutter nannte ihn Wladimir,[6] und man darf daraus mit einer an Sicherheit grenzenden Wahrscheinlichkeit folgern, daß dies aus Verehrung für Wladimir Iljitsch Lenin geschah: „Für meine Mutter war es nicht die erste Reise nach Moskau. Sie hatte schon 1924 die Sowjetunion besucht. Während des Ersten Weltkrieges hatte sie dem Spartakusbund angehört und war 1918 der Kommunistischen Partei beigetreten . . . Eines nachmittags, als wir in der herrlichen Umgebung Stockholms spazieren gingen, wurde ich in die Pläne meiner Mutter eingeweiht. ‚Du bist jetzt schon ein großer Junge', begann sie ‚ich möchte mit dir einmal über unser weiteres Leben sprechen.' Ich nickte und machte ein ernstes Gesicht – wie alle dreizehnjährigen Jungen, die man wie Erwachsene behandelt. ‚Ich möchte keine Entscheidungen ohne deine Einwilligung treffen. Die Sache steht so: In Schweden können wir nicht bleiben, weil ich hier keine Arbeit bekomme. Ich habe von hier aus an Freunde und Bekannte geschrieben. Wir haben zwei Möglichkeiten: Wir können nach England fahren . . . Das wäre die eine Möglichkeit.' ‚Und die andere?' fragte ich.

Meine Mutter stockte ein wenig. ‚Wir könnten in die Sowjetunion fahren.' ‚Ich bin für die Sowjetunion', sagte ich mit Bestimmtheit."[7]

In den sozialistischen Staaten wird den Eltern das Erziehungsziel vorgeschrieben. Sie haben ihre Kinder zu staatsbewußten Bürgern zu erziehen. Heißt das zum Marxismus-Leninismus? Ja, wie aus amtlichen Verlautbarungen eindeutig hervorgeht.[8] Daher ist es nur konsequent, wenn Republikflüchtlingen das Sorgerecht entzogen wird, denn sie halten offenbar nichts vom Sozialismus und können ihn daher kaum überzeugend vermitteln.

2. Kinderkrippen und Schulen

Da Eltern bei ihrer Erziehungsarbeit nicht so angeleitet und überwacht werden können wie angestelltes Personal, ist die Partei darauf bedacht, den Eltern möglichst rasch und umfassend die Erziehung abzunehmen. Nicht zuletzt deshalb die weit größere Zahl von Kinderkrippen als bei uns. Sollten es die Eltern versäumt haben, Erich Honeckers Apfelbaumgeschichte den Kindern eindringlich zu erzählen, so wird das jetzt gründlich nachgeholt. Die ideologische Indoktrination der Kleinkinder ist eine hinlänglich belegte Tatsache.[9]

Reiner Kunze schildert in „Die wunderbaren Jahre" den Alltag der Kinder und Jugendlichen in der DDR so:

„Sechsjähriger
Er durchbohrt Spielzeugsoldaten mit Stecknadeln.
Er stößt sie ihnen in den Bauch, bis die Spitze
aus dem Rücken tritt.
Er stößt sie ihnen in den Rücken, bis die Spitze aus der Brust tritt.
Sie fallen.
‚Und warum gerade diese?'
‚Das sind doch die andern.' "[10]

Daß ein Schulunterricht, in dem Dichtung und Wahrheit geschickt vermengt sind, seine Wirkung nicht verfehlt, liegt auf der Hand.

Günther Zehm: „Was der Lehrer im Gegenwartskunde-Unterricht über den kapitalistischen Krisenzyklus erzählte, der notwendig in Krieg und Tod enden müsse, leuchtete mir außerordentlich ein. Ich begriff nicht, weshalb soviele Leute aus meinem Bekanntenkreis gegen die Kommunisten waren. Die Kommunisten sagten doch offensichtlich die Wahrheit, ihre Argumentation war konkret, sie gingen von unserem Elend aus und erklärten einem, weshalb es *dahin gekommen war. Das kapitalistische Wirtschaftssystem war an allem schuld, die Ausbeutung des Menschen durch den Menschen. Der Feind war genau bezeichenbar: Nicht die vielen einfachen Leute waren der Feind, welche einst stundenlang am Straßenrand gewartet hatten, um Hitler zuzujubeln, welcher die Stadt passierte, sondern der Feind hielt sich im Hintergrund, es war der Fabrikant . . .*"[11]

Da aber die Vermittlung schwieriger ideologischer Probleme und die Anwerbung der Kinder für die FDJ durch Hinführung zum marxistischen Denkschema sich als undurchführbar erwies, versuchte man, eine emotionale Bindung durch Begeisterung für die großen Vorkämpfer und Märtyrer der Partei zu erwecken. „Oft erschienen auch Altkommunisten in der Schule und erzählten nicht ohne Rührseligkeit aus der Kampfzeit."[12]

Siegmar Faust: „In den letzten Jahren lehrt man in der Erweiterten Oberschule (EOS) der DDR Philosophie, natürlich nur marxistische Philosophie. Ich war damals davon begeistert. Der Geschichtslehrer verstand es, mir diesen Lehrstoff auf interessante Weise nahezubringen, und ich wiederum versuchte, den Marxismus auch auf mein Leben, auf meine Umwelt anzuwenden. Die Folge davon war, daß ich zum FDJ-Funktionär gewählt wurde und die letzten zwei Jahre stellvertretender FDJ-Sekretär an der Oberschule in Dresden war."[13]

Die Rechtsordnung bei uns unterscheidet sich davon grundsätzlich. Der Staat verzichtet nicht nur darauf, *den Eltern* das Erziehungsziel vorzuschreiben oder nahezulegen. Im Grundgesetz finden wir nicht einmal eine Aussage darüber, warum die Kinder die Schule besuchen müssen. Rahmenrichtlinien der Kultusministerien füllen die Lücken, wobei gelegentlich Konfliktbewußtsein und Klassenkampf im marxistischen Sinne die tradierten Werte und demokratischen Tugenden verdrängt haben (Hessische Rahmenrichtlinien). Auch zugelassene Schulbücher wirken nicht selten in dieser Richtung.[14] Sie machen keine laute Reklame für den Marxismus, aber sie vermitteln die Gedanken von Schriftstellern, deren Marxismusbegeisterung bekannt ist, unterlassen jedoch meist eine kritische Auseinandersetzung. Sogar Marxismus und Leninismus werden auf diese Weise als Lehrstoff angeboten. Auf die Frage, warum nicht geprüft und diskutiert werde, was richtig, fragwürdig oder nachweislich falsch sei, heißt es in der Regel, das sei doch evident oder darauf müßten die Schüler selbst kommen. Marx und Lenin werden ebenso distanziert, ja unkritisch, abgehandelt wie Plato und Aristoteles. Der Marxismus könnte aber keine weltweiten Erfolge verbuchen, wären auch nur seine hauptsächlichen Mängel ohne entsprechende Schulung und Vertrautheit mit ökonomischen und historischen Fakten erkennbar.

3. Jugendverbände, Gewerkschaften, Parteien

Das Netz, das dazu dient, den menschlichen Geist einzufangen, ist in sozialistischen Staaten scheinbar lückenlos. Was Elternhaus, Kindergarten und Schule mißlingt, bleibt Aufgabe des Jugendverbandes, der Gewerkschaft oder der Partei. Nicht nur die Gewerkschaft, die nach westlichen Maßstäben diese Bezeichnung nicht verdient, ist Einheitsgewerkschaft. Auch im Bereich der Jugendverbände gibt es keine Alternative. Ideologie ist Pflicht. Ideologie ist immer und ausschließlich Marxismus-Leninismus.

Auf dem Papier existieren in manchen sozialistischen Staaten mehrere Parteien, aber dann, wie es in der Verfassung der DDR heißt,[15] „unter Führung der Arbeiterklasse und ihrer marxistisch-leninistischen Partei". Die anderen, die aus Zweckmäßigkeitserwägungen geduldeten sogenannten kleinbürgerlichen Parteien, haben kein selbständiges Programm, keine Möglichkeit zur kritischen Artikulation.

Über die Methoden der parteipolitischen Schulung und ihre Erfolge schreibt *Günther Bartsch:* „Das Unterrichtspensum auf der Landesparteischule gliederte sich vor allem in Politökonomie, marxistische Philosophie nach Stalin, Geschichte der KPdSU und deutsche Geschichte am Leitfaden des historischen Materialismus. Das jeweilige Hauptthema wurde täglich in Referat und Seminar durchgearbeitet, worauf ein verbindliches Selbststudium bestimmter Texte folgte, welches bis in die Nacht dauern konnte. Es kamen stets drei Ergebnisse heraus:

a) Der Marxismus-Leninismus ist die höchste Form der Wissenschaft. Er enthält alle Gesetzmäßigkeiten der geschichtlichen Entwicklung. In dieser theoretischen und zugleich metallischen Rüstung, von der alle Pfeile des Klassenfeindes abprallen, schreitet der Kommunismus unaufhaltsam über die gesamte Erde.

b) Was die Sowjetunion stärkt, nützt allen Kommunisten und Völkern, selbst wenn es auf ihre Kosten zu gehen scheint. Wir müssen sie daher allseitig unterstützen und ihrer Führung bedingungslos folgen.

c) Die Kommunistische Partei ist die höchste Organisationsform der Arbeiterschaft und aller Werktätigen, die Avantgarde der Zukunft. Es gibt in Deutschland keine höhere Ehre, als Mitglied der SED/KPD zu sein, aber auch keine größere Verpflichtung, als ihr treu und ergeben zu dienen, jeden Beschluß der Zentrale wie ein Gesetz zu beachten und unter Einsatz aller Kräfte zu realisieren.

So wurde in jedem Schüler das missionarische Bewußtsein erzeugt, dem auserlesensten Vortrupp der Zukunft anzugehören, im Besitze der alleingültigen Wahrheit zu sein und hoch über allen Nichtkommunisten zu stehen.

Ich war davon ergriffen, und so ergriff mich auch der Marxismus. Er drang nun durch alle Poren in mich ein und färbte sämtliche Fasern meines lebendigen Gewebes."[16]

Daß es auch in der westlichen Welt kommunistische Jugendverbände, kommunistische Gewerkschaften, kommunistische Parteien gibt, ist hinlänglich bekannt. Sie vereinigen die Faszinierten und faszinieren die, die Vereinigung suchen:

Herbert Wehner: „Meine sozialistischen Impulse waren ganz andere. Ich habe zunächst einmal die Gemeinschaft der Jugendgruppe erlebt. Ich habe die Gemeinschaft vieler Jugendgruppen zueinander erlebt. So fing es an. Das gestehe ich ehrlich ..."[17]

Doch nicht nur dort wird die Faszination für den Kommunismus betrieben. Auch Jugendorganisationen demokratischer Parteien vertreten und verbreiten typisch marxistische Parolen, zum Beispiel die deutschen Jungsozialisten die Leninsche Stamokapideologie.[18]

4. Karriere

Nicht alle, die das Mitgliedsbuch einer kommunistischen Partei in der Tasche tragen, sind überzeugte Kommunisten. Sie fasziniert nicht der Kommunismus, sondern der Vorteil, der mit dem Bekenntnis verbunden ist.

„Die meisten FDJler der unteren Ränge betrachten die Lehren von Marx und seinen Nachfolgern als uninteressantes Geschwätz, das man nachkaut und auswendig lernt, weil man Karriere machen will, oder weil es auf der Schule oder auf der Universität gefordert wird."[19]

Gelegentlich wird der eigene Erfolg als Bestätigung des Kommunismus mißdeutet:

> „Und es kommt hinzu, daß man eines Tages feststellt: Das beste Beispiel der kommunistischen These bist du ja selbst. Seit du Kommunist geworden bist, ging alles viel einfacher, du bist vorwärts gekommen ... Diese Menschen sagen sich: ‚Ich bin ein lebendiger Beweis für die Zukunft des Kommunismus!', und das sollten wir nicht unterschätzen."[20]

Auch schlichtes Mitläufertum und Anpassungsbedürfnis dürften häufig das „Kommunist-sein" bewirken. Da aber in diesen Fällen keine echte Kommunismusfaszination vorhanden ist, ist eine eingehendere Auseinandersetzung mit solchen Motiven hier nicht angezeigt.

X. Marx, der Mythos unserer Zeit

1. Des Königs kluge Untertanen

Nicht allein die *Jugend,* aber sie ganz besonders, braucht und *sucht Vorbilder,* auch wenn sie sich dessen nicht bewußt ist. Das Vorbild bietet Halt, führt zum Ziel und zeigt zugleich, welche Möglichkeiten der Selbstverwirklichung in uns stecken.

Wo finden wir unsere Vorbilder? Wer hat schon die Zeit und die Fähigkeit, alle als Vorbilder in Betracht kommenden auf Herz und Nieren zu prüfen? Die allermeisten werden geführt oder verführt, unterliegen den Einflüsterungen des Zeitgeistes, werden mitgerissen von dem, der en vogue ist.

Finden wir den Mut, uns oder gar anderen dies einzugestehen? Wenn wir des Kaisers neue Kleider nicht sehen, wären wir doppelt dumm, würden wir, um bei Andersens symbolträchtigem Märchen zu bleiben, unsere Dummheit auch noch bekennen. Daher tut jeder so, als habe er sich ein eigenständiges Urteil gebildet.

Was ziemlich allgemein gelten dürfte, gilt auch für Marxisten. Mehr als 12jähriger Kontakt mit Studenten der Politischen Wissenschaft, die Marxisten sind, hat gezeigt, daß kaum einer unter hundert über Marx und den Marxismus näher Bescheid weiß. Vielerlei *Motive* lassen sie auf Marx schwören. *Eines der bestimmendsten* ist, *daß ihnen Karl Marx meist nur in verklärter Gestalt begegnet,* als griechischer Heros gleichsam, „als ein zwischen Göttern und Menschen stehender Held, als Halbgott, der im Leben große Taten vollbracht und nach seinem Tode die Fähigkeit erlangt hat, den Menschen aus eigener Macht Hilfe zu leisten."[1]

2. Der „größte Sohn des deutschen Volkes"

Als Student wohnte Marx in Berlin. Eine große Tafel am Haus Luisenstraße 60 erinnert daran, daß hier der „größte Sohn des deutschen Volkes"[2] gelebt hat. In amtlichen Verlautbarungen stoßen wir auf die gleiche Würdigung. Im Vorwort zur deutschen Ausgabe der Marx/Engels-Werke heißt es: Marx und Engels „schenkten der Menschheit die größte Errungenschaft der Weltgeschichte: die Wissenschaft von der Befreiung des Proletariats und aller Unterdrückten, die Wissenschaft von der Errichtung der kommunistischen Gesellschaft."[3] Wie eine Schülerin sagte,[4] begegnet einem Karl Marx überall. Wer dann noch berücksichtigt, daß Marx den *Deutschen* die Führungsrolle auf dem Weg in die Zukunft zusprach (*„die Emanzipation des Deutschen* ist die *Emanzipation des Menschen"),*[5] der muß förmlich in Ehrfurcht erstarren oder in Begeisterung ausbrechen, wenn er nur den Namen *„Marx"* hört: Marx, das Beste vom Besten.

Der Einwand liegt nahe, die Luisenstraße befinde sich in Ost-Berlin, wo auch die Marx/Engels-Werke erschienen sind. Die Schülerin wurde in der DDR befragt und die Öffentlichkeitsarbeit steht unter der Regie der SED. Aber beschränkt sich das übergroße Lob wirklich auf die DDR und den sozialistischen Machtbereich, oder ist nicht auch im Westen Marx jene Gestalt, die allen anderen den Rang abläuft?

Marx ist *die* epochale Erscheinung, gleichsam *der* Superstar, dem kein anderer das Wasser reichen kann. Zu dieser Überzeugung gelangt zwangsläufig, wer sich die großen auf Marx gemünzten Worte namhafter Persönlichkeiten aus verschiedenen Disziplinen und politischen Richtungen vergegenwärtigt. Hier nur eine kleine Auswahl.[6] Beginnen wir mit Politikern, wie dem Vorsitzenden der Sozialistischen Internationale, *Willy Brandt:* Marx und Engels haben „dem Denken eine neue Dimension und der Welt eine neue Hoffnung gegeben.“[7]

Österreichs Bundeskanzler, *Bruno Kreisky,* meint: „Karl Marx gehört zu den großen Erscheinungen der modernen Geschichte, und niemals vorher hat das Wirken eines Gelehrten – und Marx war primär ein Gelehrter – solche gewaltige Massen bewegt, wie das in seinem Namen geschehen ist.“[8]

Herbert Wehner beschwört seine Freunde: „Liebe Genossinnen und Genossen, ich bin der Überzeugung, daß marxistisches Denken ... und marxistische Methode für unsere sozialdemokratische Partei unentbehrlich sind ...“[9]

In den Preisgesang unorthodoxer Sozialisten stimmt der liberale ehemalige Bundespräsident *Walter Scheel* ein: „Warum sollten wir einen so klugen Deutschen wie Karl Marx ganz und gar den Marxisten überlassen?“[10]

Man kann fast unterstellen, daß marxistische Philosophen Marx zum Alpha und Omega ihres Denkens machen:

„Wie Faust Helena in jedem Weibe, so sieht *Bloch* in jeder großen geistigen Erscheinung Marx. Nicht nur alle philosophischen Gedankensysteme, mehr noch, alle höheren Religionen haben bei Bloch im letzten das gleiche wie Marx gemeint, sich aber aus ihrer geschichtlichen Bedingtheit heraus selbst mißverstanden."[11]

„‚Marxisten sind wir alle', sagte *Sartre* schon vor 20 Jahren. Für die Menschen des 20. Jahrhunderts ist der unüberwindliche Rahmen des Wissens der Marxismus, er ist in unserer Epoche der ‚Nährboden aller Einzelüberlegungen' und der ‚Horizont aller Kultur'."[12]

Was bei Bloch und Sartre nicht weiter verwundert, überrascht bei Wissenschaftlern, die sich nicht im Dunstkreis des Marxismus bewegen:

Theimer: Marx „ist aus der Geschichte dieser Zeit nicht wegzudenken ... Er schuf die moderne Arbeiterbewegung."[13]

Der jüdische Gelehrte *Löwenstein* glaubt Beweise zu haben für „die wissenschaftliche Redlichkeit und die menschliche Größe von Marx":[14]

„Weil er selbst seine materialistische Geschichtsschreibung für eine empirische Forschungsweise und nicht für eine dogmatische Geschichtstheorie hielt, schrieb Marx unbekümmert nieder, was er in seiner empirischen Untersuchung feststellte. Es kam ihm gar nicht in den Sinn, daß hier eine metaphysische Hypostasierung vorliegen *könne.* Im guten Glauben erwiderte er einem Anhänger, der seine materialistische Geschichtsauffassung als Doktrin ansah: ‚Je ne suis pas marxiste'."[15]

„So wurde im Namen von Marx und Lenin, die erfüllt waren von der humanistischen Tradition des Abendlandes und eine menschliche Erneuerung anstrebten, der unmenschliche monolithische Block geschaffen, der jedes freie politische und geistige Leben erstickte."[16]

Auch der wohl tiefsinnigste Marxkenner, *Arnold Künzli,* kommt bei aller Kritik zu einigen recht positiven Aussagen:

Marx, „der mit einem ungewöhnlichen Intellekt Begabte, der sich seinen Mitschülern, meist Söhnen von Moselbauern, überlegen fühlen mußte, ..."[17]

„Aber indem Marx den Akzent vom Bewußtsein auf das Sein verlagerte, vollbrachte er eine historische Tat: Er machte die Zeit aufmerksam auf die bis dahin allzugern übersehene oder zumindest nicht genügend gewürdigte Tatsache, daß das Leben und die Geschichte der Menschen nicht allein durch Geist, sondern auch durch die sozio-ökonomischen Verhältnisse bestimmt werden. Er hatte damit dem menschlichen Bewußtsein in seinem Selbstverständnis eine neue Dimension erschlossen ...[18]

Ganz besonders glaubwürdig sind positive Feststellungen über Marx aus dem Munde oder der Feder katholischer Theologen. Hat nicht Marx den Gottesglauben und jede Religion verspottet, dem Christentum ein baldiges, begrüßenswertes Absterben vorausgesagt? Haben nicht andererseits Päpste Marxismus und Kommunismus mit aller Deutlichkeit verurteilt?[19]

Wenn dennoch auch von dieser Seite Marx mit großem Respekt behandelt wird, so müssen denn doch unbestreitbare Einsichten zugrundeliegen.

Der angesehene Jesuit *Oswald von Nell-Breuning* (Papst Johannes Paul II.: „Ja – das ist ein ganz Großer")[20] schreibt: „Ohne Übertreibung wird man sagen können, daß unter allen engagierten Anti-Marxisten der Gegenwart kein einziger ist, der nicht eine Fülle von Marx gelernt hätte ... Die große geistige Leistung von Marx ist seine Analyse der industrie-kapitalistischen Gesellschaft, seine Erkenntnis des Klassencharakters dieser Gesellschaft. Weder die in Staat und Wirtschaft noch die im kirchlichen Bereich einflußreichen Kreise hatten den durch die Französische Revolution und den aufkommenden Industrialismus ausgelösten gesellschaftlichen Strukturwandel erkannt."[21]

Von Nell-Breuning behauptet sogar, marxistisches Gedankengut habe in die in Fachkreisen bestens bekannte päpstliche Enzyklika Quadragesimo anno Eingang gefunden:

„Das alles können wir von Marx lernen, und was die katholische Kirche angeht, hat sie das vor nunmehr 40 Jahren in ein päpstliches Lehrschreiben übernommen und damit offiziell ihrer Soziallehre einverleibt."[22]

Schon vorher, aber auch später noch, hat von Nell-Breuning formuliert: „Wir alle stehen auf den Schultern von Marx."[23], eine Formulierung, die von deutschen Sozialisten aller Ränge dankbar und anerkennend zitiert wird.[24] Im gleichen Sinne äußert sich *Hans Küng:* „Konzentriert man sich sogleich auf das Negative, so übersieht man leicht, ... was die ganze Welt Karl Marx verdankt."[25]

Der in Fachkreisen bestens bekannte Dominikanerphilosoph *Joseph Bochenski* schreibt: „Die Marxsche ökonomische Deutung der Geschichte scheint mir an und für sich ein großer Fortschritt in der Deutung der gesellschaftlichen Phänomene zu sein. Etwas vorsichtiger formuliert ist sie ganz sicher wahr. Es ist nämlich sicher, daß das Denken der Gesellschaft, wie auch das Denken der Einzelmenschen, weitgehend durch ihre materiellen Interessen, durch den Typus ihres materiellen Lebens, beeinflußt ist.“[26]

Auf einer Tagung „Grundlagen und neuere Erscheinungsformen des Marxismus“[27] äußerte *Bochenski:* „In gewisser Weise sind wir alle Marxisten.“[28] Um eine Begründung gebeten, meinte er, Marx habe uns die Ausbeutung und die skandalöse Kinderarbeit zum Bewußtsein gebracht, Marx sei ferner der Begründer der Soziologie.

Ist es angesichts der Fülle, Eindeutigkeit und Schwere dieser Aussagen verwunderlich, daß sich die Katholische Akademie Trier mit vier Veranstaltungen an der Gedenkwoche beteiligte, die aus Anlaß des 150. Geburtstages von Karl Marx begangen wurde?

> In der Ankündigung hieß es: „Es soll herausgestellt werden, daß auch für Marx der Mensch das höchste Wesen war ... Andererseits ... gab Marx der Kirche den Anstoß, Gott weniger mystisch und immer mehr durch den Bruder zu sehen ... Christentum und Marxismus ... scheinen sich heute entgegenzukommen.“[29]

Überschwengliche Bewunderung des Genius Karl Marx ist aber keineswegs eine Modeerscheinung der Nachkriegszeit. Schon Marxens sonst recht nüchterner *Vater* schwärmte von den Talenten, „die die Mutter Natur ihm in der Tat verschwenderisch verliehen.“[30]

Wenige Jahre später ist bereits der erste Höhepunkt der Marx-Idolatrie erreicht:

> Moses Heß: „Es ist dies eine Erscheinung, die auf mich ... einen imposanten Eindruck machte; kurz, du kannst dich darauf gefaßt

machen, den größten, vielleicht den *einzigen* jetzt lebenden *eigentlichen* Philosophen kennenzulernen, der nächstens, wo er öffentlich auftreten wird (in Schriften sowohl als auf dem Katheder), die Augen Deutschlands auf sich ziehen wird ... Dr. Marx, so heißt mein Abgott, ist noch ein ganz junger Mann (etwa 24 Jahre höchstens alt), der der mittelalterlichen Religion und Politik den letzten Stoß versetzen wird; er verbindet mit dem tiefsten philosophischen Ernst den schneidendsten Witz; denke dir Rousseau, Voltaire, Holbach, Lessing, Heine und Hegel in einer Person vereinigt; ich sage *vereinigt,* nicht zusammengeschmissen – so hast du Dr. Marx."[31]

Engels beginnt seine Ansprache am offenen Grab mit den Worten: „Am 14. März ... hat der größte lebende Denker aufgehört zu denken."[32]

Trotzki nennt Marx einen „Übermenschen" und stellt ihn neben Aristoteles und Goethe.[33] Der 1946 nobelpreisgekrönte Biotechniker H. J. Muller wollte Vaterschaft der Elite vorbehalten und nannte in diesem Zusammenhang neben Darwin und Lenin Karl Marx.[34]

Ein gewaltiger Chor zur höheren Ehre von Karl Marx. Wer kann sich seiner Faszination entziehen, auch wenn er nur Ausschnitte daraus hört. Hat damit nicht gleichsam die Geschichte ihr zeitlos gültiges Urteil über Marx gesprochen: Er hat sich um die Welt verdient gemacht!? Wird damit nicht jeder Gedanke an Kritik zur Kritik eines solchen Gedankens? Hat Marx sich nicht schon selbst über jede Kritik gestellt, als er sich den Wahlspruch Dantes zu eigen machte: „Segui il tuo corso, e lascia dir le genti! – Geh' deinen Weg und laß' die Leute reden."[35]

3. „Wissenschaft zerstört Mythen"[36]

Ist hohes Lob aus vielen Kehlen ein untrügliches Zeichen dafür, daß es verdient ist? Kein Zweig der Wissenschaft, kein Bereich des Geistes kann sich rühmen, *Hitler* den Kotau verweigert zu haben, kein größeres europäisches Land, es habe dort keine Hitleranhänger gegeben.[37] Die meisten Verehrer standen nicht unter Druck. Das ist offenbar unbestritten und bedarf daher hier keines langatmigen Beweises.

Zwei so grundverschiedene Männer wie der Jugoslawe *Tito* und der Russe *Solschenizyn* stimmen darin überein, daß Hitler, trotz der Millionen Toter, die ihn anklagen, von *Stalin* noch übertroffen wird. Eine entsprechende Äußerung Titos wurde bereits in anderem Zusammenhang zitiert.[38]

> Solschenizyn: „Diese Menschen, die am eigenen Leib vierundzwanzig Jahre kommunistisches Glück zu spüren bekommen hatten, wußten 1941 bereits, was noch niemand in der Welt wußte: daß es auf dem ganzen Planeten und in der ganzen Geschichte kein bösartigeres, blutrünstigeres und gleichzeitig *raffinierteres Regime* gibt *als* das *bolschewistische,* welches sich selbst ‚sowjetisches' nennt; daß ihm weder an Vernichtungseifer noch an Beharrungsvermögen noch an radikaler Zielsetzung, noch an durch und durch ‚unifizierter Totalitarität' irgend ein anderes irdisches Regime gleichkommt, nicht einmal das schülermäßige Hitlerregime, welches damals dem gesamten Westen den Blick trübte."[39]

Und dennoch wurde Stalin in und außerhalb der Sowjetunion gleichsam in den Himmel gehoben:

> „Das Werk Stalins wurde vom einmütigen Chor der sowjetischen Ideologen und Philosophen als eine Spitzenleistung der marxistischen Philosophie und als ein umwälzender Moment in der Geschichte der Philosophie überhaupt begrüßt. Auf diese Behauptung, d. h. auf Panegyrika zu Ehren der Broschüre Stalins, lief nahezu die gesamte sowjetische Philosophie der folgenden fünfzehn Jahre hinaus."[40]

> „In dieser Flut von Lobeshymnen auf Stalin war nicht wenig Aufrichtigkeit. Es überwog jedoch das geschickt ermutigte Speichellek-

kertum. Allein der Umstand, daß Mitglieder des Politbüros ... die Lobeshymnen anführten, verlieh ihnen einen amtlichen Charakter und zwang somit auch jene einzustimmen, die Stalin bislang keineswegs als unfehlbares Genie eingeschätzt hatten. Dem allgemeinen Jubelchor schlossen sich auch ehemalige Oppositionelle an, ja, ihre Stimmen übertönten gelegentlich sogar die anderen. Einer nach dem anderen publizierte, Sinowjew, Kamenew, Bucharin und andere Oppositionelle, Artikel, in welchen sie gestanden, geirrt zu haben, während ‚der große Führer der Werktätigen der ganzen Welt', Genosse Stalin, immer im Recht gewesen war. Die erste Nummer der *Prawda* brachte 1934 einen riesigen zweiseitigen Artikel, in welchem Radek geradezu orgastisch Lob über Stalin ausschüttete. Dieser ehemalige Trotzkist, jahrelang aktiver Anführer der Opposition gegen Stalin, nannte diesen nun ‚Lenins besten Schüler, das Beispiel für die leninistische Partei, Bein von ihrem Bein, Blut von ihrem Blut' ... Nach Radeks Artikel nahmen die Lobpreisungen Stalins groteske Ausmaße an. Genial und mehr als genial, Großer und Größter, Weisester der Weisen, Allwissender und Allessehender – das waren nur einige wenige der Attribute, mit denen fortan jede Erwähnung Stalins verbunden wurde."[41]

Der namhafte deutsche Theologe Emil Fuchs sagte 1949 in seiner Antrittsvorlesung, daß er hinter *Stalin* den unsichtbaren *Christus* sehe,[42] eine Ehre, die wenige Jahre früher Adolf *Hitler* zuteil geworden war.[43]

Aber, wie gesagt, dieses dumme, verlogene oder aus Furcht gespeiste Lob beschränkte sich nicht auf den sowjetischen Machtbereich:

1948 äußerte der vielgepriesene George B. *Shaw:* „Stalin ist der große Verteidiger des Friedens; ihm verdankt die Sowjetunion ihre Stärke und Einheit. Diese Stärke aber sichert den Weltfrieden. Ich habe wiederholt betont, daß die Zivilisation nur auf der Grundlage des Kommunismus möglich ist. Das kommunistische System sichert den Frieden. Es ist eine Frage von Leben und Tod. Ich wiederhole deshalb noch einmal: Ich bin für Stalin."[44] (Früher hatte Shaw Mussolini und sogar Hitler gerühmt).[44]

Golo Mann berichtet: „1936/37 besuchte ich in Prag den Marxisten Ernst *Bloch,* mir damals schon durch ein paar Bücher bekannt; der Geistesriese, welcher er 30 Jahre später in der Bundesrepublik wurde, war er natürlich noch nicht. Bloch wurde zornig, als ich ihm meine Ansichten kurz zu Gehör brachte. Er hob die Hände und rief: ‚Was sind das überhaupt für Begriffe!' Meine jugendlich-freche Antwort war: ‚Es sind meine, und warum sollten die nicht so gut sein wie ihre?' ... Es war das erste und letzte Gespräch, das ich je mit Bloch hatte. In den fünfziger Jahren war er dann Professor in Leipzig, und da hat er einen philosophischen Essay über Stalin als Metaphysiker veröffentlicht. Stalin sei ein bedeutender Metaphysiker, weil er das Prinzip der Parteilichkeit in sie eingeführt habe.

Solchen knechtischen Unsinn schrieb er nicht in der unreifen Jugend ..., sondern in der Reife des Lebens, mit etwa 60 Jahren oder mehr. Dafür hat er unlängst in Tübingen ein Staatsbegräbnis erhalten wie kein Kämpfer und Held seit Achilles."[45]

Zum Eindrucksvollsten zählt, was *Djilas* über den alle Wirklichkeit pervertierenden Personenkult zu erzählen weiß:

„Unter uns Kommunisten gab es Leute mit ausgeprägtem Sinn für das Ästhetische und beträchtlicher Beschlagenheit in Literatur und Philosophie, und doch versetzten uns nicht nur Stalins Ansichten, sondern auch die Perfektion ihrer Formulierung in Begeisterung. Ich selbst sprach viele Male bei Diskussionen von der kristallenen Klarheit seines Stils, der Schärfe seiner Logik und der Harmonie seiner Kommentare, als wären sie Ausdrucksformen der erhabensten Weisheit gewesen. Dabei wäre es mir selbst damals nicht schwergefallen, bei irgendeinem anderen Autor von denselben Qualitäten festzustellen, daß seine Sprache farblos, dürftig und ein unverdauter Mischmasch von vulgärem Journalistenton und Bibelstil war."[46]

„Stalin, der strahlende Führer der größten und glücklichsten Bewegung der Menschheit: Dichter wurden von ihm inspiriert, Orchester schmetterten ihm zu Ehren Kantaten, in Instituten schrieben Philosophen Bände über seine Aussprüche, und auf Schafotten starben Märtyrer mit seinem Namen auf den Lippen."[47]

Doch wie sahen ihn jene, denen es gelang, ihren nüchternen Blick zu bewahren:

„Ein linkischer Zwerg von einem Mann, bewegte er sich durch die vergoldeten und marmorverzierten kaiserlichen Säle, und eine Gasse tat sich vor ihm auf, strahlende, bewundernde Blicke folgten ihm, während die Ohren der Höflinge sich bemühten, jedes seiner Worte aufzuschnappen."[48]

Und das alles trotz der schauerlichsten Realität, wie Djilas zu berichten weiß: „Bei Stalin war jedes Verbrechen möglich, denn es gibt kein einziges, das er nicht begangen hätte. Mit welchem Maß wir ihn auch messen wollen, ihm wird jedenfalls – hoffen wir, für alle Zeiten – der Ruhm zufallen, der größte Verbrecher der Geschichte zu sein."[49]

Eines dürfte damit hinlänglich nachgewiesen sein: *Höchstes Lob aus dem Munde vieler, auch ehrenwerter und sachverständiger Leute, ist für sich allein noch kein Beweis, daß das Lob auch verdient ist,* zumal wenn andere, nicht minder Honorige, nicht minder Sachverständige, wie zum Beispiel Simone Weil, Raymond Aron und Golo Mann, ziemlich genau das Gegenteil sagen und, mit Bezug auf die Marxverehrer, meinen, sie seien dem Marxschen „Opium der Intellektuellen" verfallen.[50]

Schon 1846 urteilte *Wilhelm Weitling:* „Ich sehe in Marxens Kopf weiter nichts als eine gute Enzyklopädie, aber kein Genie. Sein Einfluß ist ein durch Persönlichkeiten gemachter."[51]

Aber verbietet es nicht der Respekt, einem Toten die Ehrungen streitig machen zu wollen? Wenngleich *Marx* schon vor 100 Jahren gestorben ist, er ist *nicht tot,* auch wenn es gelegentlich behauptet wird.[52] De mortuis nil nisi bene[53] kann daher auf ihn keine Anwendung finden. Marx und der Marxismus sind zu virulent, als daß wir aufhören könnten, uns mit ihnen gewissenhaft auseinanderzusetzen.

Ob bei einer Gedenkrede der Respekt es gebietet, Schattenseiten aufzuhellen oder auszublenden, kann dahingestellt bleiben. In einer Untersuchung, die Anspruch auf Wissenschaftlichkeit erhebt, gibt es nur den *Respekt vor der Wahrheit.* Im folgenden soll geprüft werden, ob die obenzitierten ausgezeichneten Zensuren hinlänglich begründet sind oder ob die Faszination auf Täuschung und Selbsttäuschung beruht. Anschaulich ausgedrückt: Hätten die revoltierenden Leipziger Arbeiter, die am 17. Juni 1953 beim Sturm auf das FDJ-Heim in der Ritterstraße alle anderen Konterfeis der ihnen aufgenötigten Vorbilder verbrannten,[54] Marxens Foto verschont, wenn sie die volle Wahrheit gewußt hätten?

Marx liebte die Kritik an anderen. Kritik schien geradezu sein Programm zu sein.[55] Daß er sich gegen die Kritik an der eigenen Person, am eigenen Werk mit *allen* Mitteln zur Wehr setzte,[56] nimmt bei seinem Temperament nicht wunder. Aber in unmittelbarem Zusammenhang mit dem oben zitierten Wahlspruch (siehe Seite 228) schreibt er: „Jedes Urteil wissenschaftlicher Kritik ist mir willkommen.“[57] Diese Einladung sollten wir annehmen und prüfen, inwieweit das große Lob wissenschaftlich fundiert ist.

4. Die „Bauernlümmel“

Noch im Alter von sechzig Jahren nannte Marx seine Mitschüler am Trierer Gymnasium verächtlich „Bauernlümmel“[58] (sieben waren Arbeitersöhne, vier Söhne von Winzern und Bauern)[59]. Wie oben erwähnt, pries sein Vater die dem Sohn von Mutter Natur verschwenderisch verliehenen Talente, und Künzli meint, der junge Marx habe sich seinen Mitschülern überlegen fühlen müssen.

War das Überlegenheitsgefühl sachlich begründet? Dafür gibt es keine Beweise, keine Anhaltspunkte. In schulischer Hinsicht waren nicht wenige der „Bauernlümmel" Marx deutlich überlegen. Auch war der junge Marx weder ein Adonis noch ein Athlet.[60]

Von Schulzeugnissen darf nicht ohne weiteres auf die intellektuelle Potenz geschlossen werden, wenngleich sie in aller Regel den Lehrern nicht verborgen bleibt und zumindest zu entsprechenden Bemerkungen führt (siehe dazu auch X 10).

Wie ist die *Äußerung des Vaters zu erklären?* Zunächst: Die Überschätzung des Eigenen ist eine naheliegende Schwäche. Der Vater scheint sich dessen bewußt gewesen zu sein, weil er im gleichen Brief vom „Idol" spricht, das ihn mit „ewigen Täuschungen ärgert".[61]

Der Vater hat wohl Karl mit seinen anderen Kindern verglichen, und denen war Karl tatsächlich haushoch überlegen. Beide Brüder galten als ausgesprochen unbegabt.[62]

Eine klare Relativierung enthält auch die folgende Stelle aus einem Brief: „Ich wünsche in Dir das zu sehn, was vielleicht aus mir geworden wäre, wenn ich unter ebenso günstigen Auspizien die Welt erblickt hätte. Meine schönsten Hoffnungen kannst Du erfüllen und zerstören ... Doch wer anders als die Natur kann dafür, daß die ach sonst nicht so schwachen Männer dennoch schwache Väter sind?"[63]

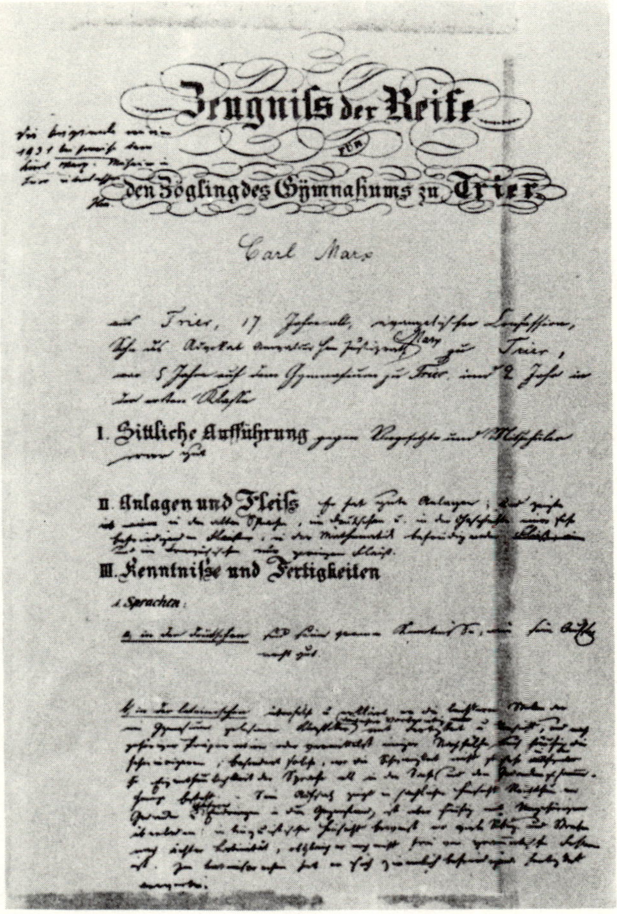

Zeugnis der Reife für den Zögling des Gymnasiums Trier Carl Marx aus Trier, 17 Jahre alt, evangelischer Konfession, Sohn des Advokat Anwaltes Herrn Justizrath Marx zu Trier, war 5 Jahre auf dem Gymnasium zu Trier und 2 Jahre in der 1 Klaße

I. Sittliche Aufführung gegen Vorgesetzte und Mitschüler war gut.
II. Anlagen und Fleiß. Er hat gute Anlagen; er zeigte in den alten Sprachen, im Deutschen und in der Geschichte sehr befriedigenden, in der Mathematik befriedigenden und im Französischen nur geringen Fleiß.
III. Kenntnisse und Fertigkeiten
1. Sprachen
a) in der deutschen Sprache und ihrer Grammatik sowie im Aufsatz recht gut.

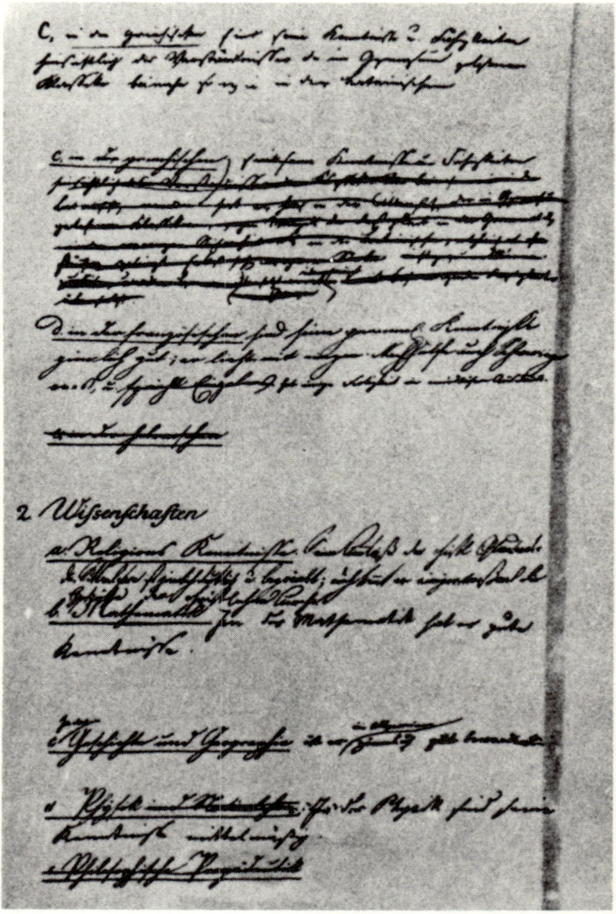
2. Wissenschaften

b) in der lateinischen (Sprache) übersetzt und erklärt er die leichteren Werke der am Gymnasium gelesenen Klassiker auch ohne Vorbereitung mit Fertigkeit und Umsicht; und nach längerer Vorbereitung (?) oder vermittelst einiger Nachhilfe . . . auch die schwierigeren, besonders solche, wo die Schwierigkeit nicht so sehr in der Eigentümlichkeit der Sprache als im Zusammenhang (?) der Gedanken besteht . . .

c) im Griechischen sind seine Kenntnisse und Fähigkeiten hinsichtlich des Verständnisses der im Gymnasium gelesenen Klassiker beinahe so wie im Lateinischen.

d) Im Französischen und seiner Grammatik: recht gut, er liest mit einiger Hilfe sogar schwierige Passagen und hat beachtliche Fähigkeiten im Sprechen.

2. Wissenschaften

a) Religiöse Kenntnisse: Seine Kenntnisse des christl. Glaubens und seiner Lehre ist recht deutlich und begründet; auch kennt er einigermaßen die Geschichte der christlichen Kirchen.

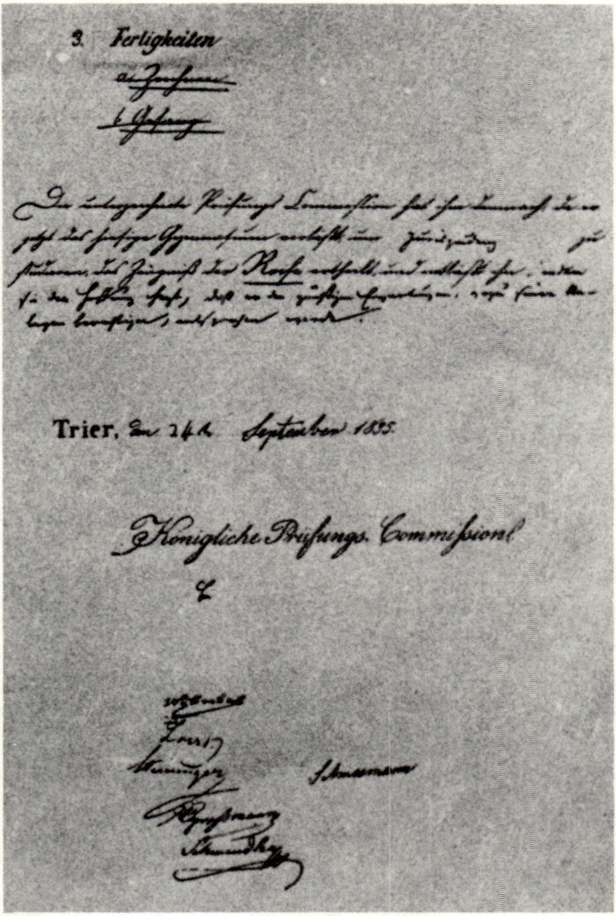

b) Mathematik: Für die Mathematik hat er gute Kenntnisse.
c) In Geschichte und Geographie ist er allgemein gut bewandert.
d) Physik: In Physik sind seine Kenntnisse mittelmäßig.

3. Fertigkeiten: –
Die unterzeichnende Prüfungskommission hat ihm . . . dennoch das Zeugnis der *Reife* erteilt und entläßt ihn, sodann in der Hoffnung . . ., daß er den günstigen Erwartungen, wozu seine Anlagen berechtigen, entsprechen werde.

Trier, den 24. September 1835

5. „Wissenschaftliche Redlichkeit“

„Die wissenschaftliche Redlichkeit und die menschliche Größe von Marx“ folgt nach Ansicht von Julius Löwenstein daraus, daß sich Marx im dritten Band des „Kapital“ von einer früher vertretenen Ansicht distanziert. Hatte Marx als 27jähriger geschwärmt, im Kommunismus könne man arbeiten, wozu man gerade Lust habe („morgens zu jagen, nachmittags zu fischen, abends Viehzucht zu treiben, nach dem Essen zu kritisieren“[64]), so schreibt er Jahrzehnte später, daß auch der Zivilisierte in jeder Produktionsweise mit der Natur ringen muß, also auch im Kommunismus.[65] Beweist dieser Sinneswandel wissenschaftliche Redlichkeit?

Soweit ersichtlich, hat *Marx* (anders als Engels) *nirgendwo einen Irrtum eingestanden.* Auch hier nicht! Die erste Stelle stammt aus der „Deutschen Ideologie“, die, obgleich 1845/46 geschrieben, zu seinen Lebzeiten nicht publiziert wurde und auch nicht mehr zur Publikation bestimmt war. Die zweite Stelle befand sich bei seinem Tode nur in einem Entwurf. Es steht außer Zweifel, daß Marx eine Fülle eigener Ansichten später als irrig erkannt hat. Das ist die Wurzel der Tragik seines Lebens und seines Lebenswerkes. Am Beginn seines öffentlichen Wirkens steht die radikal utopische Vision.[66] Als er sich daran machte, ihre Richtigkeit wissenschaftlich zu beweisen, scheiterte er. Er mußte scheitern, weil sich das im jugendlichen Überschwang aus Phantasie gezimmerte Wolkenkuckucksheim den strengen Wissenschaften gänzlich entzieht. „Die Entstehungsgeschichte des ‚Kapital‘ ist die intellektuelle Biographie des Karl Marx. Es war die Aufgabe, die er sich gestellt hatte: Lebensmitte. Und es war die Bürde, unter der er zerbrach: Ziel und Zerstörung in einem,"[67] so Raddatz. Und Künzli überschreibt die entsprechenden Seiten mit: „Vierzehn Jahre für zwei Kapitel" und „Der Leidensweg von ‚Das Kapital'."[68] Marx selbst räumt ein, daß er für jeden Vorwand dankbar war, der die Verzögerung zu rechtfertigen schien: „ . . . gibt mir glücklicherweise den ‚Vorwand', meine Untersuchung fortzusetzen, ‚anstatt sie endgültig für die Veröffentlichung abzuschließen'.[69]

Welcher Wissenschaftler, der glaubt, er habe eine großartige Entdeckung gemacht, begrüßt nach jahrelanger Arbeit, Vorwände für die Verzögerung einer Publikation?

Warum mußte er wissenschaftlich scheitern? Weil seine Vorhersagen, deren Richtigkeit er wissenschaftlich beweisen wollte, überwiegend falsch waren. Machen wir es uns an einem Beispiel klar, der Verelendungstheorie. Sie lautet, auf eine Kurzformel gebracht: Immer mehr werden immer ärmer, immer weniger werden immer reicher. Das ist eine der zentralen Behauptungen des Kommunistischen Manifests[70] und die plausible Grundlage für die angekündigte Revolution. Aber in den Jahren nach 1848, also nach der Veröffentlichung des Kommunistischen Manifests, nahm die Verelendung nicht zu, sondern ab, und diese Tatsache läßt sich eben nicht wissenschaftlich einwandfrei in ihr Gegenteil ummünzen. Gelegentlich kommt der Einwand, man müsse dies heute im Weltmaßstab sehen: reiche Länder – arme Länder. Arm sind aber nicht jene Länder, die kräftig exportieren, sondern gerade jene, wo mangels Masse nichts zu holen ist, also schon begrifflich „Ausbeutung“ ausscheidet. (Nach Marx verschwindet Ausbeutung innerstaatlich im Gleichschritt mit international).[71] Der bekehrte Terrorist Bernd Rabehl bekennt, wovor auch Marx die Augen nicht verschließen konnte: „Alle Rettungsversuche gehen an der Tatsache vorbei, daß Marx seine Thesen auf die unmittelbare materielle Verelendung des Proletariats gestützt hat, und da hat der Kapitalismus gezeigt, daß er mit diesem Problem in unserer Region ganz gut fertig wird. Also ist die Marxsche Revolutionstheorie bodenlos.“[72]

Das gleiche gilt für die kategorische Behauptung, das menschliche Bewußtsein sei von der Produktionsweise abhängig.[73] Erst nach Marx’ Tod hat Engels eine Korrektur der in ihrer Einseitigkeit gänzlich unhaltbaren Auffassung gewagt.[74]

Nicht bei der Rücknahme der unveröffentlichten Behauptung, im Kommunismus würden den Menschen die gebratenen Tauben in den Mund fliegen, war wissenschaftliche Redlichkeit zu beweisen, vielmehr hätte er dann diese Tugend bewiesen, wenn er zentrale Punkte seiner veröffentlichten Weltanschauung widerrufen hätte. Und hier wird es nun besonders aufschlußreich. Bei Licht betrachtet beweist das Eingeständnis des Irrtums sich selbst gegenüber genau das Gegenteil von dem, was es nach Löwenstein beweisen soll. Die Einsicht in die Unrichtigkeit seiner bisherigen Behauptung stammt aus den sechziger Jahren, denn damals hat er den 2. und 3. Band des „Kapitals“ konzipiert,[75] den Irrtum aber hat er gleichwohl nicht offen korrigiert, sondern auch in den siebziger Jahren noch publiziert![76]

Davon abgesehen: Ist es mit wissenschaftlicher Redlichkeit vereinbar, daß man selbst *über* die *eigene Person oder* über *eigene Werke Rezensionen* verfaßt und sie dann unter fremden Namen[77] und fremde Arbeiten unter eigenem Namen veröffentlicht?[78]

Gerade im Zusammenhang mit dem „Kapital" hat *Marx* sich *kriminelle Täuschungen* zuschulden kommen lassen und viele, viele Lügen. (Schon 1845 erwirkte er unter Vorspiegelung falscher Tatsachen 1500 Franc Vorschuß für ein Werk, das 1883, also bei seinem Tode, noch längst nicht abgeschlossen war.)[79]

6. Je ne suis pas marxiste

Verdient Marx das Lob, über Dogmatismus erhaben gewesen zu sein?

Niemand schätzt Dogmatismus, starres Festhalten an Lehrmeinungen. Niemand bekennt sich daher dazu. Aber das allein ist noch kein Beweis dafür, daß es Dogmatismus nur im Wörterbuch gibt. Dogmatismus liegt auch dann vor, wenn versucht wird, eine Behauptung zu beweisen, ohne das Wider zu berücksichtigen. Zugunsten von Marx wird gern sein Ausspruch zitiert: „Je ne suis pas marxiste."

> „Weil er selbst seine materialistische Geschichtsschreibung für eine empirische Forschungsweise und nicht für eine dogmatische Geschichtstheorie hielt, schrieb Marx unbekümmert nieder, was er in seiner empirischen Untersuchung feststellte. Es kam ihm gar nicht in den Sinn, daß hier eine metaphysische Hypostasierung vorliegen *könne*. Im guten Glauben erwiderte er einem Anhänger, der seine materialistische Geschichtsauffassung als Doktrin ansah: ‚Je ne suis pas marxiste'."[80]

Der Satz an sich beweist wenig. Hätte Marx dieses Bonmot nicht gebraucht, wäre er allein deshalb noch kein Dogmatiker; weil er es gebraucht hat, ist die Frage nach seinem Dogmatismus nicht einfach zu verneinen. Das Bezeichnende aber ist, daß dieser Satz von einem Marx-Buch ins andere wandert,[81] obwohl er, im Zusammenhang gelesen, geradezu *das Gegenteil* dessen besagt, was der verkürzten Fassung zu entnehmen ist:

In einem Brief vom 2./3. November 1882 schreibt Engels an Bernstein: „Für ihre wiederholte Versicherung von dem bedeutenden Mißkredit des ‚Marxismus' in Frankreich haben Sie doch auch keine andre Quelle als diese, d. h. *Malon* zweiter Hand. Nun ist der sog. ‚Marxismus' in Frankreich allerdings ein ganz eigenes Produkt, so zwar, daß Marx dem Lafargue sagte ce qu'il y a de certain c'est que moi, je ne suis pas Marxiste."[82]

In „Marx/Engels-Werke" wird der französische Satz etwas frei, aber sinngemäß übersetzt mit: „Wenn das Marxismus ist, bin ich kein Marxist." Das heißt doch: Ja, ich bin Anhänger der wahren Lehre. Gerade deshalb lehne ich die welsche Verfälschung entschieden ab.

In einem Brief an Kautsky wird Engels noch deutlicher: „Nur Marx' Schwiegersohn Lafargue bekannte sich früh zur materialistischen Geschichtsauffassung ... Aber er war ein solcher Freund von Paradoxen – daß er mitunter Marx zur Verzweiflung brachte. Auf ihn bezog sich jenes oft, meist sinnlos zitierte Wort Marx': „Wenn das Marxismus ist, bin ich kein Marxist."[83]

Der Rest jeglichen Zweifels schwindet, wenn man sich vergegenwärtigt, wie Marx den Schwiegersohn und seine Auffassungen verachtet hat: „Lafargue hat die üble Narbe von dem Negerstamm: *Kein Gefühl der Scham;* ich meine damit der Schamhaftigkeit, sich lächerlich zu machen ..., und das von Lafargue Geschriebne und von ihm selbst ‚Zitierte' – ist in der Tat nur Reminiszenz eines Bakunischen Rezepts. Lafargue ist in der Tat der letzte Schüler Bakunins, der ernstlich an ihn glaubt ...

Longuet [ein anderer Schwiegersohn] als letzter Proudhonist und Lafargue als letzter Bakuninenist! que le diable les emporte!"[84]

Marx war dem Dogmatismus verfallen.[85] Selbst jene, die ihn gegen diesen Vorwurf in Schutz nehmen wollen, müssen es letztlich zugeben:

„Gegenüber der üblichen Auffassung, als ob Marx dogmatisch vorgegangen wäre, kann nicht genügend hervorgehoben werden, daß ihm im Gegensatz zu seinen Schülern jede dogmatische Absicht fern lag."[86]

Wie schon betont: Nicht die Absicht ist entscheidend, sondern das tatsächliche Verhalten. Wenn oben in einem Zitat behauptet wurde, Marx habe alles unbekümmert niedergeschrieben, „was er in seiner empirischen Untersuchung feststellte",[87] so wird der falsche Eindruck erweckt, als habe Marx von Anfang an empirisch gearbeitet. Doch genau das Gegenteil ist richtig. Am Anfang steht ein abstraktes Theoretisieren. Und erst nachdem er sich auf diese Weise festgelegt hatte, betrachtete er mit kräftig eingefärbter Brille die Welt. Also kommt auch sein Anwalt zu dem Ergebnis: „Eben der Umstand, daß er die Dogmatik, die seine Geschichtsbetrachtung einschloß, selbst *nicht* durchschaute, hatte die gefährlichen Folgen für seine eigene Wissenschaft und Praxis und noch gefährlichere für die seiner doktrinären Schüler."[88]

7. War der junge Marx wirklich human?

Der Humanismus des jungen Marx wird häufig rühmend erwähnt. So spricht Iring Fetscher von dem „aus besten europäischen Traditionen gespeisten Humanismus des jungen Marx." „Hoffnung und Wille zur Vermenschlichung der unmenschlichen Welt" seien „die ursprünglichen Triebfedern dieses Denkens und Handelns gewesen."[89] Raymond Aron pflichtet ihm bei.[90] Auch ich habe in meiner ersten Buchpublikation dieser Ansicht gehuldigt.[91] Doch ist diese Auffassung wirklich beweisbar richtig, hat sie zumindest die besseren Argumente für sich?

Was bedeutet im Zusammenhang mit Marx „Humanismus"? Fetschers Worte sind durchaus geeignet, als *Begriffsbestimmung* gebraucht zu werden: Hoffnung und Wille zur Vermenschlichung der Welt als Triebfeder des Denkens und Handelns. Im Großen Duden steht „Denken und Handeln im Bewußtsein der Würde des Menschen; Streben nach einer echten Menschlichkeit."

Was kann zugunsten des Humanismus von Marx vorgebracht werden? Zum Beispiel der Marxsche kategorische *„Imperativ, alle Verhältnisse umzuwerfen,* in denen der Mensch ein erniedrigtes, ein geknechtetes, ein verlassenes, ein verächtliches Wesen ist . . ."[92] Hat sich Marx nicht schon in einem seiner ersten Zeitungsartikel für die ärmste Schicht der Bevölkerung starkgemacht, die im Walde Holz lesen muß, um nicht zu erfrieren?[93] Ist dieser Artikel nicht die Konsequenz der Worte, die den Abschluß bilden, nämlich: „um die Menschen zu retten"?[94] Hat ihn nicht gerade dieses Motiv zum Kommunismus geführt, dem er sein Leben geopfert hat?

Ganz ohne Bezug auf Marx schreibt Eric Hoffer: „Wie sehr auch ein redegewandter Mann sich als Anwalt der

Armen und Unterdrückten ansieht, ist doch der Kummer, der ihn stimuliert, mit ganz wenigen Ausnahmen persönlicher und privater Natur. Sein Mitleid entspringt gewöhnlich seinem Haß auf die herrschende Macht."[95]

Diese Ansicht und Einsicht ist nur ein psychologisches Fragezeichen. Etwas nachdenklicher stimmt da schon die Tatsache, daß

– solche Aussagen wie der oben zitierte Marxsche Imperativ in der äußerst umfangreichen literarischen Hinterlassenschaft nur sehr selten anzutreffen sind,

– der Marxsche Imperativ im Zusammenhang gelesen nur die Ersetzung Gottes durch den Menschen meint und nicht, wie man auf den ersten Blick annehmen möchte, Liebe zum Mitmenschen,

– Marx schon wenig später alles Moralisieren verspottet hat,[96]

– daher immer nur vom Humanismus *des jungen Marx* die Rede ist.

Ist es wirklich glaubhaft, daß echte Menschlichkeit zwischen dem 25. und dem 28. Lebensjahr[97] erkaltet? Wer nicht den Theoretiker, sondern den Menschen Marx ins Auge faßt, für den wird der angebliche Humanismus des jungen Marx etwas Blutleeres, Papierenes, Unglaubwürdiges.

Das Material, das Marx der Menschenverachtung und Überheblichkeit,[98] der Bereitschaft zu „rücksichtslosem

Terrorismus"[99] und des Egoismus,[100] der Mißgunst und des Hasses[101] überführt, ist so umfangreich, daß hier nur einige Beispiele und Verweise möglich sind.

Schon seine Schwestern nannten den jungen Karl einen „schrecklichen Tyrannen", der sie seinen Wagen im Galopp ziehen ließ, „und was noch viel schlimmer war, er bestand darauf, daß sie die ‚Kuchen' aßen, welche er mit schmutzigen Händen aus noch schmutzigerem Teige selbst verfertigte."[102] Der Schüler Karl wurde nicht wegen besonderer Geistesgaben geschätzt, dazu bestand, wie wir gesehen haben, keine Veranlassung, sondern wegen seines Sarkasmus, seines Spottes, seiner Intoleranz gefürchtet.[103] Seine eigenen Geschwister soll er als minderwertig verachtet haben.[104] Obwohl er sicherlich wußte, daß Schulkameraden es zu hohen Ehren brachten (einer Abgeordneter der Frankfurter Nationalversammlung, einer ein katholischer Bischof mit liberalen Ansichten, einer der Herausgeber einer sozialistischen Zeitung)[105] nannte er sie noch gegen Ende seines Lebens pauschal „Bauernlümmel". Immer wieder bezeichnet er die Menschheit als Gesindel.[106] In einer seiner ersten[107] wie der letzten[108] schriftlichen Äußerung gebraucht er das abscheuliche Wort „Menschenkehricht" für Menschen, die ihm nicht das Geringste zu Leid getan hatten. Diese wenigen Fakten aus Jugend und Alter sind charakteristisch für das ganze Leben.

Typisch Marx ist die Verachtung großer Personengruppen, die ihm eigentlich hätten nahestehen sollen, der Juden, der Arbeiter und Proletarier[109] sowie der Emigranten.

Hierfür nur ein Beispiel. Marx: „Die Gesamtmasse der offiziellen Emigration besteht mit sehr wenigen Ausnahmen aus Nullen, die jede zu einer Eins zu werden glaubt, indem sie sich mit den andern zu einem Dutzend zusammentut. Daher ihre beständigen Vereinigungs- und Vermengungsversuche, die beständig durch die kleinen Eifersüchteleien, Intrigen, Gemeinheiten und Rivalitäten dieser petits grands hommes aufgelöst, aber ebenso unaufhörlich wieder eingegangen werden. Während sie sich in den nordamerikanischen Blättern wechselseitig mit Kot bewerfen, glauben sie Deutschland gegenüber Front machen und indem sie sich zu einem großen Klatschkäse zusammenklöten, den Effekt einer Macht und eines corpus venerabile hervorbringen zu müssen."[110]

Wer sich das alles vergegenwärtigt, wird kaum versucht sein, Techows[111] Persönlichkeitsbild von Marx zu retuschieren:

„... ich habe die Überzeugung, daß der gefährlichste persönliche Ehrgeiz in ihm alles Gute zerfressen hat. Er lacht über die Narren, welche ihm seinen Proletarier-Katechismus nachbeten, ... so gut wie über die Bourgeois. Die einzigen, die er achtet, sind ihm die Aristokraten, die reinen und die es mit Bewußtsein sind. Um sie von der Herrschaft zu verdrängen, braucht er eine Kraft, die er allein in den Proletariern findet, deshalb hat er sein System auf sie zugeschnitten. Trotz all seinen Versicherungen vom Gegenteil, vielleicht gerade durch sie, habe ich den Eindruck mitgenommen, daß *seine* persönliche Herrschaft der Zweck all seines Treibens ist. E[ngels] und all seine alten Sozien sind trotz mancher hübschen Talente weit unter und hinter ihm, und wagen sie das einmal zu vergessen, so stuckst er sie in ihr Verhältnis zurück mit einer Unverschämtheit, die eines Napoleon würdig ist."[112]

Schon Techow schlägt die Brücke vom realen zum theoretischen Humanismus, falls nicht letzterer ein Widerspruch in sich selbst ist. Suchte Marx den Kampf mit der bestehenden Ordnung, um den Menschen zu dienen, oder suchte er – bewußt oder unbewußt – Menschen, damit sie in *seinem* Kampfe dienen? Der Führer ohne Volk suchte ein Volk ohne Führer.[113]

Timothy Mc Carthy kommt am Ende einer einschlägigen Monographie zu dem Ergebnis: Marx entdeckte nicht die revolutionäre Arbeiterklasse, sondern er erfand sie.[114]

Hendrik de Man schon vor Jahrzehnten: „Die sozialistischen Lehren – auch die von Marx und Engels – sind ganz anderen Quellen entsprungen als dem Klasseninteresse des Proletariats. Sie sind Produkte nicht der Kulturnot der Proletarier, sondern des Kulturreichtums von Gebildeten aus bürgerlich und aristokratischen Kreisen."[115]

Soviel steht fest: Marxens Beschreibung des Proletariats ist nicht das Ergebnis empirischer Forschung oder persönlicher Kontakte, sondern dialektischer Spekulationen am grünen Tisch. Darüber sind sich alle Fachleute heute einig.[116]

Das sind die wesentlichen Gründe, die mich veranlaßt haben, nicht länger den jungen Marx als Humanisten auszugeben.[117] Abwegig wäre es, deshalb von „menschlicher Größe" zu sprechen.

8. Marx – Entdecker der Ausbeutung und Vater der Soziologie?

Große Worte über Marx gehören heute gleichsam zum guten Ton. Wer es dennoch riskiert, nach einer Begründung zu fragen, muß mit Verwunderung rechnen – wie kann man nur? Da diese unschickliche Frage offenbar nur selten gestellt wird – wer wagt es schon einzugestehen, daß er den Kaiser nackt sieht, also der einzige Dumme im Lande ist? –, haben die überrascht Befragten überraschende Antworten, zum Beispiel Bochenski: Marx verdanken wir das Bewußtsein der Ausbeutung, die Mißbilligung der Kinderarbeit.

Läßt sich diese Behauptung verteidigen, oder ist nicht vielmehr das Gegenteil nachweisbar richtig? Menschen neigen zum Machtmißbrauch. Unter diesen Oberbegriff fällt auch die Ausbeutung. Also ist Ausbeutung wohl so alt wie die Menschheit. Seit es *Ausbeutung* gibt, wird daran Anstoß genommen:

> „Von Ausbeutung in diesem allgemeinen, unspezifischen Sinne ist nicht erst seit dem Aufkommen der sozialen Frage im 19. Jahrhundert die Rede, nicht erst seit Saint Simon, Fourier, Owen, Blanqui und Proudhon, vielmehr erregte ‚Ausbeutung' schon in der vorchristlichen Zeit den Zorn der Gerechten ... Das Phänomen ‚Ausbeutung' und der Kampf gegen sie sind auch nicht auf den abendländischen Kulturkreis beschränkt ... Eine auf Vollständigkeit bedachte Darstellung des Ausbeutungsvorwurfs in der Geschichte könnte eine Unsumme von Worten und Daten aneinanderreihen."[118]

Theologen wie Bochenski müßten die heftigen Ausbeutungsanklagen der Propheten und Kirchenlehrer vertraut sein.[119] Allein dem Ausbeutungsvorwurf des Propheten Amos wurde ein ganzes Buch gewidmet.[120]

Und im 19. Jahrhundert – wimmelte es da nicht geradezu von Menschen mit sozialkritischen Anliegen? Worum ging es den Sozialisten und Kommunisten vor Marx? Worum ging es den englischen Gewerkschaftern, Männern wie Ketteler und Kolping? Niemand wird ernstlich behaupten, Marx habe den Bischof Ketteler beeinflußt, der schon vor 1848 die sozialen Verhältnisse angeklagt hat. Zu seinen Forderungen gehörte auch das Verbot der gewerblichen Arbeit von Kindern und Jugendlichen unter 14 Jahren, „die Festsetzung eines Normalarbeitstages auf 10 oder höchstens 11 Stunden" und gesetzliche Kontrollen, welche die Beobachtung derselben sicherstellen.[121] Sogar in einer

DDR-amtlichen Verlautbarung, die sonst alles daran setzt, Marxens Licht auf einen möglichst hohen Scheffel zu stellen, wird eingeräumt, daß die „reaktionäre junkerlich-preußische Klassenjustiz" die unmenschliche kapitalistische Ausbeutung der Teilnehmer des Weber-Aufstandes von 1844 bestätigen mußte.

> In dem Urteil hieß es: „Der Verdienst der Weber reicht zur Befriedigung der spärlichsten Notdurft hin. Die schlechtesten Kartoffeln und Schwarzmehlbrei bilden das tägliche Mittagsmahl der Weber. Fleisch und Butter genießen nur sehr wenige. Die Fälle, daß in zahlreichen Familien die Kinder selbst der fleißigen Weber betteln müssen, gehören nicht zu den Seltenheiten. Die Hauptursachen der großen Not der Weber beruhen nach den Erklärungen sämtlicher Berichterstatter:
> 1. In dem herabgedrückten Lohn,
> 2. . . ."[122]

Schon 1847 setzten in England die Chartisten eine gesetzliche Verkürzung der Arbeitszeit für Frauen und Kinder durch, ein Jahrzehnt später das Koalitionsrecht. Frankreich und Deutschland folgten, aber ganz ohne Marx! Wer die Richtigkeit dieser Feststellungen bezweifelt, möge dies im „Kapital" von Marx nachlesen. Dort werden noch weit mehr Verbesserungen der Lage der Arbeiter aufgeführt.[123]

Die Einwirkungen von Marx auf das 19. Jahrhundert werden allgemein ganz gewaltig überschätzt. Marx ist nicht der Macher des 19., sondern der Mythos des 20. Jahrhunderts. „Nachdem er 1883 gestorben war, wurde er vollends uninteressant und rasch vergessen. Daß seine Phantasien je welterschütternde Kraft gewinnen konnten – niemandem wäre das in jener Zeit im Traum eingefallen."[124]

Ein anderer Biograph: „Als er starb, war er ein vergessener Mann, sein Werk kaum außerhalb einer Gruppe deutscher Sozialisten bekannt."[125]

Mit Marxens Tod begann der Mythos Marx zu leben. Obwohl sich in der Millionenstadt London, in der Marx die zweite Hälfte seines Lebens verbracht hatte, nicht einmal ein Dutzend Menschen die Mühe machte, Marx auf seinem letzten Weg zu begleiten, spricht Engels ungeniert am offenen Grabe (wo wird mehr fabuliert?) von „Millionen revolutionärer Mitarbeiter", die Marx betrauern.[126] *Ohne Engels wäre Marx heute nicht bekannter als Babeuf, Cabet, Weitling, Proudhon und die anderen Sozialtheoretiker des 19. Jahrhunderts.*

Das *Kommunistische Manifest* des Jahres 1848 wurde in *Deutschland zum ersten Mal 1872* als Broschüre gedruckt.[127] Bezeichnend ist die immer wieder kolportierte, aber falsche Behauptung, *Marx* sei der *Begründer der Ersten sozialistischen Internationale* gewesen. Das *Gerücht* geht vermutlich auf Marx selbst zurück.[128] Auch Engels gibt ihm Nahrung.[129] Marx war in seinen Kreisen zwar gut bekannt, aber keineswegs tonangebend. In Deutschland schon deshalb nicht, weil London damals zu fern war.

Anläßlich der Vorbereitung der Ersten Internationale schrieb Marx: „Ich schicke dir gleichzeitig per Post vier Copies einer gedruckten ‚Adresse', die von mir verfaßt ist. Das neulich errichtete Internationale Arbeitercomité, in dessen Namen sie erlassen ward, ist nicht ohne Bedeutung. Die *englischen* Mitglieder desselben bestehen nämlich meist aus den Chefs der hiesigen Trade-Unions, also den wirklichen Arbeiterkönigen von London, ... Von seiten der Franzosen sind die Mitglieder unbedeutend, aber sie sind die direkten Organe der leitenden ‚Arbeiter' zu Paris ... Obgleich ich jahrelang systematisch alle Teilnahme an allen ‚Organisationen' etc. ablehnte, so akzeptierte ich *diesmal*, weil es sich um eine Geschichte handelt, wo es möglich ist, bedeutend zu wirken."[130]

Auch in der DDR-Historiographie werden englische und französische Arbeiter als die Initiatoren bezeichnet.[131]

Marx gelangte in den zentralen Ausschuß, der zunächst aus 34, später aus 50 Mitgliedern bestand, und wurde in das neunköpfige Redaktionskomitee für die Abfassung der Statuten gewählt. Er, der Sprachgewandteste, ist es auch, der schließlich die Statuten[132] formuliert, nicht ganz nach eigenem Geschmack, sondern nach Weisung.[133]

Dem Allgemeinen Deutschen Arbeiterverein (ADAV) Lassalles stand Marx geradezu feindselig gegenüber.

> „Du verstehst, daß der Beitritt des Allgemeinen Deutschen Arbeitervereins, nur für den Anfang, unseren hiesigen Gegnern gegenüber, gebraucht wird. Später muß das ganze Institut dieses Vereins, als auf falscher Basis ruhend, gesprengt werden."[134]

Die Vereinigung der beiden deutschen Arbeiterparteien 1875 wurde von Marx auf das schärfste mißbilligt. Seine deutschen „Freunde" verstanden es jedoch, eine Veröffentlichung der in vielfacher Hinsicht peinlichen „Kritik des Gothaer Programms" zu Marxens Lebzeiten zu verhindern.

Was also bleibt von der Behauptung, Marx habe uns die Nase in das Ausbeutungsgeschwür des 19. Jahrhunderts gestoßen?

Was also bleibt von der Behauptung, Marx habe die moderne Arbeiterbewegung geschaffen? Keine der Arbeitervereinigungen hat er ins Leben gerufen; wo er an führender Stelle mitmachte, war das Ende gleichsam schon vorprogrammiert:[135]

Richtig ist, daß sich niemand vor ihm und niemand nach ihm so intensiv damit befaßt hat, das nach seiner Ansicht geheimnisvolle Wesen der Ausbeutung[136] theoretisch zu ergründen. Doch das *Ergebnis* war so sehr *von* seiner *revolutionären Absicht vorprogrammiert,* daß das erste Hören nur ein ungläubiges Kopfschütteln hervorruft: Der Arbeiter erhält auch im Frühkapitalismus den vollen Gegenwert für seine Arbeit, und der Unternehmer verlangt am Markt nicht mehr für seine Ware, als ihm zusteht:

> „Der Umstand, daß die tägliche Erhaltung der Arbeitskraft nur einen halben Arbeitstag kostet, obgleich die Arbeitskraft einen ganzen Tag wirken, arbeiten kann, daß daher der Wert, den ihr Gebrauch während eines Tages schafft, doppelt so groß ist als ihr eigner Tageswert, ist ein besondres Glück für den Käufer, aber durchaus kein Unrecht gegen den Verkäufer."[137]

> „Alle Bedingungen des Problems sind gelöst und die Gesetze des Warenaustausches in keiner Weise verletzt. Äquivalent wurde gegen Äquivalent ausgetauscht. Der Kapitalist zahlte als Käufer jede Ware zu ihrem Wert, Baumwolle, Spindelmasse, Arbeitskraft."[138]

Engels pflichtet ihm in dieser Betrachtung bei.[139]

Aber ist das nicht geradezu unfaßbar? Marx, der nicht müde wird, die kapitalistische Gesellschaft anzuklagen, der lieber heute als morgen Revolution machen möchte, bestätigt, daß alles mit rechten Dingen zugeht? Der scheinbare Widerspruch löst sich leicht auf. Natürlich ist der „gerechte" Lohn skandalös. Da er aber dem *wahren* Wert der Ware Arbeit entspricht, kann sich das kapitalistische System nicht zum Besseren wenden. Wer eine Besserung will, muß dieses System radikal zerstören.

Das ist das schönste Beispiel, um Kreiskys Ansicht zu widerlegen, daß Marx in erster Linie Wissenschaftler gewesen sei. Zur Ankurbelung der Revolution war jedes Mittel recht, auch die Wissenschaft. Schon von Engels hätte sich Kreisky eines besseren belehren lassen können.[140]

Bleibt noch zu prüfen, ob wir Marx die Soziologie verdanken, wie Bochenski meint. In einschlägigen Lehrbüchern werden verschiedene Namen genannt, Namen von Persönlichkeiten, die alle vor Marx gewirkt haben. Der Name Marx hingegen fehlt.

Ist diese Behauptung Bochenskis ebenso unrichtig wie jene, der gemäß Angehörige der ersten Christengemeinde in Jerusalem mit dem Tode bestraft wurden, weil, wie Bochenski behauptet, „sie nicht alles der Gemeinschaft übergaben"?[141] Wäre dem so gewesen, hätte Petrus schwere Schuld auf sich geladen, oder der Kommunismus wäre Christenpflicht. Doch in der Apostelgeschichte ist das Gegenteil davon exakt ausformuliert:

„Da sagte Petrus zu ihm: ‚Ananias, warum hat der Satan dein Herz eingenommen, daß du den Heiligen Geist belügen wolltest und einen Teil des Kaufpreises für das Grundstück für dich verbargst? Hätte es nicht dein Eigen bleiben können, und hättest du nicht frei auch nach dem Verkauf [über den Erlös] verfügen können? ... Nicht Menschen hast du belogen, sondern Gott!' Als Ananias diese Worte hörte, fiel er zu Boden und hauchte seine Seele aus ...".[142]

Und nun: *Marx und* die *Kinderarbeit.* Alles spricht offenbar dafür, daß Marx aus tiefster Entrüstung über die für Kinderarbeit Verantwortlichen herfällt. Aber das taten vor ihm schon andere, zum Beispiel Bischof Ketteler, 1875 die SPD in ihrem Gothaer Programm. Offenbar weil hier nichts mehr zu holen war, vertritt *Marx* die *gegenteilige Auffassung,* nennt die Forderung nach Abschaffung der Kinderarbeit „reaktionär":

„*Allgemeines Verbot* der Kinderarbeit ist unverträglich mit der Existenz der großen Industrie und daher leerer frommer Wunsch. Durchführung desselben – wenn möglich – wäre reaktionär, da, bei strenger Reglung der Arbeitszeit nach den verschiednen Altersstufen und sonstigen Vorsichtsmaßregeln zum Schutz der Kinder, frühzeitige Verbindung produktiver Arbeit mit Unterricht eines der mächtigsten Umwandlungsmittel der heutigen Gesellschaft ist.“[143]

In dem zitierten Buch spricht Bochenski von dem „großen Fortschritt“, den wir Marx verdanken, weil er der Welt klargemacht hat, daß das Denken „weitgehend durch ihre materiellen Interessen“ beeinflußt ist. Aber lesen wir das nicht auch geradezu auf jeder Seite der Bibel und in den meisten Wirtschaftslehren. Die Hälfte der dem Moses geoffenbarten Zehn Gebote versuchen die materiellen Interessen zu zügeln.

Küngs Laudatio auf Marx trägt die Spuren der Information aus zweiter Hand, dürfte vom Zeitgeist diktiert sein: „Konzentriert man sich sogleich auf das Negative, so übersieht man leicht, was etwa Rußland (im Vergleich zu dem von Kirche und Adel gestützen Zarenregime) Lenin ..., ja, was die ganze Welt Karl Marx verdankt.“

Was verdanken die Russen Lenin? Nicht den Sturz des Zaren, wie Küngs Worte nahelegen, das hatten andere Kräfte besorgt! Lenin? Ihm verdanken sie die Revolution, die Abschaffung der Demokratie, die Beseitigung aller Parteien, die Schaffung der „Partei“, die keine Partei ist, sondern – wie sie meint – das „wahre Ganze“, das Morden der Tscheka, Ströme von Blut, Bürgerkrieg, Hungersnot, Stalin. Küng demonstriert, wie recht zum Beispiel Gerhart Binder hat, wenn er von der „immer noch wirksamen Lenin-Legende“[144] spricht.

Was verdankt die ganze Welt Karl Marx? So oft ich Küngs Ausführungen lese, kommt mir die Antwort in den Sinn, die ein aufgewecktes Kind einer bigotten „Tante“ gegeben haben soll. Sie: „Groß wie eine Ratte, jedoch ein braunes Fell, einen schlanken Körper, einen langen, buschigen Schweif, springt von Ast zu Ästchen – was ist das?“ Das Kind: „An sich würde ich sagen, es ist ein Eichkätzchen, aber so, wie ich dich kenne, muß es das liebe Jesulein sein.“ – Alle geistesgeschichtlichen Wandlungen des 19. Jahrhunderts, die längst schon vor Marx feste literarische Gestalt angenommen hatten, und alle Sozialreformen führt Küng offenbar auf Marx zurück:

> „Wichtige Elemente der Marxschen Gesellschaftstheorie sind auch im Westen allgemein übernommen worden. Oder wird heute nicht ganz anders als im liberalen Individualismus der Mensch in seiner Gesellschaftlichkeit gesehen? Konzentriert man sich nicht ganz anders als im idealistischen Denken auf die konkret zu ändernde gesellschaftliche Wirklichkeit, auf die faktische Entfremdung des Menschen in unmenschlichen Verhältnissen, auf die Notwendigkeit der Bewahrheitung jeder Theorie in der Praxis? Wird jetzt nicht die zentrale Bedeutung der Arbeit und des Arbeitsprozesses für die Entwicklung der Menschheit gesehen und der Einfluß der ökonomischen Faktoren auf die Geschichte der Ideen und Ideologien bis ins Detail untersucht? Wird die weltgeschichtliche Relevanz des Aufstiegs der Arbeiterklasse im Zusammenhang mit sozialistischen Ideen nicht auch im Westen erkannt? Wurden nicht auch Nichtmarxisten für die Widersprüche und die strukturellen Ungerechtigkeiten des kapitalistischen Wirtschaftssystems sensibilisiert, und benützen nicht auch sie für ihre Analysen das von Marx bereitgestellte kritische Instrumentarium? Und wurde in der Folge der uneingeschränkte Wirtschaftsliberalismus, für den die Bedürfnisbefriedigung Mittel zur eigennützigen Gewinnmaximierung ist, nicht schließlich durch sozialere Wirtschaftsformen abgelöst?“[145]

Es würde den Rahmen sprengen, wollte man auf alle Behauptungen eingehen. Beschränken wir uns daher auf die erste und die letzte, und denken wir im übrigen daran, daß der, der eine Behauptung aufstellt, sie zu beweisen hat und nicht umgekehrt.

Im ersten Satz fehlt jede Präzisierung, so daß man zurückfragen muß, welche „wichtigen Elemente" gemeint sind. Offenbar ist der zweite Satz als Teilantwort gedacht. Verdanken wir die Überwindung des liberalen Individualismus wirklich Marx?

Diese Geisteshaltung und Weltanschauung war doch nur eine Art Modeerscheinung im Gefolge der Aufklärung. Gegenströmungen wie Romantik, Historismus, Sozialismus und christlicher Personalismus meldeten sich zu Wort, bevor Marx die Weltbühne betrat. Auch vor Marx stand die Zeit nicht still, und ohne ihn wäre sie nicht zum Stillstand gekommen.

Das eben Gesagte gibt auch die Antwort auf die letzte Frage. Die erwähnten Gegenströmungen haben *vor* Marx und später weitgehend *unabhängig* von Marx den Manchester-Liberalismus hinweggespült. Um im Bild zu bleiben, *Marx war zu seinen Lebzeiten bestenfalls ein Rinnsal im Strom der Zeit.*

Während Küng nicht bereit war, seinen saloppen Formulierungen Substantielleres nachzuschieben, ließ von Nell-Breuning dem Angriff auf sein Diktum: „Wir alle stehen auf den Schultern von Marx" eine sieben Seiten lange Erwiderung folgen. Sie verdient eine eingehende Würdigung.

9. „Wir alle stehen auf den Schultern von Marx“

Oswald von Nell-Breunings respektvolles Wort „Wir alle stehen auf den Schultern von Marx“ hat nicht nur deshalb große Resonanz ausgelöst, weil Willy Brandt diesen Satz bei feierlichem Anlaß mit viel Lob zitierte[146] und weil von Nell-Breuning eine weithin bekannte und geschätzte Persönlichkeit ist, sondern auch, weil er an Marx scharfe Kritik übt und ihn seinen „Gegner“[147] nennt. Unter diesen Umständen spricht doch alles dafür, daß wir tatsächlich auf Marx' Schultern stehen, wenn schon solche Leute dies eingestehen und immer wiederholen. Doch unseren „Standpunkt“ sollten wir uns möglichst genau selbst aussuchen, auch auf die Gefahr hin, deshalb als unaufgeklärt angesehen zu werden, wie von Nell-Breuning meint: „Dieses Wort ist mir übelgenommen worden. Der Grund dafür ist wohl dieser, daß es Leute gibt – sogar in Redaktionsstuben –, die nicht wissen, wie viele Erkenntnisse, die uns heute selbstverständlich und geläufig sind, auf Marx zurückgehen.“[148]

Mit sechs Argumenten verteidigt von Nell-Breuning sein großes Wort:

1) „ . . . wir hätten von Marx gelernt, *geschichtlich zu denken.*“

von Nell-Breuning bringt selbst den wichtigsten Einwand: „Gegen die Aussage, Marx habe uns gelehrt, *geschichtlich* zu denken, läßt sich nun allerdings der Einwand erheben, er selbst denke doch ganz und gar *un*geschichtlich; seine ‚Geschichtsphilosophie‘, der ökonomische Determinismus (‚historische Materialismus'), schließe doch gerade das aus, was wir unter Geschichte verstehen, und setze an dessen Stelle kausal determinierte Abläufe grundsätzlich gleicher Art, wie sie von den nomologischen Naturwissenschaften erforscht und dargelegt werden. Dem ist in der Tat so; ein kausal determinierter Ablauf, wie ihn der historische Materialismus lehrt, ist für uns keine Geschichte, sondern ausgesprochenermaßen *un*geschichtlich."[149]

Dem ist nichts hinzuzufügen.

Dann fährt er fort: „Aber glücklicherweise haben wir von Marx eben *nicht* seine Geschichtsphilosophie gelernt, die geschichtliches Denken, wie wir es verstehen, *blockiert,* sondern haben uns von ihm den Anstoß geben lassen, die von ihm erkannten, aber durch seine Geschichtsphilosophie vergewaltigten Tatsachen schlicht, d. h. einfach so wie sie sind, in Augenschein zu nehmen ..."[149] Ist das richtig? von Nell-Breuning bringt folgendes Beispiel:

2) „... daß die Menschheitsgeschichte in entscheidendem Maße von der Wirtschaft her, von der Entwicklung der Produktivkräfte allezeit geprägt worden ist und heute noch geprägt wird, das ist uns seit Marx geläufig."[150]

Doch wo behauptet Marx, daß die Wirtschaft die Geschichte bestimme? von Nell-Breuning führt hier wie sonst keine Fundstelle an, und ich fürchte, er könnte hier auch keine angeben. Denn nicht die Wirtschaft schlechthin, auch nicht die Produktivkräfte allein prägen nach Marx die Menschheitsgeschichte, sondern die Produktionsweise. Und das sind zwei Paar Stiefel, was unter Fachleuten unbestritten ist. Bei Marx heißt es: „Die Produktionsweise des materiellen Lebens bedingt den sozialen, politischen und geistigen Lebensprozeß überhaupt.“[151]

Die „materiellen Produktivkräfte“, das heißt der die Lebensmittel erzeugende Mensch mit seinem Arbeitsgerät und seiner Arbeitserfahrung ist zwar der Motor der Geschichte. Entscheidend wichtig für das Fortkommen ist nach Marx aber das dialektische Zusammenspiel mit den Produktionsverhältnissen (Rechtsbeziehungen der Arbeitenden untereinander, zu den Rohstoffen und Arbeitsgeräten, sowie zu den Eigentümern derselben). Der Motor allein kommt nicht voran. Diese Sicht ist aber nicht „seit Marx geläufig“, sondern seit Marx eine Theorie, bis heute nicht nur unbewiesen, sondern höchst fragwürdig.

Einer der besten Kenner des Marxismus, Gustav Wetter, ebenfalls Jesuit, schreibt:

> „Den Kernpunkt der materialistischen Geschichtsauffassung bildet jedoch zweifelsohne der Ökonomismus, wonach das gesamte gesellschaftliche Leben letztlich durch die Produktionsweise bestimmt ist. Dieses ‚letztlich‘ ist hier entscheidend. Würde nämlich nichts weiter behauptet als die universale Wechselwirkung zwischen den einzelnen Bereichen des gesellschaftlichen Lebens und würde sich der Marxismus damit zufriedengeben, auch dem ökonomischen Faktor dadurch zu seinem Recht zu verhelfen, das ihm früher tatsächlich oft vorenthalten wurde, so wäre nichts weiter dagegen zu sagen.“[152]

Hätte Marx nur behauptet, „daß die Menschheitsgeschichte in entscheidendem Maße von der Wirtschaft her“ geprägt werde, hätte er damit Amerika nicht entdeckt. Er hätte damit nur einen Gesichtspunkt betont, der in Hegels Idealismus zu kurz kommt, aber von Hegel nicht verschüttet werden konnte. So wurde Marx schon auf der Schule mit den Gedanken Montesquieus vertraut gemacht, wie dies das Abiturthema im Fach Französisch beweist: „Übersetzen sie aus Kapitel 18 von Montesquieus’ Considérations sur les Causes de la Grandeur des Romains et de leur Décadence.“[153] Diese Considérations tragen auch die Bezeichnung „Préparation de l’esprit des lois“, ein Standardwerk der Philosophie, der Soziologie und der politischen Wissenschaften. Es wurde und wird sicherlich unvergleichlich häufiger gelesen als zum Beispiel „Das Kapital“, das nicht einmal für führende Sozialisten verdaulich ist. Der Geist der Gesetze, l’esprit des lois, wird maßgebend geprägt von materiellen Gegebenheiten, wozu Montesquieu auch die Sozialordnung zählt.

> „Diese Soziologie des Politischen, welche die Abhängigkeit der Regierungsformen von der Größe des Landes, von der Sozialstruktur und dem Sozialverhalten des Volkes untersucht, mündet ein in eine allgemeine Soziologie. Die Gesetze, d. h. genauer Sitten, Verhaltensweisen, Institutionen, werden in ihrer Abhängigkeit vom Klima und vom Boden – das ist die Lehre von den causes physiques – und in ihrem Zusammenhang mit Handel, Geldwesen, Bevölkerungszahl und Religion – den causes morales – untersucht. Die Erörterung der Sklaverei zeigt wiederum die zwei Seiten des Montesquieuschen Verhältnisses zur sozialen Welt. Einerseits versucht er die Sklaverei vor allem aus dem Klima kausal abzuleiten und zu erklären, andererseits verwirft er sie kategorisch als unmenschlich.“[154]

Damit dürfte hinlänglich nachgewiesen sein, daß Marx nicht nur nicht Neuland betreten hat, sondern von anderen in die längst bekannten Gefilde eingeführt worden ist.

3) Ganz unverständlich ist die Behauptung von Nell-Breunings, die Erkenntnis der Wandelbarkeit auch grundlegender gesellschaftlicher Institutionen leite sich von Marx her:

> „Tatsächlich haben wir uns durch lange Zeit das Verständnis für die Wandelbarkeit und die sich vollziehenden Wandlungen verschlossen, haben historische Kategorien wie die herrschaftsständische Ordnung der Gesellschaft fälschlich als ‚ewige' Kategorien angesehen, die historische Kategorie des absoluten Fürstenstaates mit der ewigen Kategorie der in jedem Gemeinwesen notwendigen Autorität gleichgesetzt und modellgerecht dem ‚Fürsten' die Weisheit, Gerechtigkeit und landesväterliche Güte, dem ‚Volk' die Unreife, den Unverstand und die Aufsässigkeit zugeschrieben."[155]

Wer ist „wir"? Zu Lebzeiten von Marx gab es in Nordamerika, in Mittel- und Westeuropa gar keine „absoluten Fürstenstaaten" mehr. Wie kann man dann sagen, wir hätten diese Herrschaftsform für „‚ewige' Kategorien" gehalten?? Männer wie John Locke und Montesquieu wirkten hundert und mehr Jahre vor Marxens Geburt, die Französische Revolution fand dreißig Jahre vor seiner Geburt statt. Marx hat doch keine „rückwirkende Kraft"!

4) Ähnlich schlecht steht es um die Behauptung, der Verfasser des päpstlichen Rundschreibens Quadragesimo anno sei von Marx inspiriert worden. Rein zeitlich gesehen wäre dies gut möglich, denn Marx war damals schon fast vierzig Jahre tot. *Aber das allein* ist noch kein Beweis für Vaterschaft, auch nicht für geistige. Weder der Krieg noch Marx ist der Vater aller Dinge.

Wie von Nell-Breuning in einem Buch über diese Enzyklika selbst einräumt, knüpften die Bearbeiter an den Artikel „Klasse“ von Gustav Gundlach in Band 3 des Staatslexikons der Görres-Gesellschaft (5. Auflage 1929) an.[156] Dieser war jedoch kein Marx-Adept.

„Im Anschluß an Gundlachs Definition der Klasse erklärte von Nell-Breuning 1932 ausdrücklich, die in Quadragesimo anno enthaltene günstige Wertung der Klasse stehe ‚in schroffem Gegensatz‘ zur marxistischen Klassenauffassung.“[157]

Das schließt nicht aus, daß sich Gundlach mit der Marxschen Lehre auseinandergesetzt hat. Wäre er davon nennenswert befruchtet worden, hätte er dies nicht verschweigen dürfen und wohl auch das Opus genannt, dem er seine Erleuchtung verdankt.

5) Konnte man von Marx diesbezüglich überhaupt viel lernen? Von Nell-Breuning: „Marx diagnostiziert die industrielle Gesellschaft als Klassengesellschaft, bestehend aus einer herrschenden Klasse, den Kapitalisten, und einer unterdrückten und ausgebeuteten Klasse, dem Proletariat ... Für die kirchlichen Kreise und nicht für diese allein war der Marxsche Klassenbegriff etwas Neues und Unerhörtes; wie alles Neue lehnte man ihn zunächst einmal ohne genauere Kenntnisnahme ab.“[158]

Doch Marx weiß es wohl besser: „Was mich nun betrifft, so gebührt mir nicht das Verdienst, weder die Existenz der Klassen in der modernen Gesellschaft noch ihren Kampf unter sich entdeckt zu haben. Bürgerliche Geschichtsschreiber hatten längst vor mir die historische Entwicklung dieses Kampfes der Klassen und bürgerliche Ökonomen die ökonomische Antinomie derselben dargestellt.“[159]

Der Theoretiker des Klassenkampfes fand gar keine Zeit, genauer darzulegen, was er mit „Klassen" meinte. Vielleicht wußte er es selbst nicht. Seine Abhandlung „Die Klassen" kommt über die Einleitung, insgesamt 36 Zeilen, nicht hinaus.[160] So bietet sich dem Marxforscher ein buntes Bild von Klassenbegriffen. Nach Calvez finden sich über das Werk von Marx verstreut ganz verschiedene Klassen-Theorien: eine rassische, eine psychologische, eine kulturelle, eine soziologische, eine ökonomische.[161]

Ganz besonders treffend wieder A. Künzli: „Er hat nie eine Theorie der Klassen geschrieben, nie empirisch untersucht, was eine Klasse konstituiert, wo die Grenzen zwischen den Klassen verlaufen, wie viele Klassen es in der bürgerlichen Gesellschaft seiner Zeit überhaupt gab, wie es um das Klassenbewußtsein bestellt war, usw. Friesisch, dänisch, russisch und altslawisch zu studieren, ein neues System der Differentialrechnung zu entwerfen, voluminöse Exzerpthefte mit geologischen Zeichnungen zu füllen und seinem Freunde seitenlang Tratschgeschichten mit ordinären Details zu berichten – für all das und noch unendlich viel mehr fand der Theoretiker des Klassenkampfes Zeit. Aber dazu, sich einmal diese Klassen genauer anzusehen, mit denen er ein Leben lang theoretisierte, reichte die Zeit nicht."[162]

6) Welche Argumente führt von Nell-Breuning sonst noch ins Feld? „Bei Marx kommt, wenn ich nicht irre, das Wort ‚Kapitalismus' nicht vor, aber unbestrittenermaßen ist er der erste Kapitalismuskritiker und ist die ganze Kapitalismuskontroverse von ihm ausgelöst ... Auch welche Bedeutung *Institutionen* wie das Eigentum in seinen verschiedenen Erscheinungsformen, das Geld oder so spezielle wie beispielsweise das Inhaberpapier, die Haftungsbeschränkung u. a. m. für die Entwicklung von Gesellschaft und Wirtschaft und mittel-

bar auch für die hohe Politik haben und wie man sich ihrer als *strategischer Variablen* bedienen kann ..., ist uns erst seit Marx voll zu Bewußtsein gekommen."[163]

Einen exakten Nachweis für die Richtigkeit dieser Behauptungen bietet von Nell-Breuning nicht. Dafür hat er eine eigentümliche, recht bemerkenswerte Rechtfertigung: „Wenn man sich für irgendeine Aussage auf Marx beruft und einen Beleg aus Marx dafür beibringt, muß man darauf gefaßt sein, daß einem ein anderer Marxtext entgegengehalten wird, der tatsächlich oder angeblich das Gegenteil besagt ... Diese Gefahr ist hier vermieden; den vorstehenden Ausführungen liegen keine Texte oder Meinungsäußerungen von Marx zugrunde, sondern nur heute allgemein verbreitete Erkenntnisse und Denkweisen."[164] Die Stelle spricht für sich selbst. Um sich nicht aufs Glatteis zu begeben, begnügt sich der Wissenschaftler mit dem *on dit. Der Mythos hält so unbefragt Einzug in die Wissenschaft und bildet die Grundlage für Aussagen von großem Gewicht.* Doch unterstellen wir die Richtigkeit der „heute allgemein verbreiteten Erkenntnisse". Ist dann die Behauptung bewiesen: „Wir alle stehen auf den Schultern von Marx"?

Freilich, was heißt das schon, wir stehen auf den Schultern einer Person? von Nell-Breuning antwortet: „Der Schüler, der sich zum ersten Mal daran macht, in Goethes Faust zu lesen, ist höchst überrascht zu entdecken, wie viele Redewendungen er im Munde führt, die Goethes Faust entlehnt sind. – So ähnlich, das ist meine Behauptung, verhält es sich auch mit Marx;"[165] – Aber wir stehen doch nicht auf Goethes Schultern, oder? Sicherlich hat Marx die Welt nachhaltiger beeinflußt als Goethe. Wenn es *darauf* ankommt, dann stehen wir auf den Schultern vieler Personen *und* Unpersonen.

10. Was bleibt?

Man kann nicht Roulett spielen, ohne gelegentlich zu gewinnen. Man kann nicht Vorhersagen machen, ohne gelegentlich recht zu behalten. Man kann nicht alles negieren, ohne teilweise ins Schwarze zu treffen. Trotzdem hat man sich keine Verdienste erworben. Auch das Delphische Orakel ist für mich kein Gegenstand der Verehrung.

Sähe die Welt ohne Marx nicht anders aus? – Mag sein, aber ... Lassen wir einen Juden zu Worte kommen: „Die Welt von heute, ob es uns gefällt oder nicht, ist das Werk Hitlers ..., ohne Hitler kein Israel, ohne Hitler keine Entkolonisierung, mindestens keine so rasche, keine asiatische, arabische oder schwarzafrikanische Emanzipation ..."[166]

Ohne Hitler wäre der Antisemitismus in Deutschland nicht so weitgehend ausgestorben. Und dennoch denkt niemand daran zu sagen: Das *verdanken* wir Hitler. Hitler als Mitursache – darüber läßt sich reden. Dank gebührt ihm sicher nicht. Der Sozialstaat wurde geboren ohne Zutun von Marx. Ob er sich ohne Marx so entwickelt hätte, kann niemand sagen. Er hat sich aber nicht dank Marx, sondern trotz Marx entwickelt. Marx hat nicht für, sondern gegen ihn gekämpft.

Der wissenschaftlich führende Sozialist Hendrik de Man schildert die Wirklichkeit ganz ungeschminkt:

„Es ist darum kein Wunder, daß die Marxisten – Marx voran – die Gewerkschaften immer mehr hingenommen als gewollt haben. Die Gewerkschaftsbewegung ist ein Kind anderen Geistes: Ihre Idee stammt zeitlich vom vorkapitalistischen Zunftwesen, das dem Marxismus ebenso ein Buch mit sieben Siegeln ist wie der klassischen Nationalökonomie, und räumlich aus jenem trade-unionistischen England, das allen Marxisten von Marx bis Trotzki eine greuliche Abnormität und ein unlösbares psychologisches Problem geblieben ist.

Im Grund ist, trotz allem gelegentlichen Lippendienst an der marxistischen Tradition, die leitende Idee aller, auch der deutschen Gewerkschaftsbewegung, die Rechtsanschauung der von Marx und Engels so bitter verspotteten alten Maxime des Trade-Unionismus: a fair day's wage for a fair day's work – ein billiger Tageslohn für eine billige Tagesarbeit. Scheidet man das Gefühl für recht und billig aus der Motivierung der gewerkschaftlichen Tätigkeit aus, wie es die marxistische Theorie von der ‚Ware Arbeitskraft' tut, dann entseelt man die ganze Gewerkschaftsbewegung, dann macht man sie vor allem untauglich für die rechtsumwälzenden Aufgaben des Sozialismus."[167]

Trotz jahrelangen emsigen Suchens kenne ich *keine positive, als richtig anerkannte Feststellung, die wir Marx verdanken.*

Ist Marx also eine alltägliche, kaum erwähnenswerte Erscheinung? Ist er ein Luftballon, deshalb so groß, weil viele in ihn hineinblasen, der aber in Nichts zerfällt, wenn mit einer Nadel hineingestochen wird?

Marx war ein ganz außergewöhnlicher Mensch, nicht was Intelligenz im Sinne von Vernunft anlangt, sondern wegen seiner revolutionären Energie und vor allem seiner *Einbildungskraft.* Eine geistreiche Persönlichkeit, freilich mit der Einschränkung, die Bismarck macht, wenn er sagt: „Um geistreich zu sein, braucht man nur vor nichts mehr Respekt zu haben",[168] ein „homme d'esprit, d' 'esprit faux' im Sinne Voltaires."[169]

Er war ein die Götter und Menschen verachtender Prometheus, ausgestattet mit einer bislang *unübertroffenen Phantasie,* die schon der Vater in seinen Briefen öfter beanstandet hat.[170] Seine Tochter Eleanor schildert ihn als „unrivaled storyteller“,[171] als konkurrenzlosen Märchenerzähler. Doch er verstand es, „die größte Phantasie unseres Jahrhunderts“[172] einer wissenschaftsgläubigen Welt mit einer jeden Zweifel ausschließenden Stimme zu verkünden:

> „Er selbst stellte den Typus eines Menschen dar, der aus Energie, Willenskraft und unbeugsamer Überzeugung zusammengesetzt ist, ein Typus, der auch der äußeren Erscheinung nach höchst merkwürdig war. Eine dichte, schwarze Mähne auf dem Kopfe, die Hände mit Haaren bedeckt, den Rock schief zugeknöpft, hatte er dennoch das Aussehen eines Mannes, der das Recht und die Macht hat, Achtung zu fordern, wenn sein Aussehen und sein Tun auch seltsam genug erscheinen mochten. Seine Bewegungen waren eckig, aber kühn und selbstgewiß; seine Manieren liefen geradezu allen gesellschaftlichen Umgangsformen zuwider. Aber sie waren stolz mit einem Anfluge von Verachtung, und seine scharfe Stimme, die wie Metall klang, stimmte merkwürdig überein mit den radikalen Urteilen über Menschen und Dinge, die er fällte. Er sprach nicht anders als in imperativen, keinen Widerstand duldenden Worten, die übrigens noch durch einen mich fast schmerzlich berührenden Ton, welcher alles, was er sprach, durchdrang, verschärft wurden. Dieser Ton drückte die feste Überzeugung von seiner Mission aus, die Geister zu beherrschen und ihnen Gesetze vorzuschreiben.“[173]

So wie ihn der Russe Annenkow und viele andere Zeitgenossen sahen,[174] so sahen ihn seine sicherlich neutralen Lehrer. Unter dem deutschen Abituraufsatz steht die ungemein aufschlußreiche Bemerkung: „Die Arbeit empfiehlt sich durch Gedankenreichtum und gute, planmäßige Anordnung. Sonst verfällt der Verfasser auch hier in den ihm gewöhnlichen Fehler, in ein übertriebenes Suchen nach einem seltenen, bilderreichen Ausdrucke; daher fehlt der Darstellung an den vielen angestrichenen Stellen die nötige Klarheit und Bestimmtheit, oft Richtigkeit, wie in den einzelnen Ausdrücken, so in den Satzverbindungen."[175]

Gedankenreichtum einerseits, Mangel an Klarheit, Bestimmtheit und Richtigkeit andererseits. Die Bemerkung zum Abituraufsatz in Religion bestätigt dieses Urteil exakt:

> „Eine gedankenreiche, blühende, kraftvolle Darstellung, die Lob verdient, wenngleich das Wesen der fraglichen Vereinigung gar nicht angegeben, der Grund derselben nur von *einer* Seite angefaßt und ihre Notwendigkeit nur mangelhaft nachgewiesen ist."[176]

Wenn Marx Engels schlüpfrige Geschichten erzählt, dann geht es nicht damit ab, daß irgendeine Frau vergewaltigt wird, nein dann feiert die zügellose Phantasie Orgien des Perversen und Unmöglichen, wird der Mann das Opfer, und alles spielt sich in einem Nonnenkloster ab und man tut dem „kerngesunden Kerl" so sehr Gewalt an, daß er daran stirbt.[177] Das ist typisch Marx im Niedrigen wie im Erhabenen. Der historische Materialismus hat mit der Wirklichkeit so viel gemeinsam wie Michelangelos kolossales Gemälde „Das Jüngste Gericht". So gut wie nichts ist nachweisbar richtig. Aber es ist dennoch ein eindrucksvolles Ganzes. Ein grandioser Wurf, ein historischer Roman. Hätte beispielsweise Leopold von Ranke (seine Devise: „Darstellen, wie es gewesen")[178] den historischen Materialismus geträumt, er hätte des morgens laut darüber gelacht und sich dann den Traum aus dem Kopf geschlagen. Marx, den Junghegelianer, mag zwar die

Kluft zwischen Idee und Wirklichkeit gestört haben, aber was wäre das für eine erbärmliche Idee, die vor der Wirklichkeit zurückweicht.

Auch jene, die der Marxideologie verfallen sind, scheren sich wenig um die Wirklichkeit, selbst wenn es sich um ausgewiesene Naturwissenschaftler handelt. Oben wurde der nobelpreisgekrönte Biotechniker H. J. Muller erwähnt, der gerne Männer wie Darwin, Marx und Lenin zu den ausschließlichen Vätern der Menschheit gemacht hätte. Welch unbewußte Ironie steckt in diesem Vorschlag. Darwin und Lenin starben kinderlos, und es ist nicht ausgeschlossen, daß es an ihnen lag. Marx hatte zwar sechs eheliche Kinder. Doch drei starben früh. Jenny folgte mit nur 38 Jahren, die beiden restlichen Kinder begingen Selbstmord. Alle drei Töchter waren erheblich psychisch gestört.[179] Leibliche Nachkommen von Marx gibt es nicht mehr. Mullers Idee in die Tat umgesetzt hätte vielleicht der Menschheit schlechthin und damit auch dem Marxismus schon jetzt ein ganz natürliches biologisches Ende bereitet.

Die *SPD* hingegen war *bestens beraten, als sie* in den fünfziger Jahren *Marx* so lautlos wie möglich *über Bord schob.* (Im Godesberger Programm von 1959 findet er erstmals keine Erwähnung.) Ihre ideologischen Führer wußten offenbar um die Gefährlichkeit dieser Fracht, wenn der wahre Marx wiederentdeckt würde. Den Bürgerlichen, die ihn aus dem Wasser fischen, steht die Desillusionierung noch bevor.

XI. Durch Wissenschaft zu Marx?

1. Der empirische Befund

Unter den Dutzenden von Kommunisten und Exkommunisten, deren Motive für die Hinwendung zum Kommunismus in den vorausgegangenen Kapiteln dokumentiert worden sind, findet sich nicht einer, der auch nur vorgibt, die wissenschaftliche Beschäftigung mit dem Marxismus habe ihn zum Marxisten gemacht. Das war für mich *die große Überraschung,* tritt doch der Marxismus als wissenschaftlicher Sozialismus auf, behaupten doch namhafte Wortführer des Sozialismus wie Bruno Kreisky, Marx sei primär ein Gelehrter gewesen,[1] der Marxismus sei eine Wissenschaft.[2]

Bei einer Reihe namhafter Probanden wird dieser Zugang ausdrücklich ausgeschlossen, zum Beispiel *Lenin,* Ernst *Fischer,* Ignace *Lepp* und Herbert *Wehner*:

N. K. Krupskaja, Lenins Lebensgefährtin, schreibt: „Er näherte sich Marx nicht als Gelehrter, sondern er kam zu ihm als ein Mensch, der Antworten sucht auf die quälenden Fragen der Gegenwart. Und er hat dort diese Antworten gefunden.“[3]

Günther Wagenlehner kommentiert: „Warum Lenin sofort von der Marx-Engelsschen Idee begeistert war, läßt sich aus den Berührungspunkten dieser Idee mit den Ansichten der radikalen russischen Revolutionäre erklären. Es handelt sich im wesentlichen um zwei Gesichtspunkte: Erstens entsprach die Negation der kapitalistischen Ordnung durch Marx Lenins gefühls- und erfahrungsmäßiger Ablehnung der bestehenden Ordnung. Was er nur empfand, bewies Marx augenscheinlich mit wissenschaftlichen Argumenten. Zweitens erkannte Lenin im Marxismus sofort die revolutionäre Theorie, die er als geistige Plattform benötigte, um seine revolutionären Pläne wissenschaftlich zu untermauern. Marx lieferte ihm vor allem die Bestätigung seiner Überzeugung, daß die Revolution mit absoluter Sicherheit kommen müsse."[4]

Ernst Fischer: „So sind wir Rebellen geworden, Aufrührer, Sozialisten; unser Sozialismus war nicht Erkenntnis, Klarheit, Klassenbewußtsein – er war nur Gefühl, nur Leidenschaft, mit verzweifelter Inbrunst, mit radikalem Haß und radikaler Liebe."[5]

Ignace Lepp: „Ich hatte mich für den Materialismus entschieden, weil ich Kommunist war. Wie soviele andere dachte ich nicht einmal daran, die Festigkeit der Grundlagen zu prüfen, auf die sich der ‚wissenschaftliche' Materialismus stützte, dessen Dogmen ich bekannte. Eine solche Haltung war offenkundig sehr wenig wissenschaftlich, und mein kommunistischer Glaube mußte wahrlich blind sein, damit ich das jahrelang nicht wahrnahm."[6]

Ganz eindeutig auch *Herbert Wehner* in einem Interview. Frage: „Im Jahre 1927 sind Sie dann Mitglied der Kommunistischen Partei geworden. Ich würde gerne wissen, ob dieser Schritt das Ergebnis von theoretischem Schriftstudium war, ob Sie sozusagen ein belesener Marxist waren, als Sie in die KPD eintraten, oder ob es andere Gründe gegeben hat?"

Wehner: „Ein Marxist – das ist eine ganz schwierige Gewissensfrage. Sie wissen ja, wie Marx diese Frage selbst beantwortet haben soll: er sei keiner. Aber ich will mich damit nicht um die Frage herumdrücken. Meine sozialistischen Impulse waren ganz andere. Ich habe zunächst einmal die Gemeinschaft der Jugendgruppe erlebt. Ich habe die Gemeinschaft vieler Jugendgruppen zusammen erlebt. So fing es an, das gestehe ich ehrlich. Und Schriften? Die

Schriften, die meine Freunde und ich wirklich verschlungen, studiert, diskutiert und beraten haben, das waren Schriften von Gustav Landauer, dem in der Münchner Räte-Zeit Erschossenen, der uns wiederum Marx und Buber erschloß. Das waren Schriften von Proudhon, dem Franzosen. Das waren Schriften von Krapotkin, ‚Die Ethik' zum Beispiel."[7]

Wie ist es zu erklären, daß der Weg in den „wissenschaftlichen Sozialismus" nicht über die Wissenschaften führt? Wenn Marx als Wissenschaftler erfolgreich gewesen ist, warum hat er dann nicht auch auf diese Weise Gefolgsleute gefunden?

2. Marx und die Geschichtswissenschaft

Der historische Materialismus ist unlösbar mit dem Namen Marx verknüpft. Gegenstand des Histomat ist der Prozeß der Menschheitsgeschichte. War Marx also ein Geschichtswissenschaftler? Es dürfte unbestritten sein, daß Marx den bislang bekannten keine neuen Fakten und Daten hinzugefügt hat. Wer das Gegenteil behauptet, soll es beweisen.

Der noch größere Historiker dürfte aber jener sein, der auf Grund von vorhandenem Material Ursachen und Wirkungen aufspürt und Gesetze oder Regelabläufe ermittelt. Trifft das auf Marx zu?

Marx behauptet das, wenn er schreibt: „Die Kommunisten sind also praktisch der entschiedenste, immer weitertreibende Teil der Arbeiterparteien aller Länder; sie haben theoretisch vor der übrigen Masse des Proletariats die Einsicht in die Bedingungen, den Gang und die allgemeinen Resultate der proletarischen Bewegung voraus."[8]

Aber damit ist nicht bewiesen, daß es auch den Tatsachen entspricht. Es würde den Rahmen sprengen, würde hier das ganze Marxsche Geschichtsbild dargestellt und kritisch gewürdigt. Wäre Marxens Behauptung richtig, hätte zumindest ein Großteil seiner Vorhersagen eintreffen müssen. Aber man ist sich heute quer durch alle politischen Richtungen einig darüber, daß die Wirklichkeit einen erheblich anderen Verlauf nahm. Schon 1895 schrieb Engels: „Die Geschichte hat uns und allen, die ähnlich dachten, Unrecht gegeben. Sie hat klargemacht, daß der Stand der ökonomischen Entwicklung auf dem Kontinent damals noch bei weitem nicht reif war für die Beseitigung der kapitalistischen Produktion; sie hat dies bewiesen durch die ökonomische Revolution, die seit 1848 den ganzen Kontinent ergriffen und die große Industrie in Frankreich, Österreich, Ungarn, Polen und neuerdings Rußland erst wirklich eingebürgert, aus Deutschland aber geradezu ein Industrieland ersten Ranges gemacht hat – alles auf kapitalistischer, im Jahre 1848 also noch sehr ausdehnungsfähiger Grundlage."[9]

Und bis heute ist es so, daß die Staaten, in denen – nach Marx und Engels – die sozialistische Revolution schon 1848 unmittelbar bevorstand, nicht sozialistisch geworden sind, während andere Staaten, obgleich nie kapitalistisch, sogleich sozialistisch wurden, wiederum entgegen einer exakten Vorhersage von Marx: „Eine Gesellschaftsformation geht nie unter, bevor alle Produktivkräfte entwickelt sind, für die sie weit genug ist, und neue höhere Produktionsverhältnisse treten nie an die Stelle, bevor die materiellen Existenzbedingungen derselben im Schoße der alten Gesellschaft selbst ausgebrütet worden sind."[10]

Aber es ist doch zu einer weiten Verbreitung des Sozialismus gekommen!? Des Wortes ja, aber die politische, ökonomische und gesellschaftliche Ordnung in den Staaten des „realen Sozialismus" unterscheidet sich durchgängig von dem, was Marx und Engels unter Sozialismus verstanden haben.[11] Sowohl Künzli[12] als auch Raddatz[13] führen je zwei Seiten *Vorhersagen* auf, die alle nicht eingetreten sind.

Kann man Marx einen Vorwurf machen, daß die Geschichte einen anderen Verlauf genommen hat, als von ihm angenommen? – lautet ein häufiger Einwand. Wer kennt schon die Zukunft?

Auch dieser Einwand ist für Marx keine Hilfe, eher eine Bestätigung der Kritik, nämlich, daß es ihm entgegen seiner Behauptung nicht gelungen ist, die Entwicklungs*gesetze* der Weltgeschichte zu durchschauen.

Marx versagte aber nicht nur als Prophet. Er hat seine „Gesetze" nicht anhand geschichtswissenschaftlicher Forschungsergebnisse aufgestellt, sondern diese Ergebnisse so entstellt, daß sie ihm als „wissenschaftliche" Beweise seiner philosophischen Deduktionen dienen konnten. Und das ist nicht Historiographie, sondern ihr Mißbrauch. Das meiste von dem, was Marx im Rahmen seines historischen Materialismus über die Vergangenheit behauptet, ist mehr als fragwürdig.[14]

Seiner geschichts„wissenschaftlichen" Methode hat er in den folgenden Zeilen ein charakteristisches Denkmal gesetzt: „Indem aber für den sozialistischen Menschen die *ganze sogenannte Weltgeschichte* nichts anderes ist als die Erzeugung des Menschen durch die menschliche Arbeit, als das Werden der Natur für den Menschen, so hat er also den anschaulichen, unwiderstehlichen Beweis von seiner *Geburt* durch sich selbst, von seinem *Entstehungsprozeß*."[15] These und „Beweis" sind eins!

3. Marx und die Soziologie

Eng verwoben mit dem Marxschen Geschichtsbild sind seine die Gesellschaft betreffenden Aussagen. Die *Klassen* sind für seine Argumentation von überragender Bedeutung. Satz eins des „Manifests der Kommunistischen Partei" lautet: „Die Geschichte aller bisherigen Gesellschaft ist die Geschichte von Klassenkämpfen."[16] Doch hat er überhaupt eine klare Vorstellung von seinem zentralen Begriff? Das Fehlen einer Definition und der unterschiedliche Gebrauch des Wortes legen die Annahme nahe, daß diese Frage zu verneinen ist.[17]

Sein *deus ex machina* im dialektischen Weltprozeß ist das Proletariat. Es gibt nur gelegentliche Andeutungen, was mit der Bezeichnung gemeint ist,[18] und es gibt keine empirische Feldforschung durch Marx. Wie das Proletariat beschaffen ist und was es tun wird, weiß Marx alles von der abstrakten Philosophie, ohne auch nur mit einem einzigen Proletarier Verbindung aufzunehmen.

Woraus dem Proletariat seine heilsgeschichtliche Kraft erwächst, wahrlich eine zentrale Frage, bleibt in mystisches Dunkel gehüllt. Marx, der Gottesleugner, fordert hier bedingungslosen Glauben an seine unbegründete Privatoffenbarung. Er spricht mit Bezug auf das Proletariat vom *„Geheimnis seines eigenen Daseins"*[19]

Die Geschichte ging auch in diesem Punkt ihre eigenen Wege. Wo es zur Revolution kam, standen keine Proletarier an der Spitze. Von der „Diktatur des Proletariats" in der Sowjetunion heißt es amtlich: „... die qualitative Zusammensetzung ist beeindruckend. Wußten sie, daß heute 99,5 Prozent aller Sekretäre der Zentralkomitees der Kommunistischen Partei in den Unionsrepubliken, der Regions- und Gebietsparteikomitees Hochschulbildung besitzen?"[20]

Der profane Heiland der Marxschen Erlösungsmythologie, das Proletariat, schlägt die Brücke zum Marxschen Geschichtsbild als Heilslehre. Die Parallelen zwischen dem mosaisch-christlichen Glauben und dem Marxismus sind, wie in anderem Zusammenhang darzustellen war (siehe Kapitel VII), so minutiös, daß entweder beide Lehren Wissenschaft sind oder keine. In Wirklichkeit aber hat Marx mit dem Christenglauben nichts anderes gemacht als mit der Hegelschen Dialektik: Er hat Gott durch die Materie ersetzt, ohne zu bemerken, daß er auf diese Weise die Zahl der offenen Fragen nur noch beträchtlich erhöht. Der absolute Geist läßt sich nicht im Handumdrehen durch die zumindest zunächst absolut ungeistige Materie ersetzen, ohne daß es zu den schwersten Unstimmigkeiten kommt. *Notwendige Heilsgeschichte auf der Basis einer zweck-, ziel- und bewußtlosen Materie ist barer Unsinn, und noch so viele magische Worte können ihn nicht in Wissenschaft verzaubern.*

In der gleichen Schrift, in der Marx den Proletarier glorifiziert, finden wir seine Kampfparolen gegen die *Religion.* Die Schrift ist insgesamt nur 14 Seiten lang, und schon daraus folgt, daß so markante Sätze wie:

> „Das *religiöse* Elend ist in einem der *Ausdruck* des wirklichen Elends und in einem die *Protestation* gegen das wirkliche Elend. Religion ist der Seufzer der bedrängten Kreatur, das Gemüt einer herzlosen Welt, wie sie der Geist geistloser Zustände ist. Sie ist das *Opium* des Volkes."[21]

jeglicher soziologischen Untermauerung entbehren. Man kann es glauben oder nicht, Beweise sucht man vergebens.

Der Religionskritik unmittelbar voraus geht die vernichtende Kritik des Judentums als Kapitalismus (siehe Kapitel VIII). Ist sie wissenschaftlicher als die Auslassungen über Religion und Proletariat? *Arnold Künzli* meint dazu: „Hätte Marx, der später zur Vorbereitung seines ‚Kapitals' fast zwei Jahrzehntelang die Bestände des Britischen Museums durchwühlte, auch nur einige Tage darauf verwendet, sich die Juden unvoreingenommen zu betrachten, so hätte er zu der Erkenntnis gelangen müssen, daß die Wirklichkeit des Juden seiner Theorie vom Judentum nicht entsprach. Gewiß war der von Juden betriebene Wucher damals ein soziologisches und ökonomisches Problem. Aber 1844, in dem Jahre, in dem Karl Marx' Aufsatz ‚Zur Judenfrage' erschien, waren in Bayern von den rund

10 000 dort lebenden erwerbstätigen Juden weit mehr als die Hälfte in Handwerk und Ackerbau beschäftigt."[22]

4. Marx und die Volkswirtschaftslehre

Parturiunt montes
nascetur ridiculus mus[23]

Zwei Jahrzehnte also forschte Marx in den Archiven des Britischen Museums zur Vorbereitung seines „Kapital", das seine Wirtschaftslehre verkörpert.

Und das Ergebnis? Um es vorwegzunehmen: Je länger ich mich damit befasse, um so negativer mein Urteil.

Für das Kapital gilt, was bezüglich der gesamten literarischen Hinterlassenschaft gesagt werden muß. Wer vor den 41 Bänden Marx/Engels-Werke mit rund 30 000 Seiten steht, ist schon von der Fülle beeindruckt. „Welch gewaltiges Werk!"

Ein Drittel füllen Briefe, die durchaus aufschlußreich sind, aber keine selbständigen wissenschaftlichen oder philosophischen Aussagen enthalten. Bleiben immerhin noch 28 Bände. Aber sie bieten *nicht eine einzige längere abgeschlossene systematische Untersuchung*!

Zeitlich am Anfang steht die Dissertation, ohne Anmerkungen nicht einmal fünfzig Druckseiten. In der Vorrede betont Marx: „Man betrachte diese Abhandlung nur als Vorläufer einer größeren Schrift[24]", zu der es aber nie gekommen ist. Es folgt: „Zur Kritik der

Hegelschen Rechtsphilosophie[25]", ebenfalls ein Torso. Und so geht es weiter. Entweder Pamphlete oder billige Polemik gegen Zeitgenossen oder Unvollendetes.

Die Vorarbeiten für das „Kapital" beginnen bereits 1844 mit den sogenannten „Ökonomisch-philosophischen Manuskripten".[26] Die Überschriften beweisen es: „Arbeitslohn", „Profit des Kapitals", „1. Das Kapital", „2. Der Gewinn des Kapitals", „3. Die Herrschaft des Kapitals über die Arbeit und die Motive des Kapitalisten", „4. Die Akkumulation der Kapitalien und die Konkurrenz unter den Kapitalisten".

Von 1844 bis 1883 praktisch nur ein Thema, dem er, wie er selbst gesagt hat, alles opfert, das ihn gleichzeitig aber anekelt[27] und das er wohl deshalb nicht zum Abschluß bringt, ja das er ab seinem 50. Lebensjahr gar nicht mehr ernstlich betreibt, obgleich ihn eine reichliche Pension des Freundes Engels aller wirtschaftlichen Sorgen enthoben hat. Vom Leidensweg des „Kapital" war schon die Rede.[28]

Warum ekelt es ihn an? Weil seine an der Wirklichkeit orientierten Forschungen nicht geeignet sind, seine durch philosophische Deduktionen erlangten Ansichten zu beweisen. „Ökonomisch-philosophische Manuskripte" wäre auch für „Das Kapital" die richtige Bezeichnung gewesen. An den Stellen, die für den Marxismus als Ideologie wichtig sind, führt auch im „Kapital" der höchst eigenwillige Philosoph die Feder, und der Nationalökonom hat zu gehorchen. Der Wissenschaftler in Marx verspürt das Unrecht, das ihm der Philosoph antut, und ist verstimmt.

Die zentralen Aussagen sind so handgreiflich falsch oder lebensfremd[29], *daß sie weder in West noch in Ost ernstgenommen werden.* Letzteres beweist die Praxis in den sozialistischen Staaten.[30]

Die Unlust, die Marx beim Schreiben empfand, hat sich auf das Produkt übertragen. Was mit wenigen Sätzen hätte gesagt werden können, füllt jeweils Dutzende von Seiten. Er hat bewußt jeden Gedanken unförmig aufgebläht[29] wie ein schwacher Kandidat, der zumindest eine umfangreiche Arbeit nachweisen möchte. So mußte *der* Teil des „Kapitals", der von Marx noch publiziert wurde, für das Publikum fast ungenießbar werden. Das Werk verdient nicht einen Bruchteil der Ehre, die ihm von unkundigen Marx-Enthusiasten erwiesen wird.

Für den, der „Das Kapital" nicht zur Hand hat, eine Doppelseite als Kostprobe. Jeder kann nachzählen, wie oft Marx auf *einer* Seite (S. 84) die Einsicht wiederholt, daß Gold an die Stelle von Leinwand tritt (9mal!). Geradezu belustigend, aber kaum wissenschaftlich, sind die Ausführungen über die „theologischen Mucken" eines Tisches (S. 85). Vom Seriösen in seinem Werk ist vieles schon bei anderen nachzulesen, wenngleich Marx es peinlich unterlassen hat, jeweils auf die Väter der von ihm verbreiteten Gedanken und Erkenntnisse hinzuweisen, zu denen insbesondere Adam Smith und David Ricardo zählen. Was z. B. Ricardo in „Wert, Rente, Lohn und Profit"[32] klar und zügig dargestellt hat, wiederholt Marx, Punkt für Punkt, aber umständlich und schier ungenießbar.

Marx erkennt das sehr wohl. An Engels schreibt er: „Ich bin so weit, daß ich in fünf Wochen mit der ganzen ökonomischen Scheiße fertig bin. Et cela fait, werde ich zu Haus die Ökonomie ausarbeiten und im Museum mich auf eine andere Wissenschaft werfen. Ça commence à m'ennuyer. Au fond hat diese Wissenschaft seit A. Smith und D. Ricardo keine Fortschritte mehr gemacht, so viel auch in einzelnen Untersuchungen, oft supradelikaten, geschehn ist".[33]

Waren, welche in Form II als besondre Äquivalente der Leinwand figurieren, und in Form III ihren relativen Wert gemeinsam in Leinwand ausdrücken, eine bestimmte Ware historisch erobert, das Gold. Setzen wir daher in Form III die Ware Gold an die Stelle der Ware Leinwand, so erhalten wir:

D) Geldform

$$\left.\begin{array}{lr} \text{20 Ellen Leinwand} & = \\ \text{1 Rock} & = \\ \text{10 Pfd. Tee} & = \\ \text{40 Pfd. Kaffee} & = \\ \text{1 Qrtr. Weizen} & = \\ \text{1/2 Tonne Eisen} & = \\ \text{x Ware A} & = \end{array}\right\} \text{2 Unzen Gold}$$

Es finden wesentliche Veränderungen statt beim Übergang von Form I zu Form II, von Form II zu Form III. Dagegen unterscheidet Form IV sich durch nichts von Form III, außer daß jetzt statt Leinwand Gold die allgemeine Äquivalentform besitzt. Gold bleibt in Form IV, was die Leinwand in Form III war – allgemeines Äquivalent. Der Fortschritt besteht nur darin, daß die Form unmittelbarer allgemeiner Austauschbarkeit oder die allgemeine Äquivalentform jetzt durch gesellschaftliche Gewohnheit endgültig mit der spezifischen Naturalform der Ware Gold verwachsen ist.

Gold tritt den andren Waren nur als Geld gegenüber, weil es ihnen bereits zuvor als Ware gegenüberstand. Gleich allen andren Waren funktionierte es auch als Äquivalent, sei es als einzelnes Äquivalent in vereinzelten Austauschakten, sei es als besondres Äquivalent neben andren Warenäquivalenten. Nach und nach funktionierte es in engeren oder weiteren Kreisen als allgemeines Äquivalent. Sobald es das Monopol dieser Stelle im Wertausdruck der Warenwelt erobert hat, wird es Geldware, und erst von dem Augenblick, wo es bereits Geldware geworden ist, unterscheidet sich Form IV von Form III, oder ist die allgemeine Wertform verwandelt in die Geldform.

Der einfache relative Wertausdruck einer Ware, z.B. der Leinwand, in der bereits als Geldware funktionierenden Ware, z.B. dem Gold, ist Preisform. Die „Preisform" der Leinwand daher:

20 Ellen Leinwand = 2 Unzen Gold

oder, wenn 2 Pfd.St. der Münzname von 2 Unzen Gold,

20 Ellen Leinwand = 2 Pfd.St.

Die Schwierigkeit im Begriff der Geldform beschränkt sich auf das Begreifen der allgemeinen Äquivalentform, also der allgemeinen Wertform überhaupt, der Form III. Form III löst sich rückbezüglich auf in Form II, die entfaltete Wertform, und ihr konstituierendes Element ist Form I: 20 Ellen Leinwand = 1 Rock oder x Ware A = y Ware B. Die einfache Warenform ist daher der Keim der Geldform.

4. Der Fetischcharakter der Ware und sein Geheimnis

Eine Ware scheint auf den ersten Blick ein selbstverständliches, triviales Ding. Ihre Analyse ergibt, daß sie ein sehr vertracktes Ding ist, voll metaphysischer Spitzfindigkeit und theologischer Mucken. Soweit sie Gebrauchswert, ist nichts Mysteriöses an ihr, ob ich sie nun unter dem Gesichtspunkt betrachte, daß sie durch ihre Eigenschaften menschliche Bedürfnisse befriedigt oder diese Eigenschaften erst als Produkt menschlicher Arbeit erhält. Es ist sinnenklar, daß der Mensch durch seine Tätigkeit die Formen der Naturstoffe in einer ihm nützlichen Weise verändert. Die Form des Holzes z.B. wird verändert, wenn man aus ihm einen Tisch macht. Nichtsdestoweniger bleibt der Tisch Holz, ein ordinäres sinnliches Ding. Aber sobald er als Ware auftritt, verwandelt er sich in ein sinnlich übersinnliches Ding. Er steht nicht nur mit seinen Füßen auf dem Boden, sondern er stellt sich allen andren Waren gegenüber auf den Kopf, und entwickelt aus seinem Holzkopf Grillen, viel wunderlicher, als wenn er aus freien Stücken zu tanzen begänne.[25]

Der mystische Charakter der Ware entspringt also nicht aus ihrem Gebrauchswert. Er entspringt ebensowenig aus dem Inhalt der Wertbestimmungen. Denn erstens, wie verschieden die nützlichen Arbeiten oder produktiven Tätigkeiten sein mögen, es ist eine physiologische Wahrheit, daß sie Funktionen des menschlichen Organismus sind, und daß jede solche Funktion, welches immer ihr Inhalt und ihre Form, wesentlich Verausgabung von menschlichem Hirn, Nerv, Muskel, Sinnesorgan usw. ist. Was zweitens der Bestimmung der Wertgröße zugrunde liegt, die Zeitdauer jener Verausgabung oder die Quantität der Arbeit, so ist die Quantität sogar sinnfällig von der Qualität der Arbeit unterscheidbar. In allen Zuständen mußte die Arbeitszeit, welche die Produktion der Lebensmittel kostet, den Men-

[25] Man erinnert sich, daß China und die Tische zu tanzen anfingen, als alle übrige Welt still zu stehn schien – pour encourager les autres[28].

Dieses harte Urteil wird glaubwürdig, wenn man sich vergegenwärtigt, daß selbst namhafte, auch im Theoretischen ausgewiesene Sozialisten mit dem „Kapital" gar nichts anzufangen wußten:

Der Herausgeber der 1. Ausgabe von Marx' Frühschriften, J. P. Mayer, berichtet, wie er 1932 *Otto Wels,* dem Führer der Sozialdemokraten, dieses Werk übergab: „Er sah sich die beiden Bücher an und sagte: Sie sind eindrucksvoll, aber ich fürchte, ich werde sie nicht verstehen. Aber vielleicht tröstet sie eine kleine Geschichte. – Als junger Mann fuhr ich mit August *Bebel* zum Jenaer Parteitag. Während der Bahnfahrt beichtete ich August, daß ich außerstande sei, das ‚Kapital' zu verstehen. Ich hätte bereits ganz zu Beginn aufgehört, zu lesen. ‚Mach dir deshalb keine Sorgen, Otto', hatte August Bebel gesagt, ‚ich habe auch nie weitergelesen'."[34] Dabei ist Bebel der gefeiertste Theoretiker des Sozialismus-Kommunismus im 19. Jahrhundert nach Marx und Engels.[35]

Ganz besonders lesenswert ist die Charakterisierung, die „Das Kapital" durch *de Man* erfährt. *Paul-Henry Spaak,* selbst ein führender, international anerkannter Sozialist, nennt Hendrik de Man den „unverfälschtesten sozialistischen Denker des 20. Jahrhunderts". Er ist „einer der wenigen Männer, die auf mich den Eindruck des Genies machten".[36]

de Man soll ausführlich zitiert werden, weil jeder Satz aufschlußreich ist: „Die Bedeutung des Marxschen *Kapitals* als Bibel des Sozialismus hängt viel weniger von dem Inhalt des Buches ab als von seiner Form, die es besonders dazu geeignet macht, als heilige Offenbarung zu wirken ... Es ist im Grunde nicht nur ein äußerst schwer verständliches, sondern – ja, ich wage es auszusprechen! –

ein außerordentlich langweiliges Buch. Der Leser erstickt stellenweise in einem Wust von Zitaten und Belegen, der logische Aufbau des Ganzen ist konfus und unsystematisch, die Gedankengänge sind erschwert durch eine Menge pedantischer Begriffspaltereien; überall tritt eine übertriebene Vorliebe für mathematische Formeln zweifelhafter Nützlichkeit zutage; und das Ganze schleppt sich mühsam vom 1. bis zum 3. Band zu Schlußfolgerungen hin, die Dreiviertel des vorangegangenen Beweismaterials als überflüssig erscheinen lassen. Indessen ist dieses mein Urteil eine Geschmackssache, worüber sich streiten läßt. Dennoch bin ich überzeugt, daß ein nicht unbeträchtlicher Teil der Sozialisten, die das *Kapital* gelesen haben oder lesen wollen, durchaus denselben Geschmack haben, ihr Urteil aber hübsch für sich behalten, ja es sich in den meisten Fällen nicht einmal selbst eingestehen wollen. Die Zahl derjenigen, die sich auf das Werk berufen, als ob sie es gelesen hätten, übersteigt in allen Ländern um ein viel Hundertfaches die recht bescheidene Zahl jener, die es gelesen haben. Das Merkwürdige ist nur, daß es einen großen Teil seines Zaubers gerade den Umständen verdankt, die es so ungenießbar machen ... seiner Unverständlichkeit für die Menge, seiner ostentativen Gelehrsamkeit, seiner algebraischen Mystik, seiner drückenden Unverdaulichkeit. Die Menge – und nicht nur die Menge der Volksschulgebildeten! – verhält sich immer noch so zu der Wissenschaft ihrer Gelehrten wie der Afrikaneger zu der seines Dorfzauberers. Je fremder, geheimnisvoller und feierlicher sie auftritt, um so mehr schätzt er sie. Daß Aqu. font. ad 250 ganz anders imponiert als ‚ein Schoppen Brunnenwasser', weiß jeder Arzt, und manche Heilung beruht darauf."[37]

Dem ist nichts hinzuzufügen, höchstens der Rat, den Text ein zweites Mal zu lesen. Er ist nicht nur im Umgang mit Marx von Nutzen.

5. „Alles sag' ich euch ja, weil ich ein Nichts euch gesagt!"

Weder Historiker noch Soziologe, ist Marx Nationalökonom nur, soweit es die Ideologie zuläßt.[38]

Kann *Marx* sonst als Wissenschaftler angesprochen werden? Marx und *Engels* nannten ihren Sozialismus den wissenschaftlichen. Die Wortwahl war zwar geschickt, aber nicht originell, vielmehr eine Anleihe bei *Proudhon,* dessen „wissenschaftlichen Sozialismus" Marx als unwissenschaftlich abqualifizierte.

Recht bezeichnend ist die Marxsche Kritik: „Die Ausmalung dieser Philisterutopie bildet Proudhons Sozialismus, der, wie ich anderswo gezeigt, nicht einmal das Verdienst der Originalität besitzt, vielmehr lange vor ihm von Gray Bray und andern weit besser entwickelt wurde. Dies verhindert solche Weisheit nicht, heutzutage, in gewissen Kreisen, unter dem Namen der ‚science' zu grassieren. Nie hat eine Schule mehr als die Proudhonsche mit dem Wort ‚science' um sich geworfen, denn ‚wo Begriffe fehlen, da stellt zur rechten Zeit ein Wort sich ein'."[39]

Im „Vor- und Nachwort zur französischen Ausgabe" des „Kapital" schreibt Marx: „Es gibt keine Landstraße für die Wissenschaft, und nur diejenigen haben Aussicht, ihre lichten Höhen zu erreichen, die die Mühe nicht scheuen, ihre steilen Pfade zu erklimmen",[40] und wirft damit die Frage auf, ob er im Unterbewußten sich selbst meinte, als er über Proudhon spottete, der „als Parvenü der Wissenschaft mit dem, was er nicht ist, und nicht hat, sich spreizen zu müssen wähnt."[41]

Marx, der die Auffassung vertrat, sein Kommunismus löse alle Welträtsel[42], kann schon deshalb, wenn er so denkt und schreibt, *kein Wissenschaftler* sein. Denn den Wissenschaftlern gelingen bruchstückartige zusätzliche Erkenntnisse in Teilbereichen *einer* Wissenschaft. Wer aber meint, er könne in allen sozialwissenschaftlichen Disziplinen das Ei des Kolumbus nachweisen, hat offenbar seinen eigenen Wissenschaftsbegriff, schöpft aus sich, was nur in jahrelangem, demütigem Umgang mit der Wirklichkeit zu erforschen und zu erfahren ist.

Auch in diesem Punkt läßt das häusliche Leben von Marx Schlüsse auf sein Sein und Denken zu:

> „Wilhelm Liebknecht erzählt die charakteristische Geschichte, wie ein Besucher sich behaglich eine köstliche Zigarre anzündet. Marx schnuppert: ‚Ah, das riecht ja famos.' – ‚Echte Havannas ... '
>
> Der Gast bietet ihm eine Zigarre an – aber eine von der schrecklichsten, billigsten Sorte, wie man sie nur in Saint Giles, dem düsteren Proletarierviertel des Westends, auftreiben kann. Marx zündet sie an, zieht, schmeckt, verdreht die Augen vor Wonne und erklärt beseeligt, er habe der Sache erst nicht getraut, meist brächten Besucher aus Deutschland das fürchterlichste Kraut mit – ‚aber die ist wirklich gut'. Alle Gäste der Runde platzen fast vor Lachen. Zwei Tage später erzählt man ihm die Geschichte – aber er wird nicht wütend: Er erklärt sie für nicht stattgefunden. Es sei, so behauptete er steif und fest, eine echte Havanna gewesen. Niemand konnte ihm das ausreden, d. h.: die Wahrheit einreden."[43]

Ist Marx ein Philosoph?

Sicherlich ja! Damit die Antwort aber nicht mißverstanden wird, muß der Begriff Philosophie kurz erläutert werden. In seiner „Einführung in die Philosophie" schreibt *Karl Jaspers:* „Was Philosophie sei und was sie wert sei, ist umstritten. Man erwartet von ihr außerordentliche Aufschlüsse oder läßt sie als gegenstandsloses Denken gleichgültig beiseite. Man sieht sie mit Scheu als das bedeutende Bemühen ungewöhnlicher Menschen oder verachtet sie als überflüssiges Grübeln von Träumern. Man hält sie für eine Sache, die jedermann angeht und daher im Grunde einfach und verstehbar sein müsse, oder man hält sie für so schwierig, daß es hoffnungslos sei, sich mit ihr zu beschäftigen.

... Während die Wissenschaften auf ihren Gebieten zwingend gewisse und allgemein anerkannte Erkenntnisse gewonnen haben, hat die Philosophie dies trotz der Bemühungen der Jahrtausende nicht erreicht. Es ist nicht zu leugnen: In der Philosophie gibt es keine Einmütigkeit des endgültig Erkannten. Was aus zwingenden Gründen von jedermann anerkannt wird, das ist damit eine wissenschaftliche Erkenntnis geworden, ist nicht mehr Philosophie, sondern bezieht sich auf ein besonderes Gebiet des Erkennbaren. Das philosophische Denken hat auch nicht, wie die Wissenschaften, den Charakter eines Fortschrittsprozesses. Wir sind gewiß weiter als Hippokrates, der griechische Arzt. Wir dürfen kaum sagen, daß wir weiter seien als Platon."[44]

Philosophie steht also *neben den Wissenschaften, geht ihnen zeitlich voraus, begleitet und ergänzt sie, ist vergleichbar den Künsten, die in der Antike ein Teil der Philosophie gewesen sind.*

Auch wenn die Wissenschaften aus der Philosophie hervorgegangen sind, ist sie nur primär in der Zeit, nicht aber an Wert, im Gegenteil: Dort wo sie sich über die wissenschaftlichen Erkenntnisse hinwegsetzt, macht sie sich zum Gespött, gerät „in die Rolle des metaphysischen dummen Augusts ..., der in der Manege des Zeitgeistes sich selbst zum Narren halten muß."[45] Eine solche Philosophie ist nur Philosophie gemäß dem üblichen Sprachgebrauch, aber nicht gemäß dem eigentlichen Wortsinn, der doch mit „Liebe zur Weisheit" wiederzugeben ist. Auf eine solche Philosophie trifft das Wort Pascals zu: „Le vrai philosophe se moque de la philosophie."[46]

Herzstück der Marxschen Philosophie ist die Dialektik. Er selber nennt seine „wirkliche Methode ... die dialektische Methode".[47] Nähere Ausführungen über diese Methode macht er ebensowenig wie über die meisten anderen Elemente seiner Lehre.[48] Aber immerhin so viel verrät er: „Meine dialektische Methode ist der Grundlage nach von der Hegelschen nicht nur verschieden, sondern ihr direktes Gegenteil."[49]

Was aber *heißt Dialektik* oder dialektische Methode? Wer darüber nachliest, zum Beispiel in dem für die Ausbildung an den Universitäten, Hoch- und Fachschulen der DDR bestimmten Lehrbuch über das marxistisch-leninistische Grundstudium „Dialektischer und historischer Materialismus",[50] wird über die mystischen Untiefen dieser Lehre den Kopf schütteln, bis er sich darauf besinnt, daß sich ja auch große deutsche Philosophen dazu bekannt haben. Also wird schon viel dahinter verborgen sein, auch wenn wir gewöhnlich Sterbliche es nicht sehen.

Andererseits hat Marx Hegels Dialektik recht bemerkenswert charakterisiert, endend mit dem Satz, der auch manchen Marxverehrern ins Stammbuch geschrieben werden könnte:

„Alles sag' ich euch ja, weil ich ein Nichts euch gesagt!"

> „Worte lehr' ich gemischt in dämonisch verwirrtem Getriebe,
> Jeder denke sich dann, was ihm zu denken beliebt.
> Wenigstens ist er nimmer geengt durch fesselnde Schranken,
> Denn wie aus brausender Flut, stürzend vom ragenden Fels,
> Sich der Dichter ersinnt der Geliebten Wort und Gedanken,
> Und was er sinnet, erkennt, und was er fühlet, ersinnt,
> Kann ein jeder sich saugen der Weisheit labenden Nektar,
> Alles sag' ich euch ja, weil ich ein Nichts euch gesagt!"[51]

Erst nach Jahren der Beschäftigung mit der dialektischen Methode wagt man es, ihren Wert, ja ihre Richtigkeit grundsätzlich in Frage zu stellen. Geradezu als Befreiung von einem Alp wird es empfunden, wenn ein Vertreter des Faches Philosophie in aller Öffentlichkeit den *Nimbus der Dialektik zerstört:*

> „Der schwedische Kanzler Oxenstierna hat einst darüber geklagt, daß die Welt mit so wenig Vernunft regiert werde. Nun möchte man meinen, dies treffe wohl für die Politik zu, in der Philosophie stünde es aber viel besser. Leider vermag ich als Vertreter dieses Faches einen solchen Optimismus nicht zu teilen. Zumal dort, wo Politik und Philosophie miteinander verschlungen sind, hat die Philosophie mit besonderer Vorliebe das Unvernünftige als vernünftig gepriesen und so der Vernunft in verhängnisvoller Weise Abbruch getan.
>
> Das wohl krasseste, aber gerade deshalb auch lehrreichste Beispiel dafür bildet die Dialektik. Der Uneingeweihte wird vielleicht gleich eingangs eine Definition dessen verlangen, was unter diesem Ehrfurcht heischenden Ausdruck zu verstehen ist. Doch eine solche läßt sich nicht geben, denn das Geheimnis des Erfolges der Dialektik besteht wenigstens in erheblichem Maße eben darin, daß ihre Vertreter nicht so unvorsichtig sind, in diesem Punkte präzise Aussagen zu machen und sich so der Kritik zu stellen. Vielmehr pflegen sie das unwissende Volk – dazu gehören auch gewöhnliche Philosophen, Wissenschaftler und sonstige ‚Fachidioten' – zu verblüffen, indem sie mit einer Geste unsäglicher Bedeutsamkeit beteuern, über ein angeblich höheres, dem gemeinen Menschenverstand unfaßbares Wissen zu verfügen."[52]
>
> Der Nachweis für die Richtigkeit dieser schonungslosen Anklage würde den Rahmen sprengen. Ich darf auf die weiteren Ausführungen von Ernst Topitsch verweisen, denen ich in allen wesentlichen Punkten beipflichte.

Indem Marx ganz auf diese Dialektik eingeschworen ist, verliert er auch als Philosoph seine Glaubwürdigkeit.[53] „Für uns bleibt entscheidend, daß Marx die Dialektik nicht empirisch forschend als ein Naturgesetz entdeckte, sondern ein tradiertes religiöses ‚Entwicklungsgesetz' zum allgemeinen, wesentlich im Materiellen wirksamen Entwicklungsgesetz der menschlichen Geschichte mythologisierte."[54]

Marx selbst nennt jenes Element der Dialektik, das ihn besonders faszinierte, die Negation. Mit dieser Betonung entspricht sie ganz seinem Naturell. (Siehe Kapitel II.) Das Bestehende muß vergehen, Revolution muß sein:

> „In ihrer mystifizierten Form war Dialektik deutsche Mode, weil sie das Bestehende zu verklären schien. In ihrer rationellen Gestalt ist sie dem Bürgertum und seinen doktrinären Wortführern ein Ärgernis und ein Greuel, weil sie in dem positiven Verständnis des Bestehenden zugleich auch das Verständnis seiner Negation, seines notwendigen Untergangs einschließt, jede gewordne Form im Flusse der Bewegung, also auch nach ihrer vergänglichen Seite auffaßt, sich durch nichts imponieren läßt, ihrem Wesen nach kritisch und revolutionär ist."[55]

In dieser Beurteilung stimmen alle Marxkenner überein, Engels[56] und Lenin[57] nicht ausgenommen. *Bossle* spricht von einer „mit wissenschaftlichen Vokabeln garnierten revolutionären Profanapokalypse."[58]

Der greise ehemalige General der Roten Armee *Pjotr Grigorenko* zieht die Summe seiner lebenslangen Beschäftigung mit der sozialistischen Ideologie: „Den Marxismus und den Leninismus habe ich mein ganzes Leben lang zu begreifen versucht, um gegen Ende meines Lebens schließlich einzusehen, daß weder die eine noch die andere Lehre auch nur ein Körnchen Wissenschaftlichkeit enthält. Ich habe auch die vier in der Sowjetunion erschienenen Bände der ‚Werke' Mao Tsetungs gelesen. Von einer Wissenschaftlichkeit des dort

Geschriebenen kann man nur im ironischen Sinne sprechen."[59] Selbst im „Vorwärts" heißt es: „Daß die kommunistische Ideologie gleichsam am Ende ist ..., ist eine Binsenwahrheit."[60]

XII. Schlußbetrachtungen

Kann der Marxismus überwunden werden?

1. Keine falschen Hoffnungen

Zwei so grundverschiedene Menschen wie der bürgerliche Historiker *Golo Mann* und der revolutionäre Advokat *Horst Mahler* kommen aufgrund recht unterschiedlicher Quellen und Erfahrungen mit je eigenen Worten zum gleichen Ergebnis.

Mahler: „Der Mensch ist ein geistiges Wesen. Er lebt nicht vom Brot allein, wie es schon in der Bibel heißt. Wir sind auf einer Entdeckungsreise nach dem Sinn des Lebens, und da hat uns der Marxismus nichts anzubieten.“[1]

Mann, ohne Umschweife: „Aber ich kann und muß bedauern, daß es Marx und den Marxismus gegeben hat.“[2]

Wer ihnen beipflichtet, wünscht, daß die Faszination des Kommunismus ein Ende finde. Gibt es eine Chance, vielleicht gar ein Patentrezept?

Die systematische Analyse der Kommunismusmotive hat rund ein Dutzend Ursachen zutage gefördert. Sie sind teilweise grundverschiedener Natur. Schon das läßt vermuten, daß es keine einheitliche Antwort gibt.

Marx wurde Marxist aufgrund seiner destruktiven, rebellischen Natur. Wer, wie er, von Hause aus alles Bestehende ablehnt, wird sich auch weiter zu Marx hingezogen fühlen, dürfte kaum „heilbar" sein. Der einzelne kann schwerlich aus seiner Haut heraus, und die Gesellschaft vermag die Natur des Menschen nicht umzustülpen.

Aber dieses starke *Fixiertsein* ist doch die *Ausnahme.* Bei den meisten, vor allem bei jungen Leuten, ist die *Einstellung zur Welt davon abhängig, wie* ihnen diese *Welt entgegentritt,* mehr noch, *wie* ihnen diese *Welt gezeigt und gedeutet wird.* Dominiert in der Erziehung das Positive, oder wird es zugunsten des Negativen verdrängt? Eine Pädagogik, die den Konflikt als Wert bezeichnet, radikale, rücksichtslose Kritik alles Bestehenden fordert, Klassenkampfparolen ausgibt und *Kulturpessimismus* begünstigt, ist der *beste Nährboden für den Marxismus.* Die Saat geht auf, und ihre Früchte gleichen dann jenem jungen Mann, den *George F. Kennan* so treffend beschreibt: „Er ist besorgt, zornig und humorlos, er mißtraut seiner eigenen Gesellschaft und bangt um seine eigene Zukunft. Überreizt und unüberlegt, ohne Vertrauen zu anderen, ungeduldig und gewöhnt, unmittelbare Ergebnisse zu erwarten, dürstet er förmlich nach Aktion. Romantisch und weltfremd, ist er ständig auf der Suche nach Anliegen. Mit bebenden Nüstern sucht er irgendeine Ungerechtigkeit aufzuspüren, die er bekämpfen kann. Ihm fehlt jegliches

Gefühl für die Natur von Funktion und Verantwortung, und auf seinem Gewissen lasten alle tatsächlichen oder eingebildeten Mißstände seines Landes. Ihm mangelt es nicht an Mut: Im Gegenteil, er ist bereit, es mit jeder Menge Windmühlen aufzunehmen. Dabei ist er oft aggressiv und ungewollt destruktiv gegen das, was er zum Leben braucht, ja manchmal gegen sich selbst."[3]

Das *„Proletarierbewußtsein"*, ist, so paradox es auch klingt, *in* der jungen *Bildungsschicht* weit *häufiger* anzutreffen als unter Gleichaltrigen, die im Erwerbsleben stehen. Womit hängt das zusammen? Massenuniversitäten, Verlorensein in größeren Städten, fragwürdige Berufschancen dadurch, daß weit mehr Studienplätze zur Verfügung gestellt werden, als die Gesellschaft Akademiker benötigt. Die *Freiheit des Bildungsweges wird* von vielen Studenten recht *kritisch beurteilt*, sobald es fraglich erscheint, ob ihr Studium letztlich zum Ziele führt.

Diese Gesichtspunkte spielen alle eine Rolle und liegen nicht ganz außerhalb des Einflußbereichs unserer Kulturpolitiker. Aber etwas anderes kommt noch hinzu, was ebenfalls offenbar zeitlos ist und schon von Engels berichtet wird: „Hier in Elberfeld geschehen Wunderdinge. Wir haben gestern im größten Saal und ersten Gasthof der Stadt unsere dritte kommunistische Versammlung abgehalten ... Ganz Elberfeld und Barmen, von der Geldaristokratie bis zur épicerie [Krämerschaft], nur das Proletariat ausgeschlossen, waren vertreten."[4]

Damals wie heute. Die *höheren Schichten* sind *aufgeschlossener für neue Ideen.* Das ist keineswegs ein Werturteil. Auch die NS-Ideologie fand dort verstärkt Anklang. Es soll damit nur die Annahme untermauert werden, daß an dieser Gegebenheit schwerlich etwas zu ändern sein dürfte, man mag es begrüßen oder bedauern. Schon 1906 heißt es in Meyers Konversationslexikon: „Der Nihilismus hat die meisten Vertreter unter der Studentenschaft beiderlei Geschlechts.“[5]

Ob die Vorliebe für das Nichtalltägliche, das vielleicht sogar Schockierende mit dem *Staatsexamen abgelegt* wird, ist eine meines Wissens bislang nicht exakt beantwortete Frage. Bei *Künstlern* trifft das sicherlich nicht zu. Sie lieben es, mit dem Extravaganten zu kokettieren, ohne sich die Mühe zu machen, die Rationalität ihrer Weltsicht einer vertieften Prüfung zu unterziehen. Meistens spotten sie sogar der Ratio. Insofern sind sie mit Marx verwandt, der, wie ausführlich dargelegt, kaum Wissenschaftler, aber ein äußerst phantasievoller, wortgewandter Visionär gewesen ist:

> „Eine solche Art des Arbeitens, der Auseinandersetzung mit den ihn bedrängenden Problemen, des Gestaltens seiner Gedanken beweist, daß Marx nicht empirisch, nach Art etwa eines Naturwissenschaftlers oder eines modernen Soziologen vorging, sondern spekulativ, nach Art eines Künstlers, der von irrationalen Mächten getrieben wird und dessen Werk überall die Spuren seines persönlichen Erlebens, ja seiner persönlichen psychischen Affekte und Komplexe zeigt.“[6]

Noch ein anderer Gesichtspunkt verdient es, in diesem Zusammenhang erwähnt zu werden. Marx hat behauptet, die Menschheit sei entfremdet, der Arbeiter ganz besonders. Die psychologischen Merkmale des Entfremdetseins sind aber in seiner Person in ungewöhnlichem Maße konzentriert. Es ist eine erwiesene Tatsache, daß auch heute die *Symptome der Entfrem-*

dung in der Intelligenz häufiger anzutreffen sind als bei den körperlich Tätigen.[7] Sicherlich mit ein Grund, warum sich die Intelligenz prozentual stärker als andere Bevölkerungsschichten dem Marxismus zuwendet.

2. Wertvermittlung

Das *Entfremdetsein,* das Sich-nicht-Zurechtfinden, die seelische Not ist eine *Zeitkrankheit.* Das wurde mir so recht bewußt, als ich an einem Vortrag der Psychologin Christa *Mewes* teilnahm. Angeregt wurde ich durch die Lektüre des Büchleins „Ich reise für die Zukunft", in dem sie erwähnt, daß bei den Vorträgen nicht selten Tausende zugegen seien. Auch die Kölner Stadthalle war am 27. März 80 gesteckt voll – ich ergatterte noch einen guten Stehplatz. Worin das *Geheimnis ihrer Faszination* liege, wollte ich wissen, wo doch sonst nur Kanzler und Kanzlerkandidaten solche Massen anzulocken vermögen.

Es war weder sensationelle Rhetorik, noch ein Feuerwerk von Bonmots, vielmehr der schlichte, aber eindringliche, mit vielen Beispielen untermauerte Nachweis, daß mißverstandene Emanzipation die Menschen ins Unglück stürzt. Es spricht für den Arzt, aber gegen die Volksgesundheit, wenn Zehntausende nach solchen Belehrungen und Ermahnungen dürsten.

Sobald der einzelne nicht mehr wahrhaben will, daß *er selbst* vor allen anderen *für sein Leben verantwortlich,* für sein Glück bestimmend ist, öffnet er sich jener Ideologie, die ihm das Heil verheißt, sobald die äußeren Umstände revolutionär umgestaltet sind.

Hand in Hand mit der Heilserwartung geht die *Suche nach einem Halt,* nach Lebenssinn und Lebensaufgabe. Manche sind irre geworden am Glauben ihrer Väter, weil sie falsche Erwartungen, die aber durchaus naheliegend waren, daran geknüpft hatten. Zweitausend Jahre christliche Mission haben nicht genügt, die Frucht der Erlösungstat Christi allen sichtbar werden zu lassen.

Demgegenüber gilt es darauf hinzuweisen, daß der *christliche Glaube ein tägliches Angebot an jeden einzelnen* ist und jeder einzelne sich versagen kann.

Breitere Resonanz vermag eine christliche Gesellschaft zu bewirken, die Forderungen der christlichen Ethik institutionalisiert, wie das Bekenntnis in Art. 1 Abs. 1 GG: „Die Würde des Menschen ist unantastbar. Sie zu achten und zu schützen ist Verpflichtung aller staatlichen Gewalt."

Aber die Kodifizierung ist kein Fortschritt, der nicht rückgängig zu machen wäre. Sobald die Überzeugung von der Richtigkeit des Bekenntnisses schwindet oder die Bereitschaft dafür einzutreten, ist die Errungenschaft gefährdet, so daß wir immer gefordert sind, das Erreichte zu verteidigen und auf Fortschritt hinzuwirken.

Was aber ist Fortschritt? Ist nicht auch der Marxismus Fortschritt? Er ist nach seinem Selbstverständnis und nach seinem Erscheinungsbild die Negation der tradierten Welt. Das wird klar, wenn wir uns die dortige Ausdeutung von „Menschenwürde", „Freiheit", „Gleichheit", „Rechtstaatlichkeit", „Demokratie" usw. vergegenwärtigen.

Manche Stimmen können dahin verstanden werden, als ob nur ein *neues Weltbild* mit schöneren Visionen den Kommunismus verdrängen könnte, so wenn Friedrich Heer schreibt: „Der Zukunftsglaube des Kommunismus kann nur durch einen Zukunftsglauben überwunden werden, der reicher, menschlicher, gottvoller ist.“[8]

Wir können und dürfen nicht in einen Wettbewerb der Verheißungen eintreten. Wir können es nicht, weil wir in einer pluralistischen Gesellschaft leben, in der nur ganz überzeugende Perspektiven die Chance haben, von einer breiten Mehrheit getragen zu werden. Solche Perspektiven sind nicht in Sicht. Wir dürfen es nicht, weil wir primär einer vielleicht noch so nüchternen Wahrheit verpflichtet sind. Aber wir haben ein überzeugendes *gemeinsames Fundament in Gestalt der Grundrechte* und der durch sie geschützten *Grundwerte.* Leider machen wir das unserer Jugend zu wenig bewußt. Soweit ich es überblicken kann, fehlt in allen Schularten die Zeit, die erforderlich wäre, um diese im Laufe einer mehr als 3000jährigen Geschichte entdeckten Werte in ihrer Größe und Gefährdung zu vermitteln.[9] Auf die *Kirchen* darf sich der Staat schon deshalb nicht verlassen, weil die Kirchen nur einen Teil der Bevölkerung erfassen, die Verfassung aber die Grundlage des politischen Lebens aller bildet. Es muß nicht eigens betont werden, daß die gesamte Gesellschaft, einschließlich der Familien und Kirchen, mitwirken soll.

„Ich glaube, daß die tiefste Wurzel dieser Krise der westlichen Welt die geistige Entwurzelung des Menschen ist“, schreibt der Wiener Kardinal König und fährt fort: „Der westliche Mensch ist im Laufe der letzten Jahrzehnte der Versuchung des Materialismus erlegen.“[10] Gerade der *Kampf um Menschen- und Grundrechte,* der sich *über die ganze Geschichte des Abendlandes hinweg* erstreckt und heute noch nicht beendet und bestanden ist, *kann als wertvolle,* den Opfergeist herausfordernde *Aufgabe* anhand des Beispiels großer Persönlichkeiten *der Jugend mit Aussicht auf Erfolg vermittelt werden.*

3. Will die Welt betrogen sein?

In *Sebastian Brants* „Narrenschiff“ (1494) steht der zumindest zunächst recht unglaubwürdige Satz: „Die weltt die will betrogen syn.“ Brant hat diese Weisheit nicht als erster ausgesprochen. *Luther* datiert sie viel weiter zurück.[11] Andere haben der lateinischen Übersetzung des Sprichwortes noch hinzugefügt: „ergo decipiatur – also soll sie betrogen werden.“

Ist es wahr, will jemand betrogen werden, will sich jemand selbst betrügen? Niemand wird das von sich zugeben. Aber wer sich all die falschen Behauptungen von Marx und über Marx, die hier aufgezeigt oder angedeutet wurden, vergegenwärtigt, wird zögern, mit einem entschiedenen Nein zu antworten.

Man nehme das Buch zur Hand „Warum ich Marxist bin“. Die darin enthaltenen Selbstzeugnisse stammen von angesehenen, intelligenten Leuten. Allein ein Blick auf die Überschriften und die ersten Sätze zeigt, wie brüchig dieser Marxismus ist. Doch ideologische Gebäude brechen auch dann nicht zusammen, wenn sie auf lauter Irrtümern aufgebaut sind:

Der erste Beitrag stammt von Robert *Havemann* und ist überschrieben mit „De omnibus dubitandum est – man muß an allem zweifeln."[12] Marx hat das als seine Lieblingsmaxime ausgegeben,[13] in der Praxis aber nicht danach gehandelt, vielmehr die Gedanken der anderen abgelehnt, die eigenen aber dogmatisiert. Wenn sich Havemann dieses Motto zu eigen macht, dann beweisen bereits die nächsten Zeilen, wie wenig grundsatztreu er insofern ist. Denn schon die ersten Sätze seiner Ausführungen sind nachweislich falsch. Der erste lautet: „Marx hat auf die entsprechende Frage geantwortet, daß er nicht daran denke, Marxist zu sein." Wie schon dargelegt,[14] ist diese Behauptung eine sinnwidrige Wiedergabe der Worte von Marx. Satz zwei: „Und *Kolakowski* hat gesagt, wenn die Lehren von Karl Marx dereinst wissenschaftliches Allgemeingut geworden sind, wird es den Begriff Marxismus nicht mehr geben, so wenig wie man etwa in der modernen Physik von Newtonismus redet . . ." Eine Fundstelle gibt Havemann nicht an. Alles, was ich bei Kolakowski lese, weist in die entgegengesetzte Richtung, so beispielsweise „Fast alle Prophezeiungen sowohl Marxens als auch späterer Marxisten haben sich als falsch erwiesen; die seelische Gewißheit, wie sie Gläubigen gebührt, wird davon jedoch genausowenig berührt wie bei allen Erwartungen, die wir von der chiliastischen religiösen Bewegung kennen."[15]

Der nächste Beitrag beginnt mit der Überschrift „Sozialismus aus Liebe zum Vernünftigen".[16] Doch wie stark kontrastiert damit die erste Aussage: „Ich habe mich rasch für den Marxismus entschieden. Man könnte auch sagen, ich sei mit dem Kopf voraus ins kalte Wasser gesprungen, das um so mehr, als ich mit meiner Überzeugung für den Marxismus auch gleich der marxistischen Partei der BRD . . . beigetreten bin." Ein Kommentar ist wohl überflüssig.

Ernest Mandel überschreibt seinen Aufsatz: „Der Mensch ist das höchste Wesen für den Menschen".[17] Auch das ein Marxzitat. Im Zusammenhang gelesen besagt es etwas anderes, als Mandel glaubhaft machen möchte. Marx-Prometheus will verdeutlichen, daß nunmehr der Mensch Gottes Stelle einnimmt.

Der folgende Satz wurde schon in anderem Zusammenhang in Zweifel gezogen:[18] „Die größte intellektuelle Anziehungskraft des

Marxismus liegt darin, daß er eine – bisher die einzige – rationale, in sich geschlossene und kohärente Integration sämtlicher Gesellschaftswissenschaften erlaubt." Die weiteren Ausführungen sind nicht besser. Keine Beweise, dafür um so unbekümmerter steife Behauptungen und schöne Worte.

Das eben Gesagte gilt auch für die anderen Beiträge des Buches „Warum ich Marxist bin". Manche, wie der von *Dutschke,* tragen die geringe wissenschaftliche Seriosität schon auf der Stirne. Die Überschrift lautet: „Warum ich Marxist bin – doch Marx sagt: ‚Ich bin kein Marxist'."[19]

Erfahrungsgemäß werden diese Leute auch dann nicht reagieren oder gar ihre Aussagen korrigieren, wenn sie schriftlich und begründet auf ihre Irrtümer hingewiesen werden. „Die Fähigkeit des ‚Rechtgläubigen', seine Augen zu verschließen und seine Ohren zu verstopfen gegenüber Tatsachen, die es nicht verdienen, daß man sie ansieht oder anhört, ist ihm eine Quelle unerrreichter Kraft und Standhaftigkeit."[20]

Der ideologisch Verhärtete ist für sachliche Argumente unzugänglich. Das gilt nicht nur für den Marxismus, aber für ihn in ganz besonderer Weise. Hätte *André Glucksman* nicht von der KPF die Weisung bekommen, Schriften *Solschenizyns* zu lesen, er und seinesgleichen wären wohl noch heute Marxisten. Warum gab die KPF ihren Mitgliedern diese Weisung? Sie handelte nicht aus eigenem Antrieb, sondern nach Moskaus Direktive, wo gerade *Chruschtschow* mit seinem Vorgänger *Stalin* abrechnete.[21] Das war Solschenizyns Glück und hat den Nouveaux Philosophes die Augen geöffnet. Was Glucksman aufgrund seines eigenen Erlebens berichtet, beobachten wir Semester für Semester: „Der Marxismus nährt nicht nur Überzeugungen, sondern auch den *Willen,* nicht sehen zu wollen."[22]

Immer wieder kommt es vor, daß Zitate und andere Belege in Vorlesungen angezweifelt werden. Doch dem Angebot der Nachprüfung anhand präsenter Literatur wird kaum entsprochen. Sobald eine Ideologie von einem Menschen ganz Besitz ergriffen hat, wird sie zum Wahn.

> Der Nervenfacharzt: „Wir nennen Wahn im medizinischen Sinne die Verkennung der Wirklichkeit; im Gegensatz zum Irrtum ist beim Wahn das Kriterium seine Unkorrigierbarkeit. Während der Irrende sich durch vernünftige Argumente, durch Richtigstellung des Tatsächlichen überzeugen und aufklären läßt, ist der Wahnkranke nicht von der Irrealität seiner Sinneseindrücke und Vorstellungen abzubringen. Da diese Symptome weitgehend auch auf psychopathologische Massenerscheinungen anwendbar sind, hat sich der Begriff des Massenwahns eingebürgert."[23]

> Derselbe: „Die Älteren unter uns werden die Erfahrung gemacht haben, daß ein Argumentieren mit den fanatisierten Nazi-Massen wie mit einzelnen hochgebildeten Anhängern Hitlers ein vergebliches Bemühen war. Die Idée fixe, die Juden seien die Ursache alles Weltübels und ‚am deutschen Wesen sei die Welt genesen', war nicht zu erschüttern. Ebenso vergeblich werden wir einen fanatischen Bolschewisten von der Idee abbringen, daß alles Übel in der Welt vom Kapitalismus herrühre, daß mit der Ausrottung der Kapitalisten ‚das Reich des seligen Friedens' anbrechen werde."[24]

Leidenschaft ersetzt Wissenschaft. Wenn Liebe blind macht, wie das Sprichwort sagt, dann erst recht der Haß. Der Haß auf das Bestehende ist das vorrangige Marxismusmotiv (siehe Kapitel II). Der Marxismus ist keine Sache der Vernunft (siehe Kapitel VI), sondern primär des Gemüts. Die Vernunft kann das Gemüt gegen vernunftwidrige Einflüsterungen abschirmen. Hat das Herz seine Entscheidung getroffen, findet die Vernunft kaum noch Gehör. Pfarrer Brüsewitz wußte, warum er mit der Bitte: „Verderbt diese Jugend nicht!" in den Feuertod ging. Es ist *von* geradezu *entscheidender Bedeutung, daß die Jugendlichen schon in der Schule mit dem Marxismus vertraut gemacht werden, bevor der Eiserne Vorhang fällt.* Die bloße Darstellung genügt nicht. *Erforderlich ist eine kritische Auseinandersetzung,* die die Entstehungsgeschichte des Marxismus, die inneren Widersprüche, die Widersprüche zu den gesicherten wissenschaftlichen Erkenntnissen und das Utopische nicht beschönigt oder gar verschweigt.

Wer aber dazu nicht Zeit findet, sollte wissen, daß seine Aussagen über Marx höchstwahrscheinlich nicht dem historischen Marx aus Trier, sondern dem mystifizierten Marx aus der Legende entsprechen, dem wir ähnlich häufig begegnen wie der Warnung „Eltern haften für ihre Kinder", die, weil sie auf allen Bauzäunen zu lesen ist, für wahr gehalten wird, obwohl sie so nicht richtig ist.

Auch pauschale, recht vieldeutige Urteile (siehe Kapitel X) schaden mehr als sie nützen. Eine halbwegs zuverlässige Antwort auf die Frage, ob Marx ein großer Denker gewesen sei, ist frühestens dann möglich, wenn man sich vorher über den Begriff „großer Denker" geeinigt hat. Nicht wenige sahen und sehen in Carl Schmitt einen der größten deutschen Staatsrechtsdenker dieses Jahrhunderts. Ein gebildeter, wortgewandter Mann war er sicherlich. Und dennoch schaudert uns, wenn wir hören, was er unter „Geist" verstand:

> „Wir müssen den deutschen Geist von allen jüdischen Fälschungen befreien, Fälschungen des Begriffes Geist, die es ermöglicht haben, daß jüdische Emigranten den großartigen Kampf des Gauleiters Julius Streicher als etwas ‚Ungeistiges' bezeichnen konnten."[25]

Joachim Fest und Sebastian Haffner sind sich einig: „Wenn Hitler Ende 1938 einem Attentat zum Opfer gefallen wäre, würden nur wenige zögern, ihn einen der größten Staatsmänner der Deutschen, vielleicht den Vollender ihrer Geschichte zu nennen.“[26]

Wer sich vergegenwärtigt, welche Superlative damals mit Bezug auf Hitler – nicht etwa nur von Gauleitern, sondern gleichsam von der geistigen Elite – gebraucht wurden,[27] kann nicht zögern, Fest und Haffner beizupflichten, auch wenn er es noch so sehr bedauert. Weit betrüblicher ist es, daß *die großen Denker*, oder was darunter verstanden wird, *dem Totalitären von rechts und links kein Jota mehr Widerstand entgegengesetzt* haben *als der Durchschnittsbürger*. Wie wenige fanden sich auf den Barrikaden der Freiheit.

Auch das gehört zur geschichtlichen Wahrheit, die in ihrer ganzen desillusionierenden Härte der Jugend mitzuteilen ist, damit sie es sich dreimal überlegt, bevor sie einem „großen Denker“ blindlings Gefolgschaft leistet. Diese aus Erfahrung gespeiste Skepsis sollte einen festen Bestandteil der Literaturgeschichte bilden, damit so abgenutzte Worte wie „die Dichter sind Denker und Seher“ nicht der Leichtgläubigkeit Vorschub leisten.

In der Besprechung eines Buches von Eugen Löbl kommt Jean Améry zu dem Schluß: „Eine ziemlich quälende Frage, die man sich immer wieder stellt, wenn Ex-Kommunisten, die hinter die Kulissen geblickt hatten, von ihren Tribulationen berichten – etwa: Ernst Fischer, Roger Garaudy –, bleibt offen: Wie kam es, daß kluge, gebildete Menschen, solche zumal, die das Räderwerk kannten, so lange einem Glauben haben anhängen können, der als Afterglaube doch längst offenbar war? Eugen Löbl hat nicht aufgemuckt gegen die Machtergreifung vom Februar 1948, hat sich nicht gerührt bei Jan Masaryks Fenstersturz. Er hat gewartet, bis der Blitz ihn selber traf aus einem Himmel, den er heiter glaubte."[28]

Steckt nicht in den meisten von uns ein Eugen Löbl, denen Solschenizyn verzweifelnd zuruft: „Ihr werdet erst dann begreifen, wenn ihr, ‚*Hände auf den Rükken!*' selbst durch das Tor unseres Archipel marschiert."[29]

Wir genießen die humanere Ordnung und sind uns dessen bewußt. Doch wie wenige sind bereit, für ihren Fortbestand freiwillig Opfer zu bringen! *Würden wir für die gute Sache auch nur ein Zehntel der Energie einsetzen, die andere ihrer Zerstörung widmen, wieviel heiler wäre wohl die Welt!* Doch der Aktion haben solide Information und Reflexion vorauszugehen. Dem sollte dieses Buch dienen.

Anmerkungen

(aaO verweist auf das Literaturverzeichnis)

I.

1 Frankfurter Allgemeine Zeitung, 2. 10. 1978 S. 5.

2 Frankfurter Rundschau, 5. 10. 1978.

3 Nach Die Welt, 16. 11. 1978 S. 1.

4 Deutsche Zeitung – Christ und Welt, 25. 5. 1979 S. 17.

5 Im Dezember 1978 waren in 36 (1977: 34)*) von 53 (1977: 52)*) berücksichtigten Allgemeinen Studentenausschüssen (ASten) Linksextremisten vertreten. In diesen 36 (1977: 34)*) ASten entfielen insgesamt 64,3 Prozent (1977: 57,5 Prozent) aller Sitze auf Linksextremisten. 9 (1977: 10)*) ASten bestanden ausschließlich aus Linksextremisten, in weiteren 17 (1977: 11) ASten verfügten Linksextremisten über mehr als 50 Prozent der Sitze.

In den berücksichtigten 52 (1977: 52)*) ASten hat der Anteil der Linksextremisten an den Mandaten von 37,5 Prozent auf 40,9 Prozent zugenommen. Während Anhänger der „Neuen Linken" – insbesondere die Gruppe der undogmatischen „Neuen Linken" – ihren Anteil erheblich steigern konnten, mußten der MSB und der SHB Verluste hinnehmen. Weitere Einzelheiten sind der folgenden Übersicht zu entnehmen:

Gruppen	Zahl der Sitze Dezember		Anteil Dezember		Vertreten in (Zahl der ASten) Dezember	
	1977*)	1978	1977*)	1978	1977*)	1978
„Neue Linke"	41	58	11,8%	17,3%	10	15
MSB Spartakus	44	38	12,7%	11,4%	20	18
SHB	45	41	13,0%	12,2%	20	21
Linksextremisten zusammen	130	137	37,5%	40,9%	34	36
Sonstige	217	198	62,5%	59,1%		
Insgesamt	347	335	100,0%	100,0%	52	53

*) Zahlenangaben im Gegensatz zu denen im Verfassungsschutzbericht 1977 ohne die Hochschulen Baden-Württembergs.

(Quelle: Der Bundesminister des Innern „Verfassungsschutzbeicht" Bonn 1979 S. 69)

Die Uni Augsburg hat die Allensbacher Fragestellung wiederholt und kam dabei zu sehr ähnlichen Ergebnissen (69 Prozent Zustimmung). Gleichzeitig wurde eine 2. Befragung durchgeführt, deren Ergebnis sich nicht mit den anderen in Einklang bringen läßt. Aus Gründen der Objektivität sei es gleichwohl erwähnt:

Augsburger Fragestellung:

„Was hältst Du vom Kommunismus?

– ablehnende Haltung, nichts, schlecht	21 Prozent
– philosophischer Denkansatz beachtenswert	2 Prozent
– nicht realisierbar, nicht realisiert	4 Prozent
– Theorie gut, Praxis schlecht	17 Prozent
– Theorie gut, aber Unfreiheit der Individuen	6 Prozent
– Theorie gut, aber nicht realisierbar	25 Prozent
– sonstige Antworten	20 Prozent
– weiß nicht/keine Antwort	5 Prozent
	100 Prozent“

(Quelle: Hochschulmagazin Nr. 1 1980 S. 9.)

6 Die Berechnung stammt von dem britischen Publizisten Philip Vander Elst. Über seine Untersuchung berichtete der Münchner Merkur am 21. 3. 1979.

7 Nach Schapiro aaO S. 222 f.

8 Nach W. Churchill „The Second World War“ Bd. 4 London 1971 S. 447 f.

9 Bereits am 19. 7. 79 berichtete die Süddeutsche Zeitung: Nahezu 200 000 Vietnamesen, zumeist chinesischer Abstammung, haben australischen Schätzungen zufolge die Flucht aus ihrer Heimat mit dem Leben bezahlen müssen. 93 Prozent aller Flüchtlinge, die seit 1975 geflohen sind, sind vor Kommunisten geflohen (Student, Mai 1980).

10 Die Ausführungen *zum Wort* „Kommunismus“ folgen der Abhandlung von Oberländer, aaO S. 1 f., wo sich weitere Literaturhinweise finden.

11 MEW aaO 4, 461.

12 A. Sudre „Geschichte des Communismus oder Historische Widerlegung der socialistischen Utopien“ Berlin 1882 S. 5. (1. franz. Auflage 1849).

13 Platon aaO S. 195.

14 Platon aaO S. 243 f.

15 Apostelgeschichte 2,44 ff. und ähnlich 4,32 ff.

16 Ausführlich F. Meffert aaO.

17 Augustinus „Vom Gottesstaat“ übersetzt von W. Thimme, Zürich 1955.

18 Augustinus „Bekenntnisse“ übersetzt von J. Bernhardt, Frankfurt 1956 S. 105.

19 Siehe dazu ausführlicher mit weiteren Literaturhinweisen Löw „Die Grundrechte . . .“ aaO S. 318.

20 Siehe Bartsch „Kommunismus . . .“ aaO S. 12 f.

21 Bartsch „Kommunismus . . .“ aaO S. 17.

22 Th. Morus „Utopia“ übersetzt von G. Ritter, Stuttgart 1970 S. 149.

23 Th. Morus, ebenda S. 151 f.

24 R. Zippelius „Geschichte der Staatsideen“ München 1971 S. 80.

25 P. Conzelmann „Wirtschaftswachstum und -entwicklung im Jesuitenstaat von Paraguay“ Diss. Uni Köln 1958; Ph. Caraman „Ein verlorenes Paradies“ München 1979.

26 J. J. Rousseau „ Schriften zur Kulturkritik“ 2. Discours Hamburg 1964 S. 191, 193.

27 Näheres H. Maier „Jean Jacques Rousseau“ in „Politische Denker II“ München 1977 S. 47 ff.

28 Bartsch „Kommunismus . . .“ aaO S. 19.

29 F. N. Babeuf „Ausgewählte Schriften“ Berlin 1956 S. 77; eine neuere umfassende Studie: R. B. Rose „Gracchus Babeuf – The First Revolutionary Communist“ USA 1978.

30 Talmon aaO S. 145.

31 Bartsch „Kommunismus . . .“ aaO S. 21.

32 MEW aaO 1, 405.

33 Künzli aaO S. 343.

34 MEW aaO 1, 344.

35 MEW aaO 4, 489.

36 Nach Liegle aaO S. 32.

37 Löwenstein aaO S. 123 f.

38 Herberts aaO S. 95.

39 Marx äußert sich nur selten und dann nur andeutungsweise über die kommunistische Zukunftsgesellschaft (siehe Kap. III 3). Daher ist es bis heute fraglich, ob er das Privateigentum ganz abschaffen wollte oder nur an den Produktionsmitteln. Meist ist von Eigen-

tum ohne Einschränkung die Rede. Auch die „Weibergemeinschaft“ nennt er ausdrücklich nur im Zusammenhang mit dem rohen Kommunismus (MEW ErgBd. 1, 534). Doch sagt er an dieser Stelle, sie sei „allerdings eine Form des exklusiven Privateigentums“. Sein ausdrückliches Bekenntnis zu einer Gesellschaft ohne Religion, Staat und Familie (MEW ErgBd. 1, 537) rechtfertigt – trotz Bedenken – die obige Annahme (bezügl. Familie siehe auch MEW aaO 4, 478). Dabei meint hier Weibergemeinschaft nicht Zwang zur wilden Promiskuität, sondern rechtliche und moralische Bindungslosigkeit.

40 Oberländer aaO S. 116 ff.

41 Kolakowski „Der Mensch ...“ aaO S. 8.

42 Institut für Demoskopie Allensbach „Dokumentation einer Studentenumfrage 1978 – Kommentare und Kritik, Tabellen, technische Daten“ S. 16.

II.

1 MEW aaO 1, 344.

2 B. Brecht „Gesammelte Werke in 8 Bänden“ Frankfurt 1979 Bd. 1 S. 651 f.

3 L. Kolakowski nach Weiß aaO S. 12.

4 Wegen positiver Neueinschätzung der SPD 1980 aus der DKP ausgetreten.

5 Kroetz aaO S. 35.

6 Lepp aaO S. 79.

7 Lepp aaO S. 80.

8 Wehner „Wandel ...“ aaO S. 214.

9 Kantorowicz in Krüger aaO S. 155.

10 Koestler „Pfeil ...“ aaO S. 321.

11 Fischer aaO S. 98; Hervorhebung K. L.

12 Nach Rühle aaO S. 236 f.

13 Miller aaO S. 198.

14 Zwerenz aaO S. 15.

[15] Lepp aaO S. 55. Die Worte sind unmittelbar auf Lenin gemünzt; der Name Lenin steht aber auch für Marx.

[16] Mannheimer Abendzeitung 28. 12. 1843.

[17] Künzli aaO S. 390.

[18] Marx aaO S. 21.

[19] Marx aaO S. 22.

[20] Marx aaO S. 23.

[21] Marx aaO S. 24.

[22] MEW aaO 13, 9.

[23] MEW aaO 3, 27.

[24] MEW aaO 1, 372.

[25] MEW aaO 1, 386.

[26] MEW aaO 4, 476.

[27] MEW aaO 4, 486.

[28] Künzli aaO S. 159.

[29] Payne „Marx“ aaO S. 73 (in der freien Übersetzung)

[30] Marx aaO S. 39.

[31] Siehe Löw „Ausbeutung . . .“ aaO S. 34.

[32] A. Baruzzi „Kant“ in „Politische Denker“ Bd. 2, München 1978 S. 12.

[33] MEW aaO 1, 378.

[34] Siehe dazu VIII 3 b.

[35] MEW aaO 2, 7 ff.

[36] MEW aaO 3, 9.

[37] MEW aaO 23, 27.

[38] MEW aaO 4, 479.

[39] MEW aaO 4, 182.

[40] Siehe IV 2 u. VI 2, ferner Künzli aaO S. 355 ff. und Raddatz aaO S. 314 ff.

[41] MEW aaO 19, 15 ff.

[42] Künzli aaO S. 140.

[43] Künzli aaO S. 305.

[44] Löw „Ausbeutung . . .“ aaO S. 91.

[45] Löw „Ausbeutung . . .“ aaO S. 101 ff.

[46] Löw „Ausbeutung . . .“ aaO S. 94 ff.

[47] Künzli aaO S. 168; siehe auch S. 372 f. und Raddatz aaO S. 142.

[48] Padover aaO S. 635.

[49] Padover aaO S. 38.

[50] MEW aaO Erg. Bd. 1, 626 ff.

[51] Siehe H. Monz „Die soziale Lage der elterlichen Familie von Karl Marx" in „Karl Marx 1818 – 1968" Mainz 1968.

[52] MEW aaO Erg. Bd. 1, VIII.

[53] Padover aaO S. 32 ff.

[54] Siehe Hornung aaO S. 13; siehe ferner: RCDS „Macht die Hochschule krank?" 1. Expertenhearing des RCDS am 19. 2. 1979.

[55] Frankfurter Allgemeine Zeitung 23. 2. 80 S. 25.

[56] Nach Rheinischer Merkur 29. 2. 1980 S. 20.

[57] Pauschal kann auf A. Eggebrecht (Hrsg.) „Die zornigen alten Männer. Gedanken über Deutschland seit 1945" Reinbeck 1979, verwiesen werden.

[58] „Unser Rechtsstaat" Kursbuch Nr. 56 S. 3.

[59] H. Böll nach Bayernkurier 10. 6. 1978.

[60] Nach SPD-Parteitag 79 – Unkorrigiertes Protokoll 5 S. 73.

[61] Havemann „Berliner Schriften" aaO S. 20.

[62] Eine ausführliche Darstellung der Kritik an Wirtschaft und Gesellschaft bietet W. Schlaffke „Abseits . . ." Köln 1979, S. 91 ff.

[63] H. Marcuse „Der eindimensionale Mensch" Neuwied 1967 S. 44.

[64] H.-G. Helms „Kapitalistischer Städtebau" Neuwied 1970 S. 11.

[65] Helms, ebenda S. 9 f.

[66] J. Dittberner u. a. „Parteiensystem in der Legitimationskrise" Opladen 1973 S. 498.

[67] A. Mitscherlich u. a. in „Vorgänge" 1974 Heft 1 S. 79.

[68] Mitscherlich, ebenda S. 76 f.

[69] Naschold nach „Der niedergelassene Arzt" 1977, Heft 21 S. 32.

[70] Nach K. Motschmann „Oskar Brüsewitz: Sein Protest – sein Tod – seine Mahnung" Würzburg o. J. S. 28.

[71] Hertwig in Krüger aaO S. 53.

[72] Scholmer in Krüger aaO S. 137.

[73] A. J. Gregor „Interpretations of Fascism" Morristown 1974, S. 24 ff.

74 Lepp in Löw u. a. „Betrogene Hoffnung“ aaO S. 83.

75 G. Hilger „Stalin – Aufstieg der UdSSR zur Weltmacht“ Göttingen 1959 S. 9.

76 Nach E. Ludwig „Stalin“ Zürich 1945 S. 17 f.

77 Nach L. Trotzki „Stalin“ Berlin 1952 S. 43.

78 Notgemeinschaft für eine freie Universität (Hrsg.) „Aus der Pädag. Hochschule Berlin“ o. J. S. 2.

79 ebenda S. 7.

80 ebenda S. 14.

III.

1 MEW aaO Erg. Bd. 1 S. 546.

2 B. Brecht, Gesammelte Werke in 8 Bänden, Frankfurt 1967, Bd. 4 S. 463.

3 de Man „Gegen den Strom“ aaO S. 57 f.

4 Mandel aaO S. 57.

5 H. Giller in Berdjajew aaO S. 100.

6 Krüger aaO S. 20.

7 F. Bondy im Klappentext des Buches von Milosz, aaO.

8 Prauß aaO S. 18 f.; so schon Lenin aaO 19, 3 f.

9 Sperber aaO S. 43.

10 Pachman aaO S. 169.

11 E. Stern „Ulbricht – Eine Biographie“ Köln 1963 S. 31.

12 Zehm aaO S. 157 f.

13 Richter aaO S. 60.

14 Buber-Neumann „Faszination ...“ aaO S. 20.

15 Nach Buber-Neumann „Faszination ...“ aaO S. 19.

16 Der gleichen Ansicht ausführlich A. Dalma „Faszination der sowjetischen Macht“ in Arbeitskreis aaO S. 39 ff.

17 MEW aaO 25, 828.

18 MEW aaO 3, 33.

19 Löw „Die Grundrechte ...“ aaO S. 127 ff.

[20] M. Barthel nach B. Gross aaO S. 53.

[21] de Man „Zur Psychologie . . .“ aaO S. 68.

[22] Löw „Die Grundrechte . . .“ aaO S. 182 ff.

[23] A. Huxley „Schöne neue Welt“ Frankfurt 1956 S. 20.

[24] Bronska-Pampuch aaO S. 39.

[25] Zwerenz aaO S. 51.

[26] Djilas aaO S. 13.

[27] Trotzki aaO S. 87 f.

[28] Frölich aaO S. 20 ff.

[29] Istrati aaO S. 10.

[30] Nach Roloff aaO S. 129.

[31] Lepp aaO S. 33.

[32] Kantorowicz aaO S. 25.

[33] K. Kraus nach P. Netti „Rosa Luxemburg“ Köln 1965, Vorwort.

[34] Nach Siemon aaO S. 37 f.

[35] MEW aaO 35, 351.

[36] MEW aaO 25, 373.

[37] MEW aaO 25, 351 f.

[38] MEW aaO 19, 18.

[39] Gide aaO S. 181.

[40] Roloff aaO S. 132.

[41] Gide aaO S. 176.

[42] Zehm aaO S. 159.

[43] Lepp aaO S. 79 f.

[44] Gaus aaO S. XIV.

[45] Brecht, „Gesammelte Werke und Gedichte“, Frankfurt 1967, S. 676.

[46] Hoffer aaO S. 15.

[47] MEW aaO Erg. Bd. 1,536; weitere Marx-Zitate zum Thema Kommunismus siehe Löw „Ausbeutung . . .“ aaO S. 75 ff.

[48] Heß nach Simon aaO S. 39.

[49] G. J. Gleserman „Der historische Materialismus und die Entwicklung der sozialistischen Gesellschaft“ Berlin 1973 S. 408.

[50] Crossman aaO S. 9.

[51] Kantorowicz aaO S. 13.

[52] M. Miller aaO S. 197.

53 MEW aaO 1, XVIII.

54 Nach Padover aaO S. 635.

55 Siehe XI 4.

56 Schaff „Marxismus und das menschliche Individuum“ Wien 1965 S. 48. Siehe auch Löw „Ausbeutung ...“ aaO S. 230.

57 Für den, der logisch mathematisch zu denken vermag, ist das Gesagte auf den ersten Blick einleuchtend. Eine winzig kleine Größe ist z. B. 10^{-100} Wird dieses Quantum des Fortschritts unendlich vervielfacht, ist Unendlich das Ergebnis.

58 Wetter „Sowjetideologie heute“ aaO S. 175 ff.

59 Künzli aaO S. 792 ff.; W. Leonhard „Sowjetideologie heute“ aaO S. 33 ff.

60 Löw „Ausbeutung ...“ aaO S. 33 f., 49 f.

61 Löw „Ausbeutung ...“ aaO S. 82 ff.

62 W. Leonhard „Sowjetideologie heute“ aaO S. 106 ff.

63 Löw „Ausbeutung ...“ aaO S. 258 ff.

64 Löw „Ausbeutung ...“ aaO S. 74, 217, 222 ff.; F.-C. Schroeder „Wandlungen der sowjetischen Staatstheorie“ München 1979.

65 Löw „Ausbeutung ...“ aaO S. 216 ff.; insbesondere S. 220.

66 Löw „Ausbeutung ...“ aaO S. 226 ff.

67 Löw „Ausbeutung ...“ aaO S. 59 ff., 216 ff.

68 Löw „Ausbeutung ...“ aaO S. 233 ff.

69 Löw „Die Grundrechte ...“ aaO S. 127 ff.

70 MEW aaO 4, 462. Siehe dort die Fußnote aus dem Jahre 1888: „Das heißt, genau genommen, die *schriftlich* überlieferte Geschichte. 1847 war die Vorgeschichte der Gesellschaft . . . noch so gut wie unbekannt ...“

71 MEW aaO 13, 8 f.; Engels 1890: Siehe MEW aaO 37, 463 und 37, 490 ff.

72 O. von Nell-Breuning aaO S. 621.

73 MEW aaO 23, 791; Künzli aaO S. 675 f.

74 Ausführlicher Löw „Ausbeutung ...“ aaO S. 99 f.

75 MEW aaO 3, 6 u. 534.

76 Siehe III 2c.

77 MEW aaO 23, 790.

78 MEW aaO 1, 391.

79 MEW aaO Erg. Bd. 1, 534 f.

80 MEW aaO 19, 319 ff., z. B. 348 f.

[81] Künzli aaO S. 731. Marx selbst 1881: „Sie werden mich vielleicht auf die Pariser Kommune verweisen; aber abgesehen davon, daß dies bloß Erhebung einer Stadt unter ausnahmsweisen Bedingungen war, war die Mehrheit der Kommune keineswegs sozialistisch ..." (MEW aaO 35, 160).

[82] MEW aaO 3, 33.

[83] Siehe MEW aaO 19, 21.

[84] Löw „Ausbeutung ..." aaO S. 69 ff.

[85] MEW aaO Erg. Bd. 1, 536; 3, 62; 4, 482; 21, 168. (An anderer Stelle betont Engels die zeitlose Notwendigkeit einer Autorität: 18, 306.).

[86] MEW aaO 19, 28.

[87] Siehe VIII 3.

[88] MEW aaO 34, 295.

[89] Siehe Löw „Ausbeutung ..." aaO S. 100 ff.

[90] MEW aaO 23, 208.

[91] MEW aaO 23, 320.

[92] O. v. Nell-Breuning „Auseinandersetzung mit Karl Marx" München 1969 S. 83.

[93] de Man „Zur Psychologie ..." aaO S. 274.

[94] MEW aaO 3, 33.

[95] MEW aaO Erg. Bd. 1, 537.

[96] MEW aaO Erg. Bd. 1, 536.

[97] MEW aaO 16, 131.

[98] z. B. MEW 19, 20 f.

[99] MEW aaO 19, 21.

[100] Exodus 16, 16 ff. Moses: „Das ist es, was der Herr mir geboten: Leset davon [Manna] auf, jeder nach Bedarf ... Und die Israeliten taten so."

[101] 2, 45.

[102] MEW aaO 27, 189 f.

[103] MEW 29, 343 und 31, 131 f.

[104] Raddatz aaO S. 417.

[105] Johannes XXIII. „Mater et magistra" in „Texte zur kath. Soziallehre" Kevelaer 1977 S. 255.

[106] MEW aaO 3, 29.

[107] MEW aaO 19, 8. Reichlich konfus, was Engels über „gerecht" zu sagen weiß: „Was moralisch gerecht ist, ja selbst was dem Gesetz nach gerecht ist, kann weit davon entfernt sein, sozial gerecht zu sein. Über soziale Gerechtigkeit oder Ungerechtigkeit wird durch eine einzige Wissenschaft entschieden – durch die Wissenschaft, die sich mit den materiellen Tatsachen von Produktion und Austausch befaßt, die Wissenschaft von der politischen Ökonomie." (MEW aaO 19, 247).

[108] MEW aaO 19, 22.

[109] Schoeck aaO S. 78.

[110] Schoeck aaO S. 177.

[111] Schoeck aaO S. 243 ff.

[112] Siehe Löw „Ausbeutung . . ." aaO S. 277 ff.

[113] Bronska-Pampuch aaO S. 40.

[114] Padover aaO S. 635.

[115] So der Titel eines Buches von M. Horkheimer, Hamburg 1970.

[116] Kolakowski „Die Hauptströmungen" aaO Bd. 3 S. 567.

[117] Raddatz aaO S. 84.

[118] Sperber aaO S. 42 f.

[119] Borkenau aaO S. 294 f.

[120] MEW aaO Erg. Bd. 1, 534.

[121] Siehe II 2.

IV

[1] MEW aaO Erg. Bd. 1, 263.

[2] MEW aaO Erg. Bd. 1, 262.

[3] MEW aaO Erg. Bd. 1, 263.

[4] Padover aaO S. 627.

[5] Padover aaO S. 628.

[6] P. Lafargue in K. Marx „Eine Sammlung von Erinnerungen und Aufsätzen" Berlin 1947 S. 40.

[7] Marx aaO S. 22.

[8] Marx aaO S. 34.

[9] MEW aaO Erg. Bd. 1, 546.

[10] MEW aaO 3, 13.

[11] MEW aaO 32, 351.

[12] K. Marx „Die Frühschriften“ hrsgg. von S. Landshut, Stuttgart 1953, S. 160 (nicht im MEW enthalten).

[13] Padover aaO S. 635.

[14] Künzli aaO S. 174.

[15] Siehe Löw „Ausbeutung ...“ aaO S. 98 ff.

[16] Marx aaO S. 9.

[17] MEW aaO 27, 434.

[18] Marx aaO S. 35.

[19] Marx aaO S. 27.

[20] Siehe X 4.

[21] MEW aaO Erg. Bd. 1, 261.

[22] MEW aaO 23, 27.

[23] MEW aaO 3, 13.

[24] MEW aaO 7, 299.

[25] MEW aaO 29, 436.

[26] Löw „Ausbeutung ...“ aaO S. 102 ff.

[27] MEW aaO 4, 10.

[28] MEW aaO 4, 3.

[29] MEW aaO 4, 10.

[30] de Man „Zur Psychologie ...“ aaO S. 257 f.

[31] K. Marx „Eine Sammlung von Erinnerungen und Aufsätzen“ Zürich 1934 S. 33.

[32] Nach E. Topitsch „Die Legende vom Humanismus des jungen Marx“ Presse 31. 3./1. 4. 1973.

[33] Heß aaO S. 256.

[34] M. Bakunin „Gesammelte Werke“ Bd. 3 Berlin 1924 S. 206 ff.

[35] Schurz aaO S. 143.

[36] Nach Carl Vogt „Mein Prozeß mit der Allgemeinen Zeitung“ Köln 1850 S. 151.

[37] O. Rühle aaO S. 449.

[38] Künzli aaO S. 369.

[39] Künzli aaO S. 631.

40 Raddatz aaO S. 340.

41 Nach E. Friedell „Kulturgeschichte Griechenlands" München 1979 S. 244.

42 Genesis 3, 5.

43 Marx aaO S. 35.

44 I. Lepp „Psychoanalyse des modernen Atheismus" Würzburg 1962 S. 80 f.

45 Nach Tucker aaO S. 91.

46 Nach Raddatz aaO S. 320.

V

1 Nach Enid Starkie Einführung zu André Gide aaO S. 178.

2 Lepp in Löw u. a. „Betrogene Hoffnung" aaO S. 79.

3 Koestler „Ein Gott . . ." in Crossmann aaO S. 23.

4 Spender aaO S. 285.

5 Roloff aaO S. 73.

6 R. W. Emerson „Selbstverwirklichung" hrsg. F. Greiner (Privatdruck) Linz 1969.

7 MEW aaO 31, 538.

8 MEW aaO 30, 248.

9 MEW aaO 30, 248.

10 MEW aaO 31, 542.

11 Löw „Ausbeutung . . ." aaO S. 93 ff.

12 Löw „Ausbeutung . . ." aaO S. 101 ff.

13 MEW aaO 2, 138; Was Marx an dieser Stelle noch als die Ansicht der französischen Materialisten wiedergibt, sollte schon bald seine eigene Ansicht sein.

14 Künzli aaO S. 395.

15 Künzli aaO S. 579.

16 Schoeck aaO S. 137.

17 Ortega y Gasset aaO S. 70.

VI

1 Münchner Merkur 5. 4. 1974.

2 Hoffer aaO S. 17.

3 Nach Funke u. a. aaO, S. 517.

4 Fischer in Löw u. a. aaO S. 98 f.

5 Fischer, wie Anm. 4, S. 97.

6 Nach Funke aaO S. 171.

7 Solschenizyn aaO S. 172.

8 Reblin aaO S. 183.

9 Rock aaO S. 75.

10 MEW aaO Erg. Bd. 1,638 ff.

11 MEW aaO 27, 228.

12 MEW aaO 30, 359.

13 MEW aaO 29, 225.

14 MEW aaO 29, 232.

15 MEW Erg. Bd. 1, 630.

16 Künzli aaO S. 783.

17 Künzli aaO S. 814.

18 Künzli aaO S. 815.

19 MEW aaO 27, 608.

20 Raddatz aaO S. 32 f.

21 Raddatz aaO S. 234.

22 Raddatz aaO S. 134.

23 Siehe Presse u. Informationsamt d. Bundesreg. (Hrsg) „Dokumentation zu den Ereignissen und Entscheidungen im Zusammenhang mit der Entführung von Hanns Martin Schleyer ...“ Nov. 1977 S. 78 ff.

24 MEW 27, 293.

25 MEW 33, 238.

26 Marx aaO S. 35.

27 Mannheimer Abendzeitung 28. 12. 1843, Hervorhebungen von K. L.

28 Nach Raddatz aaO S. 56.

29 Nach Raddatz aaO S. 106.

(Seite 119–129)

30 Siehe z. B. IV 2.

31 Arnold Ruges Briefwechsel und Tagebuchblätter aus den Jahren 1825 – 1880 Bd. 1 S. 380, hrsg. v. Paul Nerrlich, Berlin 1886.

32 Nach Künzli aaO S. 358; dort auch nähere Einzelheiten.

33 Künzli aaO S. 705.

34 MEW aaO 1, 385.

35 Raddatz aaO S. 97.

36 Raddatz aaO S. 95.

37 MEW aaO 4, 493.

38 MEW aaO 5, 457.

39 MEW aaO 6, 505.

40 Marx-Engels-Studienausgabe in 4 Bdn. hrsg. Fetscher Fischer Bücherei des Wissens Nr. 764 Bd. 1 S. 27.

41 MEW aaO 7, 254.

42 MEW aaO 7, 249.

43 Payne „The Unknown ...“ aaO S. 108.

44 MEW aaO 12, 4.

45 Bakunin aaO Bd. 3 S. 213.

46 Raddatz aaO S. 399.

47 MEW aaO 35, 179.

48 Reblin aaO S. 169 f.

49 Reblin aaO S. 171 f.

50 Reblin aaO S. 172.

51 MEW aaO 19, 336.

52 MEW aaO 3, 34; diese Ansicht vertritt er *in der Theorie* bis zum Ende seines Lebens. Sie liegt auch dem „Kapital“ zugrunde, siehe 6. B. MEW aaO 23, 790 f.

53 MEW aaO 4, 374.

54 Löwenstein aaO.

55 Siehe X 6.

56 Der Völkermord in Kambodscha wurde von kommunistischer Seite erst herausgestellt, als die Vietnamesen in dieses Land einfielen. Der Schah von Persien wurde hofiert, solange er an der Macht war, nachher aber als Verbrecher von den Ostblockstaaten abgeurteilt.

57 MEW aaO 7, 351.

58 MEW aaO 7, 352.

59 MEW aa0 7, 353 f.

60 MEW aaO 6, 283.

61 MEW aaO 6, 286.

62 MEW aaO 6, 279.

63 MEW aaO 35, 151.

64 Nach Löwenstein aaO S. 136.

65 Nach F. Wördemann „Terrorismus“ München 1976 S. 82.

66 Siehe Kolakowski „Die Hauptströmungen ...“ aaO Bd. 3 S. 28: „Es besteht kein Anlaß, daran zu zweifeln, daß die Wahl Stalins zum Generalsekretär der Partei im April 1922 die persönliche Entscheidung Lenins war.“

67 Shub aaO S. 118.

68 Shub aaO S. 28.

69 Wagenlehner aaO S. 27.

70 Nach Shub aaO S. 97.

71 Lenin aaO 31, 281.

72 Nach B. Gross aaO S. 67.

73 Nach Shub aaO S. 436.

74 Hierzu Löw „Grundrechte“ aaO S. 220.

75 „Womit beginnen“ in „Was tun – Brennende Fragen unserer Bewegung“ Lenin aaO 5, 7.

76 z. B. M. Niemöller.

77 „Der ‚linke Radikalismus‘ die Kinderkrankheit im Kommunismus“ Lenin aaO 31, 1 ff.

78 Lenin aaO 2, 346: „Es ist schon längst gesagt worden, daß es ohne revolutionäre Theorie auch keine revolutionäre Bewegung geben kann ...“

79 Nach K. Schmitt „Die geistesgeschichtliche Lage des heutigen Parlamentarismus“ München 1926 S. 77.

80 M. Gorkij „Erinnerungen an Zeitgenossen“ Frankfurt 1962 S. 212 f.

81 Nach Zehm aaO S. 160.

82 Bartsch aaO S. 136.

[83] Siehe Lenins „Testament" abgedruckt in Shub aaO S. 441 f.

[84] Siehe X 4 – 10.

[85] Havemann aaO S. 63.

[86] MEW aaO 31, 542.

[87] RAF-Flugblatt; nach PZ, Bonn 1977 Nr. 13 S. 28.

[88] Kasch Stimmen der Zeit 1978 S. 769.

[89] Engels mit Billigung von Marx MEW aaO 6, 286.

[90] Nach J. L. Talmon „Die Ursprünge der totalitären Demokratie" Opladen 1961 S. 14.

[91] Kasch Stimmen der Zeit 1978 S. 848.

VII.

[1] Nach G. Zwerenz „Ärgernisse – Von der Maas bis an die Memel" Köln 1961 S. 19.

[2] Tillich aaO S. 32.

[3] Jer 33, 14.

[4] Nr. 1 Januar 1979.

[5] K. Nevermann nach Weltbild 25. Jan. 1980 S. 12.

[6] Koestler „Ein Gott . . ." aaO S. 21 u. 23.

[7] Silone „Notausgang" aaO S. 51 f.

[8] Kravchenko aaO S. 48.

[9] R. Meyer-Leviné „Im Innern Kreis" Köln 1977, S. 79.

[10] Berdjajew aaO S. 20.

[11] Lepp aaO S. 84.

[12] Hyde aaO S. 47.

[13] Krüger aaO S. 13.

[14] Pritzel aaO S. 113 f.

[15] Pritzel aaO S. 114 f.

[16] Djilas aaO S. 18.

[17] Heym aaO S. 40.

[18] Siehe I.

[19] J. Marx „Die Jesuiten als Lehrer des Kommunismus" in „Jahrbuch für Katholiken auf das Jahr 1847" Trier 1846.

[20] Löwenstein aaO S. 34 f.

21 W. Weitling „Die Menschheit, wie sie ist und wie sie sein sollte" Bern 1845 S. 19. Die ganze utopische Schrift argumentiert religiös.

22 L. v. Stein „Der Sozialismus und Kommunismus im heutigen Frankreich" Leipzig 1842 Buch II, Teil 2, ab 1850 „Geschichte der sozialen Bewegung in Frankreich".

23 Zitiert von G. Mayer „Engels" Berlin 1920 S. 79.

24 Künzli aaO S. 798; Hervorhebungen durch K. L.

25 Wetter „Ordnung . . ." aaO S. 30.

26 Lepp „Psychoanalyse . . ." aaO S. 75.

27 S. Kierkegaard „Das Eine, was not tut" in „Die Zeitwende" München 1929 S. 7.

28 Freyer aaO S. 213.

29 MEW aaO 1, 635 ff.; 2, 695 ff.; 3, 581 ff.

30 MEW aaO 2, 7; Joh 6, 63.

31 Joh 3, 16.

32 Joh 1, 14.

33 Philipperbrief 2, 6 ff.

34 MEW aaO 2, 9.

35 MEW aaO 2, 107, 112, 114.

36 MEW aaO 2, 341.

37 MEW aaO 2, 347.

38 MEW aaO 2, 341.

39 MEW aaO 3, 608 f.

40 „Über den Ursprung der Familie, des Eigentums und des Staates" MEW aaO 21, 25 ff.

41 MEW aaO 23, 741.

42 MEW aaO 23, 741 f.

43 Künzli aaO s. 642 f. mit weiteren Literaturhinweisen.

44 Als deutliches Indiz dafür kann sein Abiturthema in Religion angeführt werden: „Die Vereinigung der Gläubigen mit Christo nach Joh. 15, 1–14, in ihrem Grund und Wesen, in ihrer unbedingten Notwendigkeit und ihren Wirkungen dargestellt" MEW aaO Erg. Bd. 1, 598 ff.

45 Als Beleg gegen Künzli kann auf Künzli selbst verwiesen werden. AaO S. 798 – 805 bringt er eine Vielzahl von Marxschen Zitaten aus der Bibel und Anspielungen auf biblische Personen – weit überwiegend im Konnex mit dem Neuen Testament.

[46] Mt 27, 46.

[47] de Man „Zur Psychologie . . .“ aaO S. 20.

[48] MEW aaO Erg. Bd. 1, 553 f.

[49] MEW aaO 1, 390.

[50] Frankfurter Allgemeine Zeitung 15. 12. 1979 „Stalin, die halbe Unperson“.

[51] Noch treffender ist es wohl, im jeweiligen Generalsekretär der KPdSU die vierte unfehlbare Autorität zu sehen. Eine DDR-amtliche Wertung Stalins aus jüngster Zeit findet sich im Neues Deutschland 21. 12. 1979: „Zum 100. Geburtstag J. W. Stalins“.

[52] MEW 23, 39.

[53] Nach Löwenstein aaO S. 178. Bakunin aaO Bd. 3 S. 206: „Er betrachtet sich durchaus ganz ernstlich als Papst des Sozialismus oder vielmehr des Kommunismus“.

[54] Künzli aaO S. 403.

[55] Der volle Wortlaut in H. Ingensand „Die Ideologie des Sowjetkommunismus“ Hannover 1962 S. 88.

[56] MEW aaO 27, 107.

[57] MEW aaO 32, 351.

[58] Raddatz aaO S. 318 ff. insbes. 343 f.

[59] Zehm aaO S. 163.

[60] Reddemann aaO S. 13.

[61] MEW aaO 17, 362.

[62] Löw „Die Grundrechte“ aaO S. 226.

[63] Zehm aaO S. 162.

[64] F. Tenbruck „Die drei großen Wahrheitsansprüche“ Frankfurter Allgemeine Zeitung 24. 11. 1977 S. 11.

[65] MEW aaO 35, 161.

[66] Künzli aaO S. 716.

[67] MEW aaO 13, 9.

[68] Siehe z. B. 2 Pet. 3.

[69] Tucker aaO S. 202.

[70] MEW aaO Erg. Bd. 1, 534 f.

[71] MEW aaO Erg. Bd. 1, 536.

[72] MEW aaO 3, 33.

[73] MEW aaO Erg. Bd. 1, 546.

[74] Mt 26, 39.

75 MR 1, 15.

76 Lk 6, 27.

77 Röm 14, 23.

78 Siehe MEW aaO 4, 3 ff.

79 Aus jüngster Zeit: B. Häring „Frei in Christus – Moraltheologie für die Praxis des christlichen Lebens“ Freiburg, Basel, Wien 1979, Bd. 1 S. 239 ff.

80 Berdjajew aaO S. 36.

81 Zwerenz aaO S. 15.

82 Mk 1, 15.

VIII.

1 Was heißt Antifaschismus? Um darauf die Antwort geben zu können, muß man wissen, was Faschismus heißt. Wie die meisten politikwissenschaftlichen Vokabeln ist auch „Faschismus“ lebhaft umstritten. Eine Reihe von Büchern wurde darüber verfaßt, ohne Klärung zu bringen. Es ist unschwer möglich nachzuweisen, daß auch heute noch „Faschismus“ gebraucht wird, um den politischen Gegner abzuwerten, er mag in der Mitte, rechts oder links stehen.

Der Große Brockhaus: „Im heutigen politischen Sprachgebrauch wird das Wort Faschismus oft verwendet, um dem Gegner eine undemokratische, totalitäre oder eine *antikommunistische Einstellung* vorzuwerfen.“

Stalin 1924: „Es trifft nicht zu, daß der Faschismus nur eine Kampforganisation der Bourgeoisie sei ... Der Faschismus ist eine Kampforganisation der Bourgeoisie, die sich auf die aktive Unterstützung der Sozialdemokraten stützt. Die Sozialdemokratie ist objektiv der gemäßigte Flügel des Faschismus. Es liegt kein Grund zu der Annahme vor, die Kampforganisation der Bourgeoisie könnte ohne die aktive Unterstützung durch die Sozialdemokratie entscheidende Erfolge in den Kämpfen oder bei der Verwaltung des Landes erzielen. Diese Organisationen schließen einander nicht aus, sondern ergänzen einander. Das sind nicht Antipoden, sondern Zwillingsbrüder.“ (I. Deutscher aaO S. 432)

Die Sozialdemokraten wurden von den Kommunisten als „Sozialfaschisten" beschimpft. So noch am 3. Februar 1933 (nach Reddemann aaO S. 24).

Andererseits hatten die Nazis die Ehre, von den Kommunisten als Glieder der „Antifaschistischen Einheitsfront" angesprochen zu werden (Vorwärts 6. Juli 78 S. 12). Nach dem Hitler-Stalin-Pakt kam das Wort „Faschismus" in der Sowjetpresse mit Bezug auf Hitler-Deutschland überhaupt nicht mehr vor (Leonhard aaO S. 64). Opfer der GPU haben ihre Henker, also Kommunisten, „Faschisten" genannt (R. Medwedew „Die Wahrheit wird euch frei machen" Frankfurt 1973 S. 153).

Die Kommunisten wurden von SPD-Chef Kurt Schumacher als „rotlackierte Faschisten" bezeichnet (nach Reddemann aaO S. 34). Von Habermas stammt der Vorschlag: Rudi Dutschke habe „eine voluntaristische Ideologie hier entwickelt, die man im Jahre 1848 utopischen Sozialismus genannt hat und unter heutigen Umständen, jedenfalls ich glaube, Gründe zu haben, diese Terminologie vorzuschlagen, linken Faschismus nennen muß". In B. Vesper (Hrsg.) Voltaire-Flugschriften, Frankfurt/M. 1968 Nr. 12 S. 101.

Auch die „Roten Brigaden", die Aldo Moro ermordet haben, werden Faschisten genannt. Ein Artikel im „Neuen Deutschland" vom 10. Mai 1978 trägt die Überschrift: „Das Opfer faschistischer Verbrechen".

2 V. Nekrassow „Ansichten und etwas mehr" Kontinent Nr. 7 (1978) S. 25.

3 Crossmann aaO S. 10.

4 Krüger aaO S. 20.

5 Havemann aaO S. 41.

6 Bauer aaO S. 78.

7 Richter aaO S. 59.

8 Giordano aaO S. 91.

9 Kantorowicz aaO S. 23.

10 Siehe dazu Deschner aaO.

11 Radio DDR I 25. März 1979 im „Magazin am Morgen".

12 O. Roegele „Eine Idee als Waffe – Muß man Kommunist sein, um gegen den Faschismus zu kämpfen? – Ein Symposium in Zagreb" Rheinischer Merkur 6. 2. 1976 S. 10.

13 Ein Beispiel: „Nach den von der Papen-Regierung selbst veröffentlichten Zahlen wurden in der zweiten Juni-Hälfte (1932) 17

Personen getötet, 5 Kommunisten und 12 Nationalsozialisten, weit mehr als in irgend einem früheren Monat. Im Juli starben 86 eines gewaltsamen Todes, davon 30 Kommunisten und 38 Nationalsozialisten." (A. Brecht „Vorspiel zum Schweigen" Wien 1968 S. 95.)

14 H. Abosch in der Besprechung von Souvarins Stalin-Biographie SZ 9. Sept. 78.

15 Jahrzehntelang wurde Stalin zitiert, wenn im Osten über Humanismus gesprochen wurde. Siehe Löw „Die Grundrechte . . ." aaO S. 109 f.

16 Löwenstein aaO S. 188. Ähnlich E. Kogon in Spiegel, 15. 10. 1979 S. 24 f.

17 W. Gurian „Der Bolschewismus" Freiburg 1931 S. VII.

18 C. J. Friedrich „Totalitäre Diktatur" Stuttgart 1957 S. 19.

19 C. J. Friedrich ebenda S. 20.

20 Kühnl aaO S. 7.

21 Kühnl aaO S. 18.

22 Wiedergabe des Originals in „Fragen an die Deutsche Geschichte" Katalog zur historischen Ausstellung im Reichstagsgebäude in Berlin Tafel VI/214.

23 Reventlow aaO S. 66.

24 Nach Bullock aaO S. 618.

25 Strasser nach G. Reddemann aaO S. 70.

26 Siehe Kubizek aaO.

27 Siehe Goebbels aaO.

28 Czichon aaO.

29 H. A. Turner jr. „Faschismus und Kapitalismus in Deutschland" Göttingen 1972.

ders. „Großunternehmertum und Nationalsozialismus 1930 – 1933" Historische Zeitschrift Nr. 221 (1975).

D. Stegmann „Zum Verhältnis von Großindustrie und Nationalsozialismus 1930 – 1933" Archiv für Sozialgeschichte Nr. 13 (1973).

J. u. S. Pool „Hitlers Wegbereiter zur Macht . . ." Bern 1979.

30 Gewerkschaftszeitung 29. 4. 1933.

31 Siehe Löw „Rechtsstaat . . ." aaO S. 149 f.

32 Siehe Löw „Ausbeutung . . ." aaO S. 255 ff.

33 Nach Fabry aaO S. 45.

34 Nach Kunz u. a. aaO S. 82.

35 Das geschieht im Godesberger Programm, in Kunz u. a. aaO S. 78. Aber die Behauptung: „Zu Unrecht berufen sich die Kommunisten auf sozialistische Traditionen“ ist leider eine rührselige Schönfärberei der Geschichte.

36 MEW aaO 3, 7.

37 Siehe III 4.

38 Künzli aaO S. 534.

39 MEW aaO 19, 335.

40 Nach Haffner aaO S. 100 f.

41 Haffner aaO S. 109.

42 MEW aaO 1, 388.

43 MEW aaO 23, 790.

44 MEW aaO 4, 493.

45 MEW aaO 1, 391.

46 MEW aaO 6, 172.

47 MEW aaO 6, 176.

47a Bakunin aaO Bd. 3 S. 207 f.

48 MEW aaO 6, 278 f.

49 MEW aaO 2, 576.

50 MEW aaO 6, 286.

51 MEW aaO 27, 267 f.

52 MEW aaO 6, 276.

53 Nach H. J. Schoeps „Ungeflügelte Worte“ Berlin 1971 S. 152.

54 J. Graf „Biologie für höhere Schulen“ Bd. 3 München-Berlin 1940 S. 132.

55 MEW aaO 1, 372 f.

56 MEW aaO 1, 375.

57 „Der Stürmer“ Mai 1934 Sondernummer 1 Titelseite.

58 Künzli aaO S. 538.

59 Künzli aaO S. 208.

60 MEW aaO 2, 116.

61 W. Sombart nach G. Reddemann aaO S. 17.

62 Haffner aaO S. 49.

63 MEW aaO I, 390.

[64] „Kampf der Kommunisten Jugoslawiens für die sozialistische Demokratie“ Auszug in I. Fetscher „Von Marx zur Sowjetideologie“ Frankfurt 1972 S. 204.

[65] Djilas in Löw u. a. aaO S. 10.

[66] K sudu istorii, New York 1974, S. 461.

[66a] Daß Leute, die dem Marxismus von Hause aus ablehnend gegenüberstehen, so urteilen, ist naheliegend. Solschenizyn z. B.: Die „ungebildeten afghanischen Hirten tun recht, wenn sie die Bilder von Marx und Engels verbrennen statt dem Märchen zu glauben, daß ihr Land nur deshalb besetzt worden sei, weil Leonid Breschnjew gerade krank ist.“ (Berliner Morgenpost 12. 2. 1980).

[67] Glucksman aaO S. 32 f.

[68] Raddatz aaO S. 316.

[69] Die sowjetische Armeezeitung „Das Rote Schwert“ am 18. 8. 1919 nach Shub aaO S. 379.

[70] Fetscher „Von Marx zur Sowjetideologie“ in „Der Mensch im kommunistischen System“ Tübinger Studien zur Geschichte und Politik 1957, Nr. 8 S. 102.

[71] Siehe X 7.

[72] MEW aaO 5, 402.

[73] MEW aaO 7, 498.

[74] MEW aaO 17, 339.

[75] Siehe IV.

[76] Siehe VI.

[77] MEW aaO 1, 370.

[78] Marx war bis 1845 preußischer Staatsangehöriger und hat sich ab 1861 wieder darum bemüht; Hitler war Deutscher ab 1932.

[79] Weit mehr als eine Milliarde Menschen leben in Staaten, die auf den Marxismus eingeschworen sind; Haffner: „Die Welt von heute, ob es uns gefällt oder nicht, ist das Werk Hitlers. Ohne Hitler keine Teilung Deutschlands und Europas; ohne Hitler keine Amerikaner und Russen in Berlin; ohne Hitler kein Israel; ohne Hitler keine Entkolonisierung, mindestens keine so rasche, keine asiatische, arabische und schwarzafrikanische Emanzipation und keine Deklassierung Europas.“ (Haffner aaO S. 124).

[80] MEW aaO 1, 385.

[81] Löw „Ausbeutung . . .“ aaO S. 101.

82 Haffner aaO S. 203.

83 Siehe H. Lamm „Karl Marx und das Judentum“ in „Karl Marx 1818 – 1968“ Mainz 1968 S. 11 ff.

84 Kuehnelt-Leddihn aaO S. 164; mit weiteren Literaturhinweisen.

85 Siehe VI 2.

86 Löw „Ausbeutung . . .“ S. 98 ff.

87 MEW aaO 31, 542.

88 MEW aaO 28, 371.

89 MEW aaO 29, 285.

90 Raddatz aaO S. 264.

91 MEW aaO 29, 436.

92 Siehe Künzli aaO S. 359.

93 MEW 27, 109.

94 Weitling resümiert Äußerungen von Marx auf einer Parteiversammlung; Hess aaO S. 151.

95 Raddatz aaO S. 256 ff.

96 Raddatz aaO S. 314 ff.

97 Meyer „Neue Beiträge zur Biographie von Karl Marx“ Archiv für die Geschichte des Sozialismus und der Arbeiterbewegung 10. Jhg. 1. Heft 1921 S. 59 ff.

98 Nach Künzli aaO S. 360.

99 Schurz aaO S. 143.

100 Heß aaO S. 496.

101 Haffner aaO S. 126.

102 Löw „Ausbeutung . . .“ aaO S. 98 ff.

103 Löw „Die Grundrechte . . .“ aaO S. 187 ff.

104 Ebenso Haffner aaO S. 21.

105 Rauschning aaO S. 124.

105a Siehe J. Lazar „Der Fall Horst Wessel“ Stuttgart 1979.

106 Die sozialdemokratische Zeitung „Münchener Post“ 5. 3. 1933.

107 Hoegner aaO S. 126 f.

108 Richter in Löw u. a. aaO S. 62.

109 Haffner aaO S. 22.

110 Schenk aaO S. 16.

111 Nach Rheinischer Merkur 28. 7. 1978 S. 1 f.

112 Fabry aaO S. 167.

113 Nach „Vorwärts“ 6. 7. 78 S. 12.

114 J. Rühle aaO S. 187.

115 Motschmann „Sozialismus ...“ aaO S. 183 f. mit weiteren entsprechenden Belegen.

116 Akten zur deutschen auswärtigen Politik D VIII Nr. 157, Carroll-Epstein 88, Seidel 89.

117 Brügel aaO S. 7.

118 Brügel aaO S. 216 f.

119 Budenz aaO S. 179.

120 „Prawda“ Anfang März 1940 nach W. Leonhard „Die Revolution ...“ aaO S. 78.

121 Brügel aaO S. 115.

122 Brügel aaO S. 223.

123 Buber-Neumann in Löw u. a. aaO S. 31.

124 5. erg. Ausgabe 1965.

125 Deschner aaO S. 18.

126 Nach J. Rühle aaO S. 174.

127 Gide aaO S. 195.

128 Koestler „Ein Gott ...“ aaO S. 64.

129 Kantorowicz aaO S. 43.

130 Kantorowicz aaO S. 11 ff.

IX.

1 Radio DDR 5. 5. 1968 nach Rias Berlin „DDR-Report“.

2 A. Makarenko „Ein Buch für Eltern“ Werke Bd. 4 Berlin 1958 S. 22.

3 Bronska-Pampuch aaO S. 38.

4 H. Lippmann „Honecker – Porträt eines Nachfolgers“ Köln 1971 S. 14 f.

5 Kopelew aaO S. 48.

6 S. Leonhard „Gestohlenes Leben“ Herford 1968 S. 12.

7 Leonhard „Die Revolution ...“ aaO S. 9 ff.

8 Siehe Löw „Die Grundrechte ...“ aaO S. 296 f.

9 J. Hartwig u. a. „Wehrerziehung und vormilitärische Ausbildung der Kinder und Jugendlichen in der DDR“ Stuttgart 1979; Olga M. Prawossudowitsch „Freund und Feind in den Kinder- und Jugendzeitschriften der DDR“ Hohwacht Verlag Bonn; Bildungs- und Erziehungsplan für den Kindergarten, hrsg. v. Min. für Volksbildung Berlin 1978; Erziehung junger Patrioten und Internationalisten (Autorenkollektiv) Berlin 1978.

10 R. Kunze „Die wunderbaren Jahre“ Frankfurt a. M. 1978 S. 10.

11 Zehm aaO S. 156 f.

12 Hetmann aaO S. 24.

13 Faust aaO S. 177.

14 K.-U. Ebmeyer „Szenen aus der Arbeitswelt – Erfahrungen mit deutschen Lesebüchern“ Köln 1978 passim.

15 Art. 1 Abs. 1 VerfDDR 1974.

16 Bartsch aaO S. 133 f.

17 Wehner in: Gaus aaO S. 213.

18 Siehe dazu Löw „Ausbeutung ...“ aaO S. 179 ff., 254 ff.; aus der Sicht der Sozialdemokratischen Partei L. Kramm „Stamokap – eine kritische Abgrenzung“ Bonn 1974.

19 Hetmann aaO S. 42; in einer monographischen Untersuchung von K. D. Eberlein „Motive der Hinwendung zum Kommunismus am Beispiel eines Westberliner SED-Anhängers“ wird ebenfalls ein sehr starkes Aufstiegsstreben, das mit Hilfe der SED erfüllt werden kann, als Motiv der Hinwendung angenommen (Kölner Zeitschrift für Soziologie und Sozialpsychologie 1963 S. 664 ff. insbes. 672).

20 Zwerenz aaO S. 52.

X.

1 Definition von „Heros“ laut „Duden – Das große Wörterbuch der deutschen Sprache in sechs Bänden“ Mannheim 1977.

2 Raddatz aaO S. 30.

3 MEW aaO 1, IX; ähnlich K. Sorgenicht u. a. „Verfassung der DDR. Dokumente. Kommentar“ Berlin 1969, Bd. 1 S. 198 f.

4 Siehe IX vor 1.

5 MEW aaO 1, 391.

[6] Andere ähnliche Urteile bringt W. Leonhard Inf. zur pol. Bildung „Kommunistische Ideologie I" Bonn 1978 S. 18.

[7] W. Brandt „Friedrich Engels und die soziale Demokratie" Bonn 1970 S. 34.

[8] Nach Süddeutsche Zeitung 24. 5. 1978.

[9] Wehner „Wandel ..." aaO S. 214.

[10] Nach Süddeutsche Zeitung 16./17. 9. 1978.

[11] Eucken-Erdsiek aaO S. 61.

[12] Glucksmann aaO S. 53.

[13] Theimer aaO S. 237.

[14] Löwenstein aaO S. 118.

[15] Löwenstein aaO S. 133.

[16] Löwenstein aaO S. 186.

[17] Künzli aaO S. 103.

[18] Künzli aaO S. 672.

[19] Siehe die Stichworte in „Lexikon für Theologie und Kirche" Freiburg 1934.

[20] Nach Helmut Schmidt „Zeugnis für die bessere Politik" Rheinischer Merkur 7. 3. 80 S. 27.

[21] O. von Nell-Breuning „Das Verhältnis von Christentum und Marxismus in Gegenwart und Zukunft" in „Lebendiges Leben" Paderborn 1972 S. 1/2 S. 8.

[22] ebenda S. 10.

[23] von Nell-Breuning aaO S. 616.

[24] Von W. Brandt („Friedrich Engels und die soziale Demokratie" Bonn 1970 S. 18) bis zu den Jusos von Pottenstein in der Fränkischen Schweiz. (Nordbay. Kurier 15./16. 3. 1980).

[25] Küng aaO S. 36.

[26] Bochenski aaO S. 77.

[27] 26./27. Nov. 1979 Prien/Chiemsee.

[28] Fast wortgleich W. Maihofer in „Karl Marx 1818–1968" Mainz 1968. Für seine Begründung gilt, was unten zu Bochenski ausgeführt wird.

[29] Nach H. Schulz-Wilde „Karl Marx" Pol. Stud. 68, 285.

[30] Marx aaO S. 239.

[31] Nach Kux aaO S. 23.

[32] MEW aaO 19, 335.

[33] L. Trotzki „Literatur und Revolution" Wien 1924, S. 176 f.

34 H. J. Muller „Out of the Night" New York 1935 S. 111 ff.

35 MEW aaO 23, 17.

36 F. J. Strauß in K. Scholder „Über den Umgang mit unserer jüngsten Geschichte" München 1979 S. 7.

37 Schon 1924! nannte H. St. Chamberlain Hitler eine „seltene Lichtgestalt". Nach H. J. Gamm „Führung und Verführung – Pädagogik des Nationalsozialismus" München 1964 S. 254.

38 Siehe VIII 3c.

39 Solschenizyn aaO S. 28.

40 Kolakowski „Die Hauptströmungen ..." aaO Bd. 3 S. 114.

41 Medwedew aaO S. 167 f.

42 R. Gerhardson „Christen und Kommunisten" Köln 1966 S. 90.

43 Siehe J. Ackermann „Hitler als Ideologe" Göttingen 1970 S. 79.

44 Nach J. Rühle aaO S. 341.

45 G. Mann aaO S. 45.

46 Djilas aaO S. 14.

47 Djilas aaO S. 16.

48 Djilas aaO S. 16.

49 Djilas aaO S. 16.

50 R. Aron „Opium für Intellektuelle oder die Sucht nach Weltanschauung" Köln 1957 (dort wird in der Einleitung Simone Weil zitiert); G. Mann aaO.

51 W. Weitling in Heß aaO S. 151.

52 Siehe J. Hampel, Politische Studien Nr. 235 (1977) S. 253 f.

53 „Über Tote nur Gutes".

54 Nach G. Hillmann in „Marx" aaO S. 196.

55 Siehe II 2.

56 Belege dafür finden sich über seine ganze Korrespondenz verstreut MEW 27/35.

57 MEW aaO 23, 17.

58 Raddatz aaO S. 67.

59 Siehe Monz in Institut aaO S. 39.

60 Padover aaO S. 28.

61 Marx aaO S. 237.

62 Künzli aaO S. 87.

63 MEW Erg. Bd. 1, 617.

64 MEW aaO 3, 33.

65 MEW aaO 25, 828.

66 Siehe III.

67 Raddatz aaO S. 345.

68 Künzli aaO S. 269 ff.

69 MEW aaO 34, 372.

70 MEW aaO 4, 470; siehe zur Verelendungstheorie Löw „Ausbeutung ...“ aaO S. 33 f., 47 ff.

71 MEW aaO 4, 479.

72 Nach „Weltbild“ 25. 1. 1980 S. 8.

73 MEW aaO 13, 8 f.

74 MEW aaO 37, 463; 37, 488.

75 MEW aaO 23, 11.

76 MEW aaO 19, 21 (Arbeit als „erstes Lebensbedürfnis“).

77 Raddatz aaO S. 365.

78 Künzli aaO S. 266.

79 Raddatz aaO S. 348.

80 Löwenstein aaO S. 133.

81 Neben Löwenstein z. B. R. Thomas in Institut aaO S. 277, Havemann „De omnibus ...“ aaO S. 27. Für Dutschke ist der sinnentstellte Satz sogar das Leitmotiv seines Bekenntnisses zu Marx: „Warum ich Marxist bin – Doch Marx sagte von sich: ‚Ich bin kein Marxist‘“ Dutschke aaO S. 95).

82 MEW aaO 35, 388.

83 B. Kautsky „Friedrich Engels Briefwechsel mit Karl Kautsky“ Wien 1955 S. 90.

84 MEW aaO 35, 109 f.

85 So schon Bakunin aaO Bd. 35, 206: „Marx ... ist *doktrinär.* Er glaubt absolut an seine Theorien.“.

86 Löwenstein aaO S. 133.

87 ebenda

88 ebenda

89 Nach Fetscher „Von Marx zur Sowjetideologie“ in „Der Mensch im kommunistischen System“ Tübinger Studien zur Geschichte und Politik Nr. 8 1957 S. 102.

90 R. Aron „Demokratie und Totalitarismus“ Hamburg 1970 S. 211.

91 K. Löw „Grundwerte der Demokratie“ München 1970 S. 35.

92 MEW aaO 1, 385.

93 MEW aaO 1, 109 ff.

94 MEW aaO 1, 147.

[95] Hoffer aaO S. 72.

[96] MEW aaO 3, 229.

[97] Schon Anfang 1846 meint er: „Das Gefühl muß verhöhnt werden, das ist bloß so ein Dusel," Weitling in einem Bericht an Heß aaO S. 151.

[98] Siehe IV.

[99] Siehe VI.

[100] Löw „Ausbeutung . . ." aaO S. 95 ff.

[101] Löw „Ausbeutung . . ." aaO S. 101 ff.

[102] Padover aaO S. 635.

[103] Padover aaO S. 38.

[104] Padover aaO S. 27.

[105] Padover aaO S. 38.

[106] Künzli aaO S. 304.

[107] MEW aaO 1, 359.

[108] MEW aaO 34, 89.

[109] Siehe VIII 3 d.

[110] MEW aaO 27, 575 f.

[111] Techow war Offizier, der wegen seiner Teilnahme an der Revolution von 1848 hatte fliehen müssen.

[112] Nach H. M. Enzensberger „Gespräche mit Marx und Engels" Frankfurt/M. 1973 S. 185.

[113] So im Ergebnis auch Künzli aaO S. 560 ff.

[114] Timothy McCarthy aaO S. 21.

[115] de Man „Zur Psychologie . . ." aaO S. 16.

[116] Die Stelle bei Marx, die die Richtigkeit dieser Behauptung am deutlichsten beweist, findet sich bereits in MEW aaO 1, 388 ff.

[117] Wie hier im Ergebnis auch E. Topitsch „Die Legende vom Humanismus des jungen Marx" in Presse 31. 3./1. 4. 1973.

[118] Löw „Ausbeutung . . ." aaO S. 114 f.

[119] Löw „Ausbeutung . . ." aaO S. 115 ff.

[120] N. Fabian „Protest gegen Ausbeutung: Amos – Sozialkritische Ansätze in der alttestamentlichen Prophetie" München 1974.

[121] Löw „Rechtsstaat . . ." aaO S. 140.

[122] Parteihochschule aaO S. 40 f.

[123] MEW aaO 23, 315 ff.

[124] Raddatz aaO S. 403.

[125] Payne „The Unknown ...“ aaO S. 7.

[126] MEW aaO 19, 337.

[127] W. Brandt „Friedrich Engels und die soziale Demokratie“ Bonn 1970 S. 16.

[128] So schon L. Trotzki „Über Lenin“ Berlin 1924 S. 156. Siehe Bakunin aaO Bd. 3 S. 206 und die Anmerkung des Herausgebers hier wie Bd. 2 S. 152.

[129] MEW aaO 19, 336.

[130] MEW aaO 31, 428.

[131] Parteihochschule aaO S. 128.

[132] MEW aaO 16, 14.

[133] W. Brandt (s. o. Anm. 127) S. 14.

[134] MEW aaO 31, 437.

[135] Parteihochschule aaO passim.

[136] MEW aaO 19, 209.

[137] MEW aaO 23, 208.

[138] MEW aaO 23, 209.

[139] Siehe I. Fetscher „Der Marxismus und seine Geschichte in Dokumenten Bd. 1 Philosophie, Ideologie“ München 1962 S. 400.

[140] Siehe VI 2 a. E.

[141] Bochenski aaO S. 14.

[142] Apostelgeschichte 5, 3 ff.

[143] MEW aaO 19, 32.

[144] G. Binder „Geschichte im Zeitalter der Weltkriege I“ Stuttgart 1977 S. 411.

[145] H. Küng „Christ sein“ München 1976 S. 36.

[146] W. Brandt „Friedrich Engels und die soziale Demokratie“ Bonn 1970 S. 19.

[147] O. von Nell-Breuning „Auseinandersetzung mit Karl Marx“ München 1960 S. 30.

[148] ebenda S. 17 f.

[149] v. Nell-Breuning aaO S. 618.

[150] von Nell-Breuning aaO S. 617.

[151] MEW aaO 13, 8 f.

[152] Wetter „Sowjetideologie heute“ aaO S. 195.

153 Padover aaO S. 40.

154 B. Falk „Montesquieu 1689/1755“ in H. Rausch „Politische Denker II“ München 1977 S. 44.

155 von Nell-Breuning aaO S. 617.

156 von Nell-Breuning „Die soziale Enzyklika, Erläuterungen zum Weltrundschreiben Papst Pius XI. . . .“ Köln 1932 S. 153.

157 Johannes Metzner „Marx in der kirchlichen Soziallehre?“ in H. Schambeck „Kirche und Staat“ Berlin 1976 S. 404.

158 von Nell-Breuning (s. o. Anm. 147) S. 17 f.

159 MEW aaO 28, 507 f.; hätte sich Gundlach intensiv mit Marx befaßt, hätte er auf diese häufig zitierten Sätze stoßen und dem deutlichen Hinweis folgen müssen. Die Ausführung von Nell-Breunings („In eigener Sache“ Stimmen der Zeit 1980 S. 162) können daher nicht überzeugen. Wenn von Nell-Breuning in diesem Zusammenhang beklagt, „daß die von kath. Sozialwissenschaftlern gelieferte Analyse . . . in der Kirche unbeachtet geblieben ist“, so ist dies bei näherer Betrachtung eine Selbstkritik. Denn wer war auf diesem Felde die Kirche, wenn nicht Wissenschaftler wie Gundlach und er selbst?

160 MEW aaO 25, 892 f.

161 Calvez aaO S. 197 f.

162 Künzli aaO S. 288, Siehe auch 697 f.

163 von Nell-Breuning aaO S. 620.

164 von Nell-Breuning aaO S. 621.

165 von Nell-Breuning aaO S. 616 f.

166 Haffner aaO.

167 de Man „Zur Psychologie . . .“ aaO S. 353.

168 Nach H. J. Schoeps „Ungeflügelte Worte“ Berlin 1971 S. 131.

169 Voltaire „Dictionnaire philosophique“ Paris 1967 S. 183.

170 z. B. MEW aaO Erg. Bd. 1, 616 u. 624.

171 Nach Padover aaO S. 635.

172 Kolakowski „Die Hauptströmungen . . .“ aaO Bd. 3 S. 567.

173 Annienkow nach S. Landshut „Karl Marx – Die Frühschriften“ Stuttgart 1953 S. LVI f.

174 Siehe IV 2.

175 Marx aaO S. 11.

176 Marx aaO S. 15.

177 MEW aaO 31, 380.

178 Nach K. Scholder „Über den Umgang mit unserer Geschichte" München 1979 S. 7.

179 Siehe Künzli aaO S. 466 ff.

XI.

1 Nach Süddeutsche Zeitung 24. 5. 1978.

2 So der Juso-Vorsitzende G. Schröder nach Epoche 12/79 S. 69.

3 Nach Wagenlehner aaO S. 28.

4 Wagenlehner aaO S. 28.

5 Fischer aaO S. 96.

6 Lepp aaO S. 83.

7 Wehner aaO S. 213.

8 MEW aaO 4, 474.

9 MEW aaO 7, 516.

10 MEW aaO 13, 9.

11 Löw „Ausbeutung . . ." aaO S. 214 ff.

12 Künzli aaO S. 714 ff.

13 Raddatz aaO S. 220 ff.

14 Wetter aaO S. 162 ff.

15 MEW aaO Erg. Bd. 1, 546.

16 MEW aaO 4, 462.

17 Siehe X 9.

18 Löw „Ausbeutung . . ." aaO S. 82 ff.

19 MEW aaO 1, 391.

20 Radio DDR 31. 7. 1977 nach Rias Monitor.

21 MEW aaO 1, 378.

22 Künzli aaO S. 205.

23 „Berge liegen in Wehen, und was herauskommt ist ein lächerliches Mäuschen" Horaz „ars poetica" 139.

24 MEW aaO Erg. Bd. 1, 261.

25 MEW aaO 1, 201.

26 MEW aaO Erg. Bd. 1, 465.

[27] Siehe VI 2.

[28] Siehe X 5.

[29] Siehe Löw „Ausbeutung . . .“ aaO S. 22 – 51.

[30] Siehe Löw „Ausbeutung . . .“ aaO S. 214 ff.

[31] Siehe z. B. V.

[32] D. Ricardo „Wert, Rente, Lohn und Profit“ Frankfurt a. M. 1946.

[33] MEW aaO 27, 228.

[34] Nach Raddatz aaO S. 366.

[35] Parteihochschule „Der Kampf von Karl Marx und Friedrich Engels . . .“ Berlin 1977, passim.

[36] P.-H. Spaak im Vorwort zu de Man „Zur Psychologie . . .“ aaO S. V.

[37] de Man „Zur Psychologie . . .“ aaO S. 120.

[38] Jeanne Hersch hingegen meint: „Die Tatsache, daß die marxistischen Thesen gleichzeitig und untrennbar philosophischer, soziologischer und ökonomischer Natur sind, hat zur Folge, daß sie wissenschaftlich *nicht* geprüft werden können.“ („Kann der Marxismus wissenschaftlich beurteilt werden?“ In F. Büsser Hrsg. „Karl Marx im Kreuzfeuer der Wissenschaften“ Zürich 1974 S. 232). Diese Auffassung kann nicht überzeugen. Auch die Aussagen der Bibel können unter naturwissenschaftlichen, historischen, geographischen Gesichtspunkten kritisch gewürdigt werden.

[39] MEW aaO 23, 83.

[40] MEW aaO 23, 31.

[41] MEW aaO 16, 30.

[42] MEW aaO Erg. Bd. 1, 536.

[43] Raddatz aaO S. 115.

[44] K. Jaspers „Einführung in die Philosophie“ Zürich 1950 S. 9.

[45] H. Friedrich „Philosoph ist, wenn man trotzdem denkt“ nach Rheinischer Merkur 16. 2. 79 S. 25.

[46] Nach Egon Fridell „Kulturgeschichte der Neuzeit“ München 1974 S. 691.

[47] MEW aaO 23, 27.

[48] Siehe X 9.

[49] MEW aaO 23, 27.

[50] F. Fiedler u. a. „Dialektischer und historischer Materialismus" Ostberlin 1974.

[51] Marx „Texte . . ." aaO S. 28.

[52] E. Topitsch „Dialektik – politische Wunderwaffe?" in A. Rummel Hrsg. „Die Grundlagen des Spätmarxismus" Stuttgart 1977 S. 63.

[53] Ein Bewunderer von Marx, Moses Heß, hat sehr bemerkenswerte Aussagen über den Wert der damaligen deutschen Philosophie gemacht (Heß aaO S. 257): „Proudhon ist trotz seiner philosophischen Idolatrie, trotz seiner Bemühungen, die deutsche Philosophie ins Französische zu übersetzen, doch immer zu sehr Franzose, er hat doch immer einen viel zu praktischen Blick, viel zuviel Sinn für die realen ökonomischen Verhältnisse, um ihn ganz und gar vom *reinen philosophischen Dunste* umnebeln zu lassen. Proudhon versteht noch sehr wenig von der deutschen Philosophie und wird es zum Glück nie dahin bringen, sie ganz zu verstehen.".

[54] Künzli aaO S. 659.

[55] MEW aaO 23, 27 f.

[56] MEW aaO 19, 336.

[57] Lenin aaO 39, 462.

[58] Bossle aaO S. 44.

[59] Grigorenko in einem Interview, Kontinent Nr. 10 Darmstadt 1978 S. 172.

[60] D. Cramer in „Vorwärts" 14. 6. 79 S. 3.

XII.

[1] Nach Weltbild 25. 1. 80 S. 8.

[2] Kontinent 1979 Nr. 10 S. 92.

[3] Gg. Kennan „Rebellen ohne Programm" Stuttgart 1968 S. 153

[4] MEW aaO 27, 20.

[5] Meyers großes Konversations-Lexikon, Leipzig und Wien 1906 Bd. 14 S. 689.

[6] Künzli aaO S. 238 f.

[7] Löw „Ausbeutung . . .“ aaO S. 62 ff., 101 ff.

[8] F. Heer „Visionen“ in Gaitanides „Die Zukunft . . .“ aaO S. 184.

[9] Siehe Löw „Die Grundrechte . . .“ aaO; sehr bemerkenswert die 30 Thesen des Berliner Landschulrats H. Bath „Mut machen zum Leben – den Jugendlichen müssen wieder Werte vermittelt werden“ Frankfurter Allgemeine Zeitung 29. 2. 80 S. 11.

[10] F. Kardinal König „Die Entfaltung des Geistes – Über die Grundwerte des zukünftigen Europa“ Integral Dezember 1979 S. 6.

[11] Gg. Büchmann „Geflügelte Worte“ Berlin 1972 S. 135 f.

[12] Havemann aaO S. 27.

[13] Padover aaO S. 628.

[14] Siehe X. 6.

[15] Kolakowski Bd. 3 S. 570.

[16] Kroetz aaO S. 34.

[17] Mandel aaO S. 57.

[18] Siehe III 4 a.

[19] Dutschke aaO S. 95.

[20] Haffner aaO S. 68.

[21] Mündlich von François Bondy.

[22] Glucksman aaO S. 33.

[23] Bittner aaO S. 12.

[24] Bittner aaO S. 14.

[25] Nach I. Staff „Justiz im Dritten Reich“ Frankfurt 1978 S. 159.

[26] Haffner aaO S. 54.

[27] Fabry aaO passim.

[28] J. Amery „Das Horrortheater des Stalinismus . . .“ Die Zeit 21. 7. 78 S. 14.

[29] Solschenizyn aaO S. 551.

Literaturverzeichnis

(Hier sind nur jene Titel aufgenommen, die für das Thema von größerer Bedeutung sind oder die häufiger zitiert wurden.)

Almond, Gabriel	„The Appeals of Communism“, New Jersey 1954
Arbeitskrs. für Ostfragen e. V. (Hrsg.)	„Faszination des Kommunismus? II“ München 1962
ders.	„Mythos und Utopie“, München 1962
Aron, Raymond	„Opium für Intellektuelle oder die Sucht nach Weltanschauung“ Köln, Berlin 1957
Askenasy, Hans	„Sind wir alle Nazis?“, Frankfurt 1979
Bakunin, Michael	„Gesammelte Werke“, Berlin 1924
Bartsch, Günter	in Löw u. a. aaO.
Bartsch, Günter	„Kommunismus Sozialismus Anarchismus“, Bonn 1973 5. A.
Bauer, Leo	in Krüger aaO S. 71 ff.
Berdjajew, Nikolai	„Wahrheit und Lüge des Kommunismus“, Wien 1977
Bittner, Wilhelm (Hrsg.)	„Massenwahn in Geschichte und Gegenwart“, Stuttgart 1965
Bochenski, Joseph	„Marxismus – Leninismus, Wissenschaft oder Glaube“, München 1973
Bossle, Lothar	„Soziologie des Sozialismus“, Köln 1976

Bronska-Pampuch, Wanda — „Kommunismus, gibt es das überhaupt?" in: Johannes Gaitanides „Die Zukunft des Kommunismus", Paul List Verlag München 1963

Brügel, J. W. — „Stalin und Hitler", Wien 1973

Budenz, Louis Francis — „Was will Moskau", Berlin o. J.

Büsser, Fritz (Hrsg.) — „Karl Marx im Kreuzverhör" Zürich, München 1974

Bullock, Alan — „Hitler", Düsseldorf 1964

Calvez, Jean-Yves — „Karl Marx, Darstellung und Kritik seines Denkens" Olten und Freiburg i. B.

Conzelmann, Paulwalter — „Wirtschaftswachstum und -entwicklung im Jesuitenstaat von Paraguay", Dissertation Uni Köln 1958

Crossmann, Richard, u. a. — „Ein Gott der keiner war", Konstanz 1950

Czichon, Eberhard — „Wer verhalf Hitler zur Macht? Zum Anteil der deutschen Industrie an der Zerstörung der Weimarer Republik", Köln 1972

Dahrendorf, Ralf — „Über den Ursprung der Ungleichheit unter den Menschen", Tübingen 1966

Deschner, Günther — „Die Rolle des Rechtsextremismus in der Bundesrepublik Deutschland für die West- und Bündnisstrategie der Kommunisten", Würzburg o. J.

Deutscher, Isaac — „Stalin", Stuttgart 1962

Dirks, Walter — „Spekulationen" in: Johannes Gaitanides „Die Zukunft des Kommunismus", München 1963

Djilas, Milovan	in: Löw u. a. „Betrogene Hoffnung“ aaO S. 13 ff.
Dornemann, Luise	„Clara Zetkin“ – ein Lebensbild, Berlin (Ost) 1957
Dutschke, Rudi	in: Raddatz, F. „Warum ich Marxist bin“, München 1978 S. 95 ff.
Eick, Jürgen	„Das Regime der Ohnmächtigen“, Frankfurt 1976
Eucken-Erdsiek, Edith	„Die Macht der Minderheit“, Freiburg 1971
Eysenk, Hans-Jürgen u. a.	„Die Grundlagen des Spätmarxismus“, Stuttgart 1977
Fabry, Philipp W.	„Mutmaßungen über Hitler, Urteile von Zeitgenossen“, Königstein 1979
Faust, Siegmar	in: Löw u. a. „Betrogene Hoffnung“ aaO S. 177 ff.
Fischer, Luis	in Crossmann aaO S. 205 ff.
Freund, Michael	„Welche Zukunft hat der Kommunismus?“ in: Johannes Gaitanides „Die Zukunft des Kommunismus“, München 1963
Freyer, Hans	„Theorie des gegenwärtigen Zeitalters“, Stuttgart 1967
Frölich, Paul	„Rosa Luxemburg, Gedanke und Tat“, Frankfurt/M. 1967
Funke, Manfred (Hrsg).	„Extremismus im demokratischen Rechtsstaat – Ausgewählte Texte und Materialien zur aktuellen Diskussion“, Bonn 1978

Gaitanides, Johannes	„Faszination des totalen Radikalismus“ in: Arbeitskreis für Ostfragen (Hrsg.) „Mythos und Utopie“, München 1962
Gaitanides, Johannes	„Die Vergangenheit des (Welt-)Kommunismus hat schon begonnen“ in: J. Gaitanides „Die Zukunft des Kommunismus“, München 1963
Gaitanides, Johannes	„Die Zukunft des Kommunismus“, München 1963
Gaus, Günter	„Zur Person, Porträts in Frage und Antwort“, München 1964
Gerstenmaier, Eugen	„Feinde für immer?“ in: J. Gaitanides „Die Zukunft des Kommunismus“, München 1963
Gide, André	in Crossmann aaO. S. 173 ff.
Giordano, Ralph	in: Krüger aaO S. 91 ff.
Glesermann, G. J.	„Der historische Materialismus und die Entwicklung der sozialistischen Gesellschaft“ Berlin (Ost) 1973
Glucksman, André	„Köchin und Menschenfresser“, Berlin 1976
Goebbels, Joseph	„Die zweite Revolution – Briefe an Zeitgenossen“, Zwickau-München 1926
Gollwitzer, Helmut	„Die totalitäre Utopie relativiert sich“ in: J. Gaitanides „Die Zukunft des Kommunismus“, München 1963
Greiffenhagen, M.	„Totalitarismus“, München 1972
Gross, Babette	„Willi Münzenberg – eine politische Biographie“, Stuttgart 1967
Grujić, Predag M.	„Von Marx bis Berlinguer“, Würzburg 1979

Haffner, Sebastian „Anmerkungen zu Hitler", München 1978

Havemann, Robert „Berliner Schriften", München 1977

Havemann, Robert in: Raddatz, F.: „Warum ich Marxist bin", München 1978 S. 27 ff.

Hayek, von F. A. „Die Verfassung der Freiheit", Tübingen 1971

Heer, Friedrich „Visionen" in: J. Gaitanides „Die Zukunft des Kommunismus", München 1963

Herberts, Kurt „Die Selbstentfremdung des Abendlandes – In Sorge und Zuversicht um das Schicksal Europas", Würzburg 1978

Hertwig, Manfred in: Krüger aaO S. 49 ff.

Heß, Moses siehe Silberner

Hetmann, Frederik „Enteignete Jahre", München 1962

Heym, Stefan „Collin", Gütersloh 1979

Heym, Stefan „5 Tage im Juni", München 1974

Hilger, Gustav „Stalin – Aufstieg der UdSSR zur Weltmacht", Göttingen 1959

Hirsch, Helmut „Rosa Luxemburg", Reinbek b. Hamburg 1969

Hoegner, Wilhelm „Flucht vor Hitler", München 1978

Hoffer, Eric „Der Fanatiker – Eine Pathologie des Parteigängers", Reinbek 1965

Hornung, Klaus „Der faszinierende Irrtum – Karl Marx und die Folgen", Freiburg 1978

Hyde, Douglas	in: Löw u. a. „Betrogene Hoffnung“ aaO S. 46 ff.
Institut für staatsbürgerliche Bildung in Rheinland-Pfalz (Hrsg.)	„Der unbekannte junge Marx“, Neue Studien zur Entwicklung des Marxschen Denkens 1835–1847“, Mainz 1973
Istrati, Panait	„Auf falscher Bahn. So geht es nicht. Rußland nackt“, München 1931
Kantorowicz, Alfred	in: Krüger aaO S. 155 ff.
Koestler, Arthur	in: Crossmann aaO S. 21 ff.
Koestler, Arthur	„Pfeil ins Blaue“, Wien, München, Basel 1953
Kolakowski, Leszek	„Der Mensch ohne Alternative, Von der Möglichkeit und Unmöglichkeit Marxist zu sein“, München 1961
Kolakowski, Leszek	„Die Hauptströmungen des Marxismus“ 3 Bde., München 1979
Kopelev, Lew	„Aufbewahren für alle Zeiten“, Hamburg 1976
Kravchenko, Victor	„Ich wählte die Freiheit“, Zürich 1946
Kroetz, Franz Xaver	in Raddatz, F. „Warum ich Marxist bin“, München 1978 S. 36 ff.
Krüger, Horst	„Das Ende einer Utopie – Hingabe und Selbstbefreiung früherer Kommunisten‘ Olten und Freiburg 1963
Kubizek, A.	„Adolf Hitler, mein Jugendfreund“, Graz 1953
Kühnl, Reinhard	„Zur politischen Funktion der Totalitarismustheorien in der BRD“ in: M. Greiffenhagen aaO.

Kuehnelt-Leddihn, Erik	„Narrenschiff auf Linkskurs", Graz 1977
Küng, Hans	„Christ sein", München 1974
Künzli, Arnold	„Karl Marx – Eine Psychographie", Wien 1966
Kunz, Rainer, u. a.	„Programme der politischen Parteien in der Bundesrepublik", München 1975
Kux, Ernst	„Karl Marx – Die revolutionäre Konfession" Erlenbach, Zürich, Stuttgart 1967
Landshut, Siegfried	„Karl Marx – Die Frühschriften", Stuttgart 1953
Lenin, Wladimir. I.	„Werke", 40 Bde Berlin-Ost 1958–1964
Lepp, Ignace	„Psychoanalyse des modernen Atheismus" Würzburg (2. A.) o. J.
Liegle, Ludwig	„Familie und Kollektiv im Kibbuz – Eine Studie über die erzieherischen Funktionen der Familie in einem kollektiven Erziehungssystem", Berlin 1969
Lippmann, Heinz	„Honecker – Porträt eines Nachfolgers", Köln 1971
Löw, Konrad	„Die Grundrechte – Verständnis und Wirklichkeit in beiden Teilen Deutschlands" München 1977
Löw, Konrad	„Ausbeutung des Menschen durch den Menschen" Köln 1977 (2. A.)
Löw, Konrad	„Rechtsstaat, Demokratie, Sozialstaat", Köln 1980 (4. A.)

Löw, Konrad Eisenmann, Peter Stoll, Angelika	„Betrogene Hoffnung – aus Selbstzeugnissen ehemaliger Kommunisten“, Krefeld 1978
Löwenthal, Richard	„Das kommunistische Schisma“ in: J. Gaitanides „Die Zukunft des Kommunismus“, München 1963
Löwenstein, Julius I.	„Marx contra Marxismus“, Tübingen 1976
Ludwig, Emil	„Stalin“, Zürich 1945
Man, Hendrik de	„Gegen den Strom, Memoiren eines europäischen Sozialisten“, Stuttgart 1953
Man, Hendrik de	„Zur Psychologie des Sozialismus“, Bonn 1976
Mandel, Ernest	in: Raddatz, F. „Warum ich Marxist bin“, München 1978. S. 57 ff.
Mann, Golo	„Das Opium der Intellektuellen“ in: Die Welt „Geistige Welt“, 2. 12. 1978
Marx, Karl	„Texte zu Methode und Praxis, Jugendschriften 1835 – 1841“, Reinbek 1965
Marx, Karl, Engels, Friedrich	„Marx/Engels Werke“ 39 Bde und 2 Erg. Bde. Berlin-Ost 1967–1974
McCarthy, Timothy	„Marx and the Proletariat, A Study in Social Theory“, Westport Conn. USA 1979
Medwedew, Roy A.	Die Wahrheit ist unsere Stärke“, Frankfurt/M. 1973
Meffert, Franz	„Der kommunistische und proletarische Charakter des Urchristentums, Politik aus christlicher Verantwortung“ 6. Heft, Recklinghausen 1946
Miller, Michael	in: Krüger aaO S. 197 ff.

Milosz, Czeslaw „Verführtes Denken“, Köln 1955/1959

Morus, Thomas „Utopia“, Stuttgart 1970

Motschmann, Klaus „Sozialismus und Nation – Wie deutsch ist die DDR“, München 1979

Nell-Breuning, Oswald v. „Wir alle stehen auf den Schultern von Karl Marx“, Stimmen der Zeit, Sept. 1976 S. 616 ff.

Nozick, Robert „Anarchie Staat, Utopia“, München o. J.

Oberländer, Erwin „Zur Geschichte des Wortes Kommunismus“ (Berichte des Bundesinstituts für ostwissenschaftl. und internationale Studien), Köln 1969

Oelßner, Fred „Rosa Luxemburg – eine kritische biographische Skizze“, Stuttgart 1952

Ortega, y Gasset, José „Der Aufstand der Massen“, Stuttgart 1947

Pachman, Ludek in: Löw u. a. „Betrogene Hoffnung“ aaO S. 167 ff.

Padover, Paul K. „Karl Marx“, New York 1978

Parteihochschule „Karl Marx“ beim ZK der SED „Der Dampf von Karl Marx und Friedrich Engels um die revolutionäre Partei der deutschen Arbeiterklasse“, Berlin-Ost 1977

Payne, Robert „Marx“ London 1968

Payne, Robert „The unknown Karl Marx“, New York 1971

Platon „Der Staat“, Stuttgart 1971

Prauss, Herbert „Doch es war nicht die Wahrheit“, Berlin 1960

Pritzel, Konstantin	in: Löw u. a. „Betrogene Hoffnung" aaO S. 113 ff.
Politische Akademie Eichholz der Konrad-Adenauer-Stiftung (Hrsg.)	„Politische Bewegungen in Deutschland", Bonn 1967
Raddatz, F. J.	„Karl Marx", Hamburg 1975
Rauschning, Hermann	„Gespräche mit Hitler", Zürich 1950
Reblin, Kurt	in: Scheuch aaO
Reddemann, Gerhard	„Die antikapitalistische Sehnsucht", Eigenverlag Bonn o. J.
Reventlow Graf, E.	„Nationaler Sozialismus", Berlin o. J.
Richter, Hans-Werner	in: Löw u. a. „Betrogene Hoffnung" aaO S. 59 ff.
Rock, Martin	„Anarchismus und Terror", Trier 1977
Roloff, Ernst-August	„Exkommunisten", Mainz 1969
Rubel, Maximilien	„Stalin", Reinbek 1975
Rühle, Jürgen	„Literatur und Revolution", Köln 1960
Rühle, Otto	„Karl Marx – Sein Leben und Werk", Haarlem Quermada 1974
Sargant, William	„Der Kampf um die Seele", München 1958
Schapiro, Leonard,	„Die Geschichte der Kommunistischen Partei der Sowjetunion", o.O. 1962
Schenk, Fritz	„Im Vorzimmer der Diktatur – 12 Jahre Pankow", Köln-Berlin 1962

Scheuch, Erich	„Die Wiedertäufer der Wohlstandsgesellschaft“, Köln 1968
Schmidt, Giselher	„Demontage der Freiheit“, Hamburg 1976
Schoeck, Helmut	„Der Neid und die Gesellschaft“, Freiburg 1971
Scholmer, Josef	in: Krüger aaO S. 137 ff.
Schreiner, Kurt	„Lesebuch der Politik“, Stuttgart 1972
Schroeder, Friedrich Christian	„Wandlungen der Sowjetischen Staatstheorie“, München 1979
Schulz, Klaus-Peter	„Faszination des Kommunismus in westlichen Augen“ in: Arbeitskreis für Ostfragen (Hrsg.) „Mythos und Uotpie“, München 1962
Schurz, Carl	„Lebenserinnerungen“, Berlin 1906
Shub, David	„Lenin – eine Biographie“ Wiesbaden 1957
Silberner, E. (Hrsg.)	„Moses Heß – Briefwechsel“ o. O. 1959
Silone, Ignazio	„Notausgang“ München 1973
Silone, Ignazio	in: Crossmann aaO S. 83 ff.
Simon Hermann	„Kommunismus heute“ Mainz 1968
Solich, Eduard J.	„Der Osten bleibt ein Block“ in: J. Gaitanides „Die Zukunft des Kommunismus“, München 1963
Solschenizyn, Alexander	„Archipel Gulag III“, Bern 1976
Spender, Stephan	in: Crossmann aaO S. 241 ff.

Sperber, Manès	Jean Bloch Michel „Interview mit Manès Sperber in: Der Monat 11. Jg. Heft 130, Berlin 1958. S. 41–46
Steigerwald, Robert	„Der ‚wahre' oder konterrevolutionäre ‚Sozialismus' ", Frankfurt/M. 1977
Stein, Carola	in: Krüger aaO S. 217 ff.
Sternberg, Fritz	„Zwei Großmächte im totalitären Block" in: J. Gaitanides „Die Zukunft des Kommunismus" München 1963
Stucki, Lorenz	„Die Quadratur des roten Kreises" in: J. Gaitanides „Die Zukunft des Kommunismus", München 1963
Talmon, J. L.	„Politischer Messianismus", Köln 1963
Theimer, W.	„Der Marxismus", München 1973
Tillich, Paul	„Die Frage nach dem Unbedingten", Stuttgart 1964
Topitsch, Ernst	„Marx zwischen Mythos und Wissenschaft" in: G. Szczesny (Hrsg.), „Marxismus – ernstgenommen, Hamburg 1975
Trotzki, Leo	„Stalin", Köln-Berlin 1952.
Tucker, Robert	„Karl Marx – Die Entwicklung seines Denkens von der Philosophie zum Mythos", München 1963
Wagenlehner, Günther	„Staat oder Kommunismus – Lenins Entscheidung gegen die kommunistische Gesellschaft", Stuttgart 1978
Wehner, Herbert	„Wandel und Bewährung", Frankfurt 1978

Weiss, Andreas v.	„Schlagwörter der neuen Linken – Die Agitation der Sozialrevolutionäre“, München 1974
Wetter, Gustav A.	„Ordnung ohne Freiheit – Der dialektische Materialismus“, Kevelaer 1964
Wetter, Gustav A.	„Sowjetideologie heute I“, Frankfurt 1962
Wright, Richard	in: Crossmann aaO S. 121 ff.
Zehm, Günter	in: Löw u. a. „Betrogene Hoffnung“ aaO S. 155 ff.
Zwerenz, Gerhard	„Ärgernisse – Von der Maas bis an die Memel“, Köln 1961
Zwerenz, Gerhard	in: Krüger aaO S. 177 ff.

Personenregister

Aaron 152
Abel 108
Abraham 152
Adam, Wilhelm 204
Adorno, Theodor 140, 157
Alexander, d. Gr. 183
Améry, Jean 305
Amos 249
Ananias 254
Andersch, Alfred 48
Andersen, Hans Christian 221
Annenkow, Pawel Wassiljewitsch 268
Arendt, Hannah 146
Aristoteles 217, 228
Aron, Raymond 232, 244
Äschylos 92, 99
Assisi, Franz von 108
Auers, Ignaz 131
Augustinus, Aurelius 18, 32, 148

Baader, Andreas 109, 114
Babeuf, François Noel 25 f., 196
Bakunin, Michail 96, 98, 119, 123, 132, 157, 183, 190, 196, 242
Barmby, J. G. 16
Bartsch, Günther 218
Basilius, d. Gr. 19, 148
Bauer, Bruno 43, 129, 185
Bauer, Leo 167
Bebel, August 284
Becher, Johannes R. 206
Berdjajew, Nikolai 144, 163
Berija, Lawrentij 136
Bernstein, Eduard 121, 242
Binder, Gerhart 256
Blanqui, Louis Auguste 26, 249
Bloch, Ernst 142, 224, 231
Blum, Léon 157
Bochenski, Joseph 226 f., 248 f., 254 f.
Bockelson, Jan 21
Böll, Heinrich 49
Bondy, Françeois 61
Borkenau, Franz 87 f.
Bossle, Lothar 291
Brandt, Willy 223, 258
Brant, Sebastian 300
Bray, Gray 286
Brecht, Bert 35, 70
Breschnew, Leonid 15, 85
Bronska-Pampuch, Wanda 66, 212
Brüning, Heinrich 199
Brüsewitz, Oskar 303
Buber-Neumann, Margarete 63, 104
Bucharin, Nikolai I. 53, 157, 230
Budenz, Louis F. 202

Cabet, Etienne 26 f., 32
Calvez, Jean-Yves 264
Campanella, Tommaso 23 f., 148
Cäsar 183
Castro, Fidel 85
Cicero 95
Chambers, Whittaker 104
Chruschtschow, Nikita 15, 156, 302
Crossman, Richard 165
Czichon, Eberhard 176

Dallmann, Siegfried 204
Dante, Alighieri 228
Darwin, Charles 179, 228, 270
Daumer, G. Fr. 186
Djilas, Milovan 67, 147, 190, 231
Döhny, Ferdinand 133
Dserschinski, Felix E. 136
Dutschke, Rudi 302

Eichmann, Adolf 191
Engels, Friedrich 17, 61, 68, 77 f., 82, 94 ff., 104, 116, 122, 128 ff., 135, 139, 148 f., 156, 179, 183, 195 f., 200, 222, 228, 238, 240, 242 f., 248, 251 f., 267, 269, 274, 280, 286, 291, 295
Ennslin, Gudrun 114
Enzensberger, Hans Magnus 49
Epikur 95

Faust, Siegmar 216
Fetscher, Iring 243 f.
Fest, Joachim 305
Feuchtwanger, Lion 206
Feuerbach, Ludwig 43, 178
Fichte, Johann Gottlieb 43
Fischer, Ernst 37, 111 f., 271 f., 305
Fischer, Ruth 157
Fourier, Charles 148, 249
Friedrich, Carl J. 171 ff.
Fuchs, Emil 230

Garaudy, Roger 305
Gassendi, Petrus 95
Gehlen, Arnold 157
Gide, André 103, 206 f.
Giordano, Rolf Ralph 167
Glucksman, André 190, 302
Goebbels, Joseph 175
Goethe, Johann Wolfgang von 49, 92 f., 228, 265 ff.
Golssenau, von 37
Grass, Günter 49
Grigorenko, Pjotr 291
Gundlach, Gustav 263

Habermas, Jürgen 139 f.
Haffner, Sebastian 188, 305
Havemann, Robert 49, 137 f., 301
Heer, Friedrich 299
Hegel, Georg Wilhelm Friedrich 43 f., 95, 125, 261, 289
Heidegger, Martin 157
Heine, Heinrich 98, 140
Heinrich VIII. 22
Heinzen, Karl 118
Hennecke, Adolf 157
Herberts, Kurt 31
Hermes 91 f.
Herwegh, Georg 121
Hesekiel 159
Heß, Moses 71, 94, 98, 121, 197, 227 f.
Heydrich, Reinhard 191
Heym, Stefan 147, 206
Hindenburg, Paul von 199
Himmler, Heinrich 191
Hippokrates 288
Hitler, Adolf 15, 169 f., 173 ff., 193 ff., 215, 228 ff., 266, 303, 305
Hockauf, Frieda 157
Hoegner, Wilhelm 198
Hoffer, Eric 110, 244 f.
Honecker, Erich 212 f., 215
Homer 99
Hut, Hans 21
Huxley, Aldous 66, 157

Hyde, Douglas 104, 145

Ilenkow 64
Istrati, Panait 67, 104

Jaspers, Karl 157, 287
Jens, Walter 49
Jeremias 142, 152
Jesus Christus 27, 31, 154 f., 162, 164, 230, 298
Johannes 152, 156
Johannes Paul II. 225
Jung, Carl Gustav 157
Jurzek, Wilhelm 204 f.

Kain 108
Kamenew, L. B. 230
Kant, Immanuel 43
Kantorowicz, Alfred 37, 67, 72, 167, 208 f.
Kasch, Wilhelm 140
Kautsky, Karl 130, 135, 242
Kennan, George F. 294 f.
Kerenski, Alexandr F. 132
Ketteler, Wilhelm Emmanuel von 249, 254
Kierkegaard, Soeren 84, 150
Kim Il-Sung 15
Koestler, Arthur 37, 103, 143, 157, 206, 208
Kolakowski, Leszek 33, 36, 86, 301
Kolping, Adolf 249
König, Franz 299 f.
Kopelew, Lew 213
Kraus, Karl 67
Krapotkin, Peter Alexejewitsch 273
Kravchenko, Victor 144
Kreisky, Bruno 223, 254, 271
Kriege, Hermann 96
Kroetz, Franz Xaver 36
Krüger, Horst 61, 146, 166
Krupskaja, N. K. 271
Küng, Hans 226, 255 ff.
Kunze, Reiner 215
Künzli, Arnold 44, 94, 99, 106 f., 115 f., 119, 149, 225, 234, 239, 264, 275, 278

Lafargue, Paul 242 f.
Landauer, Gustav 273
Lasalle, Ferdinand 96, 196, 252
Leiden, Johann von 21
Lenin, Wladimir Iljitsch 14, 34, 61, 71, 127 ff., 131 ff., 136, 139, 156, 170 f., 213, 217, 224, 228, 255, 271, 291
Lepp, Ignace 36, 67, 101, 103, 145, 271 f.
Leonhard, Wolfgang 67, 214
Lessing, Gotthold Ephraim 43
Liebknecht, Wilhelm 287
Löbl, Eugen 305 f.
Locke, John 262
Longuet, Charles 243
Löwenstein, Julius 30, 224, 238, 240
Lukas 18, 148, 156
Luther, Martin 41, 129, 300
Luxemburg, Rosa 67, 170, 213

Mahler, Horst 293
Malon 242
Man, Hendrik de 60, 97, 248, 266, 284
Mandel, Ernest 60, 301
Mann, Golo 231 f., 293
Mann, Heinrich 206 f.
Mann, Thomas 206
Manuilski, Dimitri 199
Mao Tse-tung 15, 138, 291 f.

Marcuse, Herbert 50, 139 f.
Maritain, Jacques 103
Markus 156
Marx, Heinrich 115
Marx, Jacob 148
Marx, Jenny 39, 116 f.
Marx, Karl passim
Masaryk, Jan 306
Matthäus 156
Mauriac, François 103
Mayer, J. P. 284
Mazdak 20
McCarthy, Timothy 248
Medwedew, Roy 190
Meinhof, Ulrike 109, 114
Mendel, Gregor 24
Mewes, Christa 297
Meyer-Leviné, Rosa 144
Michelangelo Buonarroti 269
Miller, Michael 37
Molotow, Wjatscheslaw M. 203
Montesquieu, Charles de Secondat 261 f.
Morus, Thomas 22, 24, 32, 148
Moses 27, 152, 255
Most, Johann 131
Muller, Hermann Joseph 228, 270
Münzenberg, Willi 65
Münzer, Thomas 20, 129, 148
Mussolini, Benito 171, 175, 189, 230

Napoleon I. 183
Nekrassow, Victor 165
Nell-Breuning, Oswald von 79, 225 f., 257 ff.
Netschajew, S. G. 132
Neumann, Oskar 205

Orwell, George 157
Ossietzky, Carl von 67, 200
Owen, Robert 16, 148, 249
Oxenstierna, Axel 290

Pachman, Ludek 62
Pahl, Walter 176
Pascal, Blaise 288
Paulus 152
Petrus 152
Pius IX. 17
Plato 17 f., 32 f., 217, 288
Plutarch 95
Pottier, Eugène 101
Prauß, Herbert 61
Preobraschensky, Jewenij 53
Pritzel, Konstantin 146
Prometheus 91 ff., 100 ff.
Proudhon, Pierre 19, 249, 273, 286

Rabehl, Bernd 240
Radek, Karl 199, 230
Raddatz, Fritz 82, 86, 99, 190, 239, 275
Ranke, Leopold von 269
Reblin, Klaus 114, 124 ff.
Regler, Gustav 104
Reichelt, Hans 204
Ricardo, David 281
Richter, Hans-Werner 63, 167, 198
Robespierre, Maximilien de 25, 140
Rock, Martin 114
Röhm, Ernst 175, 198
Roloff, Ernst-August 104
Rothacker, Erich 157
Rotteck, Karl von 17
Rousseau, Jean Jacques 24, 140, 192
Rudel, Hans-Ullrich 205
Ruge, Arnold 119, 196

Rulf, Josef 187
Rühle, Otto 99

Saint-Just, Antoine de 136
Saint-Simon, Claude Henry de 148, 249
Samjatin, J. Iwanowitsch 157
Sartre, Jean Paul 157, 224
Schäfer, Werner 205
Scheel, Walter 223
Scheler, Max 157
Schenk, Fritz 199
Scherzer, Julius 195
Schmitt, Carl 304
Schoeck, Helmut 84, 107 f.
Scholem, Werner 88
Schurz, Carl 98, 196
Seghers, Anna 206
Sering, Paul 157
Severing, Carl 199
Shaw, George B. 230
Silone, Ignazio 104, 143 f.
Simson 152
Sinowjew, Grigori 230
Smith, Adam 281
Solschenizyn, Alexander 113, 229, 306
Sombart, Werner 187
Spaak, Paul-Henry 284
Spender, Stephan 103 f.
Sperber, Manès 61, 87
Stachanow, Aleksej 157
Stalin, Josef W. 15, 46, 54, 61, 131 ff., 156, 162, 165, 169 f., 173, 189 f., 200, 203, 206, 218, 229, 231 f., 255, 302
Stauffenberg, Ludwig von 139 f.
Steidl, Rudolf 205
Stein, Lorenz von 148
Steinlin, Hans Jörg 13
Stirner, Max 43
Strasser, Gregor 175

Techow, Gustav Adolf 99, 247
Thälmann, Ernst 198 f.
Theimer, Walter 224
Tito, Josip Broz 189, 229
Topitsch, Ernst 290
Trebitsch, Arthur 184
Trotzki, Leo 14, 67, 135 f., 157, 190, 228, 267

Ulbricht, Walter 62

Valentinoff, Nikolai 133
Voltaire, François-Marie 267

Wagenlehner, Günther 132, 271 f.
Weerth, Georg 118
Wehner, Herbert 37, 70, 219, 223, 271 f.
Weil, Adolf 121
Weil, Simone 232
Weitling, Wilhelm 27, 68, 148, 232
Weitz, Herbert 204
Welcker, Karl Theodor 17
Wels, Otto 284
Wetter, Gustav A. 250
Wildenmann, Rudolf 14
Wright, Richard 104

Zarathustra 20
Zehm, Günther 62, 215
Zweig, Arnold 206
Zwerenz, Gerhard 38, 66, 164

Stichwortverzeichnis

abendländische Zivilisation 53
Abendmahl 186
Abgott 98
Abituraufsatz 39, 268 f.
Absolutismus 116
Abstammung, jüdische 46
ADAV (Allgemeiner Deutscher Arbeiterverein) 252
Adel 94
Adriatisches Meer 184
Afghanistan 15
Ämterrotation 29
Afterreligion 163
Altes Testament 149
Amerika 208
Amerikaner 49 f.
Analphabetismus 170
Anarchismus 32
Anarchist 44
„Antidühring“ 119
Antifaschismus 165 ff.
Antifaschistische Einheitsfront 200
antikapitalistische Sehnsucht 175
Antikommunismus 166
Anti-Marxist 225
Antisemitismus 187, 266
Apostelgeschichte 18, 34
Arbeit 78
Arbeiter 233, 246 ff.
– bewegung 224, 252
– klasse 202, 218
– partei 273
Arbeitserfahrung 260
– gerät 260
– kraft 253
– pflicht 26
– tag 253
– teilung 153, 180
Arbeitsteilung, Freiheit von 153
Arbeitszeit 250
Archipel 306
Archipel Gulag 190
Aristokrat 247
Armee, deutsche 202
Arroganz 98
Asylrecht 203
Atheismus 101
Athen 18
Aufgabe 144
Auflehnung 52, 124
Ausbeutung 72, 124, 216, 227, 240, 248 ff.
Ausbeutung, Freiheit von 153
Auto 50
Autorität 100

basically alike 173
Basis 77
„Bauernlümmel“ 246
Bauplan 86 f.
Beichte 158
Belgien 200 ff.
Bessarabien 201
Bestechung 208
Bewußtsein 77
Bewußtseinsform 77
Bibel 151 ff., 154, 254, 293
Bibel der Arbeiterklasse 156
Bibel des Sozialismus 234
Bildung 71
Blut 135
Blutschande 181
Böhmen 20
Bolschewisten 110, 131, 303

Bolschewismus 171, 198
Bombe 133
Bosheit 104
Bourgeois 38, 196, 247
Bourgeoisie 55, 169, 191, 200
Brotberuf 105, 193
Brüderlichkeit 61, 213
Brutalität 169 ff.
Bücherverbrennung 21
Bürgertum 291
Bukowina 201
Bund der Erwählten 20
Bund der Gerechten 130
Bundesrepublik Deutschland 48, 52

Chauvinismus 182
China 15
Christ 31, 147, 159
Christentum 145 f., 164, 186, 225, 227
Commune 78, 158, 193
CSSR 183
(s. a. Tschechoslowakei)

Dämonie 46
Danzig 201
Darwinismus 179
„Das Kapital" 68, 238 ff., 261, 278 ff., 280
DDR 129, 203, 218, 223, 250, 252, 289
Demokrat 208
Demokratie 15, 51, 66, 111, 166 ff., 255, 298
Demoskop 34
Demut 97
Demütigung 104
Denker 304 f.
Depression 112
„Der Stürmer" 186
Despotismus 88, 183
Destruktion 46, 119
Destruktionstrieb 88
Destruktivität 39
Determinismus, historischer 178
Deutsche 222
„Deutsche Ideologie" 238
Deutsches Wesen 303
Deutschland 20, 48, 79, 128 f., 182 ff., 201, 228, 250, 266, 274
Dialektik 43, 75, 95, 118, 289 ff.
Diamat (Dialektischer Materialismus) 60, 289
Dichter 305
Diebstahl 19
„Die heilige Familie" 119
Diesseitsreligion 146
Diktator 195 f.
Diktatur 97, 191 f.
Diktatur des Proletariats 78, 180
Dissertation 279
Dobrudscha 201
Dogma 272
Dogmatiker 157
Dogmatismus 241 ff.

Egoismus 45, 106, 116, 119, 246
Ehe 46
Eheschließung, sozialistische 158
Eheweihe 158
Ehrfurcht 97
Eigenliebe s. Egoismus
Eigentum 19, 25
Eigentum, Wesen des 176
Eigentumsverfassung 173
Eigentum ist Diebstahl 113
Einbildungskraft 267
Einzelterror 122 ff., 134, 137
Eisenacher 44

Eitelkeit 98, 119
Ekel am Bestehenden 87
Elend 53, 71, 124, 278
Elite 144, 191, 305
Elsaß-Lothringen 201
Eltern 44, 212 ff.
Elternhaus 113, 212 ff.
Emanuel 42
Emanzipation 59, 182, 184, 297
Emigrant 203, 246
Empfindlichkeit 114, 116
„Endlösung“ 15
Endzeit 159, 180
Endzeitgesellschaft 180
Energie, revolutionäre 267 f.
England 20, 128, 200 ff., 250
Enteignung der Fürsten 175
Entfremdung 45, 106, 256, 296 f.
Entfremdung, Freiheit von 153
Entwurzelung 299
Erbmasse 164
Erfüllungsgehilfe 140
Erhabenheit 94
Erkenntnis 272
Erlöser 154, 180, 188
Erlösung 149
Erlösungsmythos 277
„Erstes kommunistisches Bankett“ 16
Erziehung 212, 294
Erziehungsdiktatur 192
Eschatologie 151
Europa 208
Evangelische Studentengemeinde 52
„Ewiger Rat“ 21
Existenznot 74
Exkommunikation 156 f., 162
Expansionismus 200
Exploitationsinstrument 50
Extremismus 116
Extremsituation 114, 115 f.

Fabrikant 52 f., 216
Familie 28, 30, 46, 57, 116, 299
Familienvater 105
Faschismus 165 ff., 205, 207
Faszination passim
Fata Morgana 209
FDGO (freiheitliche demokratische Grundordnung) 49
FDJ (Freie Deutsche Jugend) 216, 233
Feind 216
Folgerichtigkeit 61
Fortschritt 69, 75, 164, 298
Frankreich 128, 200, 242, 250
Französische Revolution 25, 100, 226
Freiheit 64 f., 71, 80 ff., 170, 180, 298
Freiheit, bourgeoise 166
Freiheit im Kommunismus 130
Freiheitsrechte 49
Friede 69, 85, 170, 230
Frühreife 114, 116
Frustration 114 ff.
Führer 247
Fundament, gemeinsames 299

Gattung 71
Gedankenreichtum 268 f.
Geheimpolizei 171
Geheimwissenschaft 80
Geist 277, 304
Geistigkeit 161
Geld 23, 28, 264, 282
Geldaristokratie 295
Geldgier 23
Gemeineigentum 20
Gemeinschaftsküche 21

Genie 100
Genozid 136, 189
(s. a. Völkermord)
Gerechtigkeit 17, 64 ff., 78, 80 ff., 213
Gerichtsfeuer 159
Geschichte 141, 144, 258 ff.
Geschichten, wundervolle 86
Geschichtsbetrachtung 243
Geschichts-Ideologie 61
Geschichtsphilosophie 60, 258
Geschichtsschreibung 241
Geschlossenheit 75
Geschlossenheit, innere 61
Gesellschaft 56, 182
Gesellschaft, egalitäre 84
Gesellschaft, kapitalistische 169, 253
Gesellschaft, klassenlose 66, 108, 188
Gesellschaft, kommunistische 130 f.
Gesellschaftsanalyse 56
Gesellschaftsformation 274
Gesetz 132
Gesundheit 116
Gestapo (Geheime Staatspolizei) 52, 203
Gewalt 28, 110 f., 120 f., 135
Gewaltenteilung 192
Gewerkschaft 44, 176, 217, 251, 267
Gewerkschafter 249
Gewerkschaftsbewegung 267
Gewissen 163
Gewissen, soziales 108
Glaube 71, 143 ff., 163, 272, 277
Glaube, christlicher 298
Glaubensbekenntnis, kommunistisches 156
Gleichheit 64 ff., 80 ff., 170, 180, 213, 298
Glück 71, 118, 194
Godesberger Programm 270
Gold 282
Gothaer Programm 44
Gott 91 ff., 141, 154, 161, 277
Gottähnlichkeit 97, 99
Gottesglauben 225
Gottes Sohn 99
Gottes Staat 18
Götter 91 ff., 268
GPU (Name der sowjetischen staatlichen Geheimpolizei bis 1934) 136
Grabweihe 158
Grausamkeit 88
Grundrechte 49, 299 f.
„Grundrentscheiße“ 105
Grundwerte 53, 299
Gütergemeinschaft 17, 27
Guillotine 25

Habsucht 88, 104, 160
Hakenkreuz 204
Hammer und Sichel 204
Happy-End-Garantie 85 ff.
Haß 38, 46, 55, 88, 118 f., 245, 279, 303
Haßbereitschaft 120
Heil 141 ff., 162
Heiland 155
Heiligenverehrung 157
Heilserwartung 298
Heilsgeschichte 150
Heilung der Welt 156
Henker 140
Herrschaft, persönliche 247
Herrschaftsmethode 189 ff.
Histomat (Historischer Materialismus) 61, 273, 289
Historiker 285

Historismus 257
Hitler-Deutschland 200 f.
Hitlerjugend 204
Hitlerreich 205
Hitler-Welle 168
Hochschulbildung 277
Hochschulkampf 56
Hoffnung 70 f., 209, 244, 293
Hoffnung auf Heil 141 ff.
Hohn 46
Humanismus 71 f., 86, 191, 243 ff.
Humanist 137
Humanität 148, 169
Hunger 53
Hybris 100

Ich-Bezogenheit 114 ff.
Ichsucht (siehe Egoismus)
Ideal 88
Idealismus 261
Ideologie 113, 171, 285
Ideologie, bürgerliche
Imperialismus 170, 183, 200 ff.
Index 157
Indianer 24
Individualismus 256 f.
Individuum 71
Industrialisierung 170
Industrialismus 226
Infamie 119
Infantilismus 116
Innovation 56
Institution 264
Intellekt 225
Intellektueller 111
Intelligenz 267, 295 ff.
Internationale 101, 251
Internationalismus 170
Internationalismus, sozialistischer 85
Interessen, materielle 227
Intoleranz 246
Intrige 118, 120
Inversion 41
Isolationsfolter 52
Israel 29, 266
Italien 20, 200

Jammertal 154 f., 180
Jerusalem 18
Jesuit 185, 187
Jude 29, 108, 154, 174, 184 ff., 194, 246, 278
Judenfrage, „Endlösung“ der 181 (s. a. „Endlösung“)
– morde 14
– tum 47, 181, 278
Jüngstes Gericht 158 f., 180, 269
Jugendreligion 142
Jugendverband 217 f.
Jugendweihe, sozialistische 158
Jugoslawien 200
Jungheglianer 95, 98
Jungsozialisten 219
Justiz 49

Kambodscha 15
Kampf 118 f., 170, 194, 274
Kampf, antiimperialistischer 138
Kapital 67, 187
Kapitalismus 50, 106, 127, 146, 174, 186, 264, 274, 278, 303
Kapitalist 253, 263
Karriere 219 f.
Kaste 26
Katholische Kirche 22
Kibbuz 29 ff., 84
Kind 94
Kinderarbeit 227, 248
Kinderkrippe 215 ff.

Kinderweihe 158
Kirche 156 f., 162, 227, 299
Kirchenlehrer 249
Klasse 63, 108, 122, 182, 188, 191, 226, 263 f.
Klassenbegriff 263 ff.
Klassenbewußtsein 272
Klassenfeind 218
Klassenjustiz 250
Klassenkampf 77, 180 ff., 188, 216
Klassenunterschied 130
Kleider, einheitliche 26
Koalitionsrecht 250
Komintern 199 f.
Kommune (s. Commune)
Kommunismus passim
„Kommunistisches Manifest“ 121, 239, 251, 276
Konzentrationslager 48, 190
KPD 136, 218, 272
KPdSU 72
KPF (Kommunistische Partei Frankreichs) 302
Kreativität 56
Krieg 62, 71, 170, 215
Kriegsschuld 202
Krise 71
Krisenzyklus, kapitalistischer 215
Kritik 44 ff., 50, 120
Kritik, rücksichtslose 44, 52, 92, 294
„Kritik der Hegelschen Rechtsphilosophie“ 120
„Kritik des Gothaer Programms“ 83 f., 252
Kroaten 184
Kroatien 201
Kronstadt 15
Kultur 113
Kulturpolitiker 295
Kunst 53, 71
Künstler 209

Lassalleaner 44
Lebensglück 77, 116
Lebenskampf 47, 179
Lebensprozeß 179
Lebensraum 179
Lebenssinn 113, 141
Leerformel 86 f.
Legislateur 100
Leid 74
Leninismus 217, 291
Lenin-Legende 256
Liberaler 280
Liberalismus 113, 256 f.
Liebe 38
Literat 170
Literatur 231
Logik 74 f.
Lollharden 20
London 251
Lüge 118

Macht 64, 100, 245
Machtmißbrauch 100, 249
Märchenerzähler 268
Märtyrer 157 f., 216
Magna Charta 79
Mangel 50
„Manifest der Kommunistischen Partei“ (s. „Kommunistisches Manifest“)
Marktwirtschaft 85
Marxideologie 270
Marxismus 61, 127 ff., 216 f., 227, 232, 270 f., 280, 291, 293, 300 ff.
Marxismus-Leninismus 136, 214

Marxist 34, 36, 128
Marxscher kategorischer Imperativ 244 f.
Masse 193
Massenpropaganda 172
Massenuniversität 295
Materie 277
Materialismus 75, 161, 273, 300
Materialismus, Dialektischer (siehe Diamat)
Materialismus, Historischer (siehe Histomat)
Materialismus, wissenschaftlicher 272
Mazdakiten 19 f.
Mazedonien 201
Mensch 72, 93, 135, 141, 161 f., 192, 207, 244 ff., 260, 268, 297, 301
Mensch, neuer 164
Mensch, sozialistischer 276 (s. a. Mensch, neuer)
Mensch, Würde des 298
Menschenfleisch 186
„Menschenkehricht" 246
Menschenopfer 105
Menschenrechte 300
Menschenverachtung 245
Menschewiki 134
Menschheit 246
Menschheitsgeschichte 93, 260 f.
Menschheitsgeschichte, eigentliche 141
Menschlichkeit (s. a. Humanität, Humanismus) 245
Messias 141 f.
Milieu 211 ff.
Mißgunst 54
Mission 218
Monokausalität 80
Moral 71, 83, 132, 190
moralische Krise 54
Mord 120, 123
Moskau 202, 214
Mut 122
Mythos 221 ff.

Nachrichtenmonopol 171
Namensgebung, sozialistische 158
Narzißmus 94
Nation 113
Nation, reaktionäre 183
nationaler Sozialismus 174
Nationalismus 44, 170
Nationalökonom 280, 285
Nationalsozialismus 165 ff., 205
Nationalsozialist (s. a. Nazis) 167
Natur 179, 192
Nazis 110, 167
Negation 57, 59, 89, 92, 272, 291, 298
Negation des Seienden 38
Negatives 294
Neid 46, 84 f., 88, 107 f., 118, 160
Neidparole 107
Neigung, aristokratische 83
Nein-Verhalten 39
Neofaschismus 168
Neue Philosophen 190
Nichts 42
Niederträchtigkeit 119
Nordkorea 15
Not 53 f., 60 f.
Not, Freiheit von 153
Notwendigkeit 71, 81, 126
Notwendigkeit, historische 63
NDPD (Nationaldemokratische Partei Deutschlands) 205

NSDAP 174, 203
NS-Führer 175
NS-Ideologie 296
NS-System 206

Oberschlesien 201
Ökonomie, politische 60
„Ökonomisch-philosophische Manuskripte“ 280
Österreich 183, 201, 274
Oktoberrevolution 127
Opfer 106
Opium 43
Opium der Intellektuellen 232
Opportunist 157
Ordnung 132
Ordnung, bürgerliche 37
Ordnung, gerechte 129
Ordnung, natürliche 180
Organisationsmodell 86
Ost-Berlin 222
„Oulanem“ 41 f.

Pädagoge 212
Pädagogik 56
Pankow 203
Panslawismus 183
Papst 225
Papst der kommunistischen Lehre 156
Paradies 153, 180
Paraguay 24
Paratener 20
Paris 120 f., 202 f., 251
„Pariser Manuskripte“ 81
Partei 72, 82, 143, 162, 170 f., 196 f., 217, 255
Partei, kleinbürgerliche 218
Partei, kommunistische 202, 214, 277
Partei, marxistische 301
Personalismus, christlicher 257
Personenkult 231
Persönlichkeit 88, 160, 300
Persönlichkeitsstruktur 113
Pfandhaus 105
Phantasie 86, 250, 268 f.
Philosoph 228 f., 280, 287 ff.
Philosophie 47, 91, 216, 229, 231, 287 ff.
Philosophie, marxistische 218
Plan 28
Plausibilität 62
„Politeia“ 17
Politökonomie 218
Polen 183 f., 274
Polizei 49
Pommerellen 201
Popularität 82, 96
Positives 294
„Prawda“ 230
Preußen 183
Privateigentum 66, 70, 89, 107, 124, 130, 159 f., 176 f.
Privateigentum, Freiheit von 153
Privatneurose 45
Privileg 103, 108, 188
Produktion von Menschen 130 f.
Produktionsgenossenschaften 32
Produktionsmittel 28, 66
Produktionsverhältnis 77, 260, 275
Produktionsweise 77, 162, 260
Produktivkraft 274
Proletariat 38, 63, 127, 154, 162, 180, 188, 193 f., 200, 222, 263, 273 f., 295
Proletarier 43 f., 79, 246 f.
Proletarierbewußtsein 295
Prometheus 96, 268, 301

Prometheus-Traum 102
Prophet 97, 249, 275
Prophezeiung 301
Pubertät 41

„Quadragesimo anno“ 226, 262
Qualität der Lehre 74

Rache 46, 120 ff., 192
Rache, blutige 130
Rachsucht 54, 88
Radikalismus 37, 116
Rätsel der Geschichte 70, 160
Rasse 43, 179 ff.
Rassenkampf 181 ff.
Rassismus 173
Rebell 113
Rebellion 52
Rechtfertigung 110 ff.
Rechtgläubiger 302
Rechtsstaat 49
Rechtsstaatlichkeit 298
Redefreiheit 14
Redlichkeit,
wissenschaftliche 238 ff.
Redukationen 24
Reich Gottes 72, 130, 148
Reichskristallnacht 185
Reichtum 71, 207 f.
Reinlichkeitserziehung 51
„Reise nach Ikarien“ 26
Relativismus 135
Religion 71, 113, 141, 224, 278
Religion, gottlose 150 ff.
Religionsersatz 60
Religionsfeindschaft 43
Republikflüchtling 214
Ressentiment 88
Revanchismus 168
Revisionist 157
Revolution 14, 48, 109 ff., 121, 139, 144, 182, 192, 213, 239, 254 f., 277
Revolution in Permanenz 122
Revolution, sozialistische 127, 274
Revolutionär 127, 133
Revolutionstheorie 240
„Rheinische Zeitung“ 116, 118, 120
Richter 140
Romantik 257
Rote Armee 201
Rote-Armee-Fraktion 131
Rote Republik 121
Rücksichtslosigkeit 114, 116, 122, 130, 192
Rumänien 200
Ruhm 207 f.
Russen 184
Russenhaß 184
russischer Imperialismus 85
Rußland (s. a. SU) 14, 127, 274

SA 205
Saargebiet 200
Sakrament 157 f.
Sarkasmus 246
Sauberkeit 51
Säuberung 156
Schärfe 122
Schauprozeß 133
„Scheiße“, ökonomische 281
Schikane 54
Schmarotzer 108
Schmiergelder 208
Schöpfer 161
Schreckgespenst 33
Schriftsteller 209, 217
Schuldbewußtsein 103 ff., 112
Schuldkomplex 45, 104

Schuldverdrängung 106
Schule 215 ff.
Schwäche 88
Schwärmerei 87
Schweden 214
Schwester 246
Schwierigkeiten 47
SDS 112 (Sozialistischer deutscher Studentenbund)
SED 200, 204 ff., 218, 223
Sektierer 157
Selbstdestruktion 37, 42, 46
– haß 187
– kritik 105
– täuschung 233
– verbrennung 37
– vergottung 46, 99 f.
Sensationslust 52
servility 92
Siechtum 74
Siegesgewißheit 63, 159
Sinn 161 f.
Singgebung des Lebens 54
Sittlichkeit 132
Sklaverei 78
Slowenen 184
Solipsismus 96
„Sonnenstaat" 23 f.
Sowjetsystem 206
Sowjetunion (SU) 33, 72, 129, 170 f., 200 ff., 207, 214, 230, 277, (s. a. Rußland)
Sozialdemokrat 37
Sozialdemokratie 213
Sozialisierung 177
Sozialismus 32, 174 ff., 190, 197, 257, 272, 275
Sozialismus, realer 275
Sozialismus, wissenschaftlicher 62, 273, 286
Sozialist 55, 226, 249, 251, 285
Sozialistische Internationale 223
Sozialrevolutionäre 134
Sozialstaat 266
Soziologe 285
Soziologie 227, 248, 254
Spartakusbund 214
SPD 223, 254, 270
Spionage 54
SS 52, 136
Staat 28, 45, 50, 56, 197
Staat, Absterben des 78
Staat, sozialistischer 177, 281
Stadtplanung 50
Stamokapideologie 219
Standesprivileg 25
Stimmzettel 28
Stringenz 62 f.
Student 47
Studentenausschuß 14
Suche nach Halt 298
Südamerika 24
Südtirol 201
Sünde 154 f., 181
Sündenbekenntnis, öffentliches 158
Sündenfall 153, 180

Taboriten 20
Tausendjähriges Reich 130, 149
Täuschung 233
Teilsozialisierung 177
Terror 120, 192
Terroranschlag 131
Terrorismus 109 ff., 126 ff., 139, 246
Terrorist 139
Terroristenprozeß 140
Theologe 225
Theorie 72, 109
Titanenkampf 101

Titoist 157
Tod 74, 215
Totalitarismus 171 ff.
Totalitäres 305
Totalitarismustheorie, „identifizierende“ 173
Trade-Union 251
Transzendenz 78, 150, 161
Triumphgefühl 63
Trost 71
Trotz 76
Trotzkist 157
Tschechoslowakei 15, 200 f. (s. a. CSSR)
Tscheka (Name der sowjetischen staatlichen Geheimpolizei bis 1922) 136, 255
Tyrann 46, 54, 186, 246

Überbau 77
Überfluß 50
Überheblichkeit 245
Überheblichkeitsgefühl 63, 234
Übermensch 100
Übersättigung 50
Umstände 106
Umwälzung 28
Unbewußtes 45
Unfehlbarkeit 163
Unfehlbarkeitsanspruch 156
Ungarn 184, 274
Ungeduld 114, 116
Ungerechtigkeit 60
Uniformität des Denkens 64
Unterdrückung 15, 72
Untergang der Welt 40
Unternehmer 79, 182
Untersuchungsausschuß freiheitlicher Juristen 203
Unterwerfung 51
Unterwürfigkeit 92
Unzufriedenheit 52, 70, 110, 113
Urgesellschaft 180
Urzustand 153
USA 128 (s. a. Amerika)
Utopia 22
Utopie 78, 86
Utopist 28

Vater 194, 227, 234
Vaterland 44
Verantwortungsbewußtsein 111
Veränderung, radikale 36
Verbrechen 14, 229, 232
Verelendungstheorie 239 f.
Verführung 48 f., 54
Vergesellschaftung der Arbeit 124
Vergesellschaftung der Produktionsmittel 32
Verkäufer 253
Vernichten 118
Vernichtung 42
Vernichtungskampf 139
Vernichtungswille, dämonischer 99
Vernunft 100, 143, 267, 290, 303
Verrücktheit 119
Versagen 47
Versailles 202
Verstaatlichung 174
Verteilung 83 f.
Vietnam 15, 49
Volk 113, 136, 182, 188, 193, 247
Volksentscheid 199
– gemeinschaft 188
– genosse 174
– kammer
– willenspartei 123

– wirtschaftslehre 279 ff.
Völkermord 15, 136
(s. a. Genozid)
Vollkommenheit 94
Voluntarismus 114, 178
Vorbild 221 f.
Vorgeschichte 159
Vorhersage 239, 274 f.
„Vorwärts" 121, 292

Waffenmonopol 171
Wahrheit 62, 72, 232, 287
Ware 283
Warschau 202 f.
Weber-Aufstand 251
Wehleidigkeit 116 f.
Wehrdienst 94
Wehrmacht 202
Weibergemeinschaft 18 ff., 30
Weimarer Republik 37
Weltanschauung 53
Weltbild 59 ff., 74, 299
Weltbild, marxistisches 178 ff.
Weltbild, nationalsozialistisches 178 ff.
Weltdestruktion 42
– enttäuschung 38
– erlösung
– geschichte 74, 93, 161, 222
– krieg 203
– mission 158
– rätsel 28, 161, 286
– sicht 193
Wertmaßstab 146
Widerspruch 75, 77, 80 f.
Widerspruchsgeist 54
Wiedertäufer 21
Wille 209, 267 f.
Wille zur Macht 46, 120
Wirklichkeit 269 f., 280
Wirtschaft 171, 259, 271 ff.
Wirtschaftsboß 176
Wirtschaftssystem, kapitalistisches 216
Wissenschaft 53, 71, 163, 222, 228 f., 238
Wissenschaftler 137, 192, 254, 280, 286
Wohlergehen, unverdientes 103
Wohlstand 69
Würde 94

Zarenattentat 123, 131
Zarismus 55, 255
Zehn Gebote 255
Zeitalter der Kritik 43
Zeitgeist 221
Zensur 49, 157
Zentralisation der Produktionsmittel 124
Zeugnis 234 ff.
Zeus 101
Zionisten 29
Zukunft 28
Zukunftsglaube 299
„Zur Kritik der Hegelschen Rechtsphilosophie" 279 f.
Zwangskollektivierung 14
Zweck, politischer 173
Zyniker 108
Zynismus 46

Der Autor

Professor Dr. jur. Konrad Löw
geboren 1931 in München

Lehraufträge für Zivilrecht und Staatsrecht, später politische Wissenschaften. 1972 Professor für politische Wissenschaften an der Universität Erlangen-Nürnberg. Seit 1975 an der Universität Bayreuth.
Senator und Mitglied des Lehrkörpers der Hochschule für Politik, München.